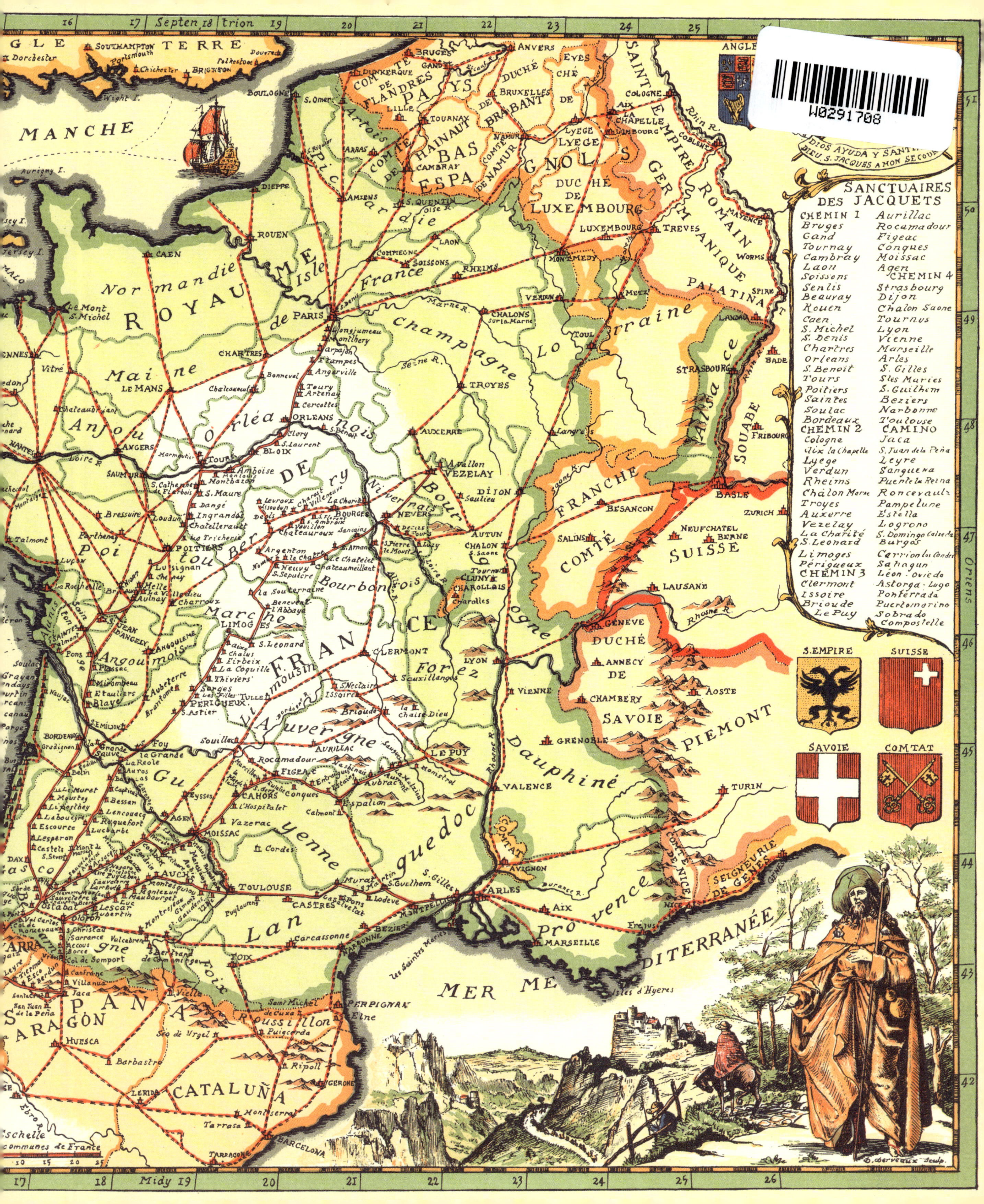

SANCTUAIRES DES JACQUETS
CHEMIN 1
Bruges
Gand
Tournay
Cambray
Laon
Soissons
Senlis
Beauray
Rouen
Caen
S. Michel
S. Denis
Chartres
Orleans
S. Benoit
Tours
Poitiers
Saintes
Soulac
Bordeaux
CHEMIN 2
Cologne
Aix la Chapelle
Lyege
Verdun
Rheims
Châlon Marne
Troyes
Auxerre
Vezelay
La Charité
S. Leonard
Limoges
Périgueux
CHEMIN 3
Clermont
Issoire
Brioude
Le Puy
Aurillac
Rocamadour
Figeac
Conques
Moissac
Agen
CHEMIN 4
Strasbourg
Dijon
Chalon Saone
Tournus
Lyon
Vienne
Marseille
Arles
S. Gilles
Stes Maries
S. Guilhem
Beziers
Narbonne
Toulouse
CAMINO
Jaca
S. Juan de la Peña
Leyre
Sanguena
Puente la Reina
Roncevaulx
Pampelune
Estella
Logrono
S. Domingo Calceda
Burgos
Carrion los Condes
Sahagun
Léon
Oviedo
Astorga
Lugo
Ponferrada
Puertomarino
Sobrado
Compostelle
DIOS AYUDA Y SANTIAGO
DIEU S. JACQUES A MON SECOURS
S. EMPIRE
SUISSE
SAVOIE
COMTAT
ROYAUME DE FRANCE
MANCHE
MER MEDITERRANÉE
Normandie
Isle de France
Picardie
Artois
Champagne
Lorraine
Alsace
Maine
Anjou
Orléanois
Berry
Bourgogne
Nivernois
Bourbonnois
Poitou
Marche
Limousin
Angoumois
Auvergne
Forez
Guyenne
Languedoc
Dauphiné
Provence
Foix
Roussillon
Cataluña
ESPANA
ARAGON
FRANCHE COMTÉ
SUISSE
DUCHÉ DE SAVOIE
PIEMONT
SAINT EMPIRE ROMAIN GERMANIQUE
PALATINAT
SOUABE
DUCHÉ DE LUXEMBOURG
PAYS BAS ESPAGNOLS
COMTÉ DE FLANDRES
DUCHÉ DE BRABANT
HAINAUT
COMTÉ DE NAMUR
COMTAT
COMTÉ DE NICE
SEIGNEURIE DE GENES
TERRE
PARIS
ORLEANS
TOULOUSE
BORDEAUX
LYON
MARSEILLE
STRASBOURG
Septentrion
Midy
Orient

Der Jakobsweg

Auf mittelalterlichen Pilgerrouten durch
Frankreich und Spanien
nach Santiago di Compostela

Derry Brabbs

BRUCKMANN

Impressum

Englische Originalausgabe
Published in 2008
by Frances Lincoln Limited
4 Torriano Mews
Torriano Avenue
London NW5 2RZ
www.franceslincoln.com
THE ROADS TO SANTIAGO

Design: Jane Havell Associates
Deutsche Lizenzausgabe 2008
Bruckmann Verlag GmbH, München

Übersetzung ins Deutsche:
Erwin Tivig, Böblingen
Redaktion: Dr. Anne Lagally, München
Produktmanagement der deutschen Ausgabe:
Dr. Birgit Kneip
Umschlaggestaltung: Uhlig / www.coverdesign.net
Herstellung: Bettina Schippel
Printed in Singapore

Die Deutsche Nationalbibliothek – CIP-Einheitsaufnahme
Ein Titeldatensatz für diese Publikation ist bei der
Deutschen Nationalbibliothek erhältlich.

ISBN 978-3-7654-4879-9

Vorsatz: mittelalterliche Karte der Wege nach Santiago
Seite 1: Kreuz des Ordens von Santiago bei Clavijo, nahe Logroño.
Seite 2–3: Lavardin im Tal der Loir.
Umschlag, oben: Blick vom Monte Gozo auf Santiago; unten: Stiftskirche S. Nicolà, Villa franca del Bierzo

Herzlichen Dank an Jane Havell, die kreatives Chaos in editorische Harmonie verwandelt hat.

Alle Bilder in diesem Buch wurden mit einer Olympus OM4ti Kamera und einem Fuji Velvia 50 Film fotografiert.

INHALT

EINLEITUNG

Gegenüber: Monte de Gozo (Berg der Freude) ist der letzte Hügel der Wallfahrt und bietet den Pilgern ihren ersten Blick auf Santiago aus der Ferne. Die modernen Bronzestatuen vermitteln eindringlich das Hochgefühl dieses Augenblicks.

DIE WALLFAHRT

Dieses Buch ist kein ausführlicher Reiseführer über die unterschiedlichen Wege, die durch Frankreich und Spanien nach Santiago de Compostela führen, sondern feiert die herrliche Sakralarchitektur und Landschaft, die das eigentliche Wesen der Wallfahrt ausmachen. Ich hoffe, dass Menschen, die sich noch nicht auf einen der französischen Chemins St-Jacques oder den spanischen Camino Francés gewagt haben, von diesem Buch angeregt werden können, ihre Wanderschuhe abzustauben und sich auf den Weg zu machen. Für alle, die bereits stolz das Muschelabzeichen der Wallfahrt tragen, sollen Fotografien und Text als kurze Zusammenfassung dienen, an der sie sich in der wohlverdienten Behaglichkeit eines gemütlichen Sofas vor dem Kamin und mit einem guten Glas Wein freuen können.

Ich skizziere die Legende des heiligen Jacobus des Älteren und beschreibe kurz die Geschichte der Pilgerfahrt, bevor ich dann in jeweils einem eigenen Kapitel die vier Routen durch Frankreich, die Überquerung der Pyrenäen, den in drei Abschnitte unterteilten Camino in Spanien darstelle und schließlich ein Porträt von Santiago de Compostela gebe.

Nur wenn man im Mittelschiff einer der großartigen romanischen oder gotischen Kathedralen des Pilgerwegs steht, begreift man die reine Kraft der Verbindung von Glaube, Liebe und Furcht, welche die Grundlage des mittelalterlichen Christentums bildete. Kirchen und Kathedralen waren physischer Ausdruck jener Elemente, doch Reliquienkult und Wallfahrt entstanden durch tieferen spirituellen Glauben in Bezug auf das Schicksal der menschlichen Seele nach ihrer Lösung vom sterblichen Leib. Aus dem Blickwinkel eines rationalen, wissenschaftlich fortgeschrittenen und vielleicht offen zynischen 21. Jahrhunderts verachtet man allzu leicht, was heute weitgehend als unbegründete und einigermaßen primitive Ideologie wahrgenommen wird. An fast jeder romanischen Kirche entlang den Pilgerwegen findet sich eine anschauliche Darstellung der zwei gültigen Alternativen, ohne Raum für Winkelzüge oder Kompromisse. Gezeigt wird, wie die menschliche Seele gewogen wird: Jene, bei der die Waage nach der richtigen Seite ausschlägt, wird, von Engeln begleitet, sanft emporgetragen. Für solche, die für unzulänglich befunden wurden, war das Ergebnis wahrlich nicht ermutigend. Es scheint, jeder Künstler versuchte, seine Kollegen noch zu übertrumpfen, wenn er die Schrecknisse darstellte, die im Fegefeuer und in der Hölle erduldet werden mussten. Diese gegensätzlichen Botschaften müssen eine tiefe Wirkung auf die größtenteils ungebildete Bevölkerung ausgeübt haben. Der einfache, ungebildete Mensch im Mittelalter hatte keine andere Wahl als zu glauben, dass einer am erfolgreichsten göttliche Vergebung und Läuterung seiner Seele erreichen konnte, wenn er Fühlung mit den Heiligen aufnahm, die für ihn vermitteln konnten. Waren die Heiligen Märtyrer, umso besser; waren sie Apostel, die den Märtyrertod gestorben waren, noch besser – daher die Popularität der Wallfahrt nach Santiago de Compostela und zum Grab des heiligen Jacobus des Älteren

Viele Menschen bereisen heute die Pilgerwege in ihrer vermehrten Freizeit und ergreifen die günstige Gelegenheit, an einem relativ preiswerten Abenteuerurlaub teilzunehmen. Sie kommen ungerührt zurück, mit nichts als Blasen an den Füßen und einer Sammlung von Schnappschüssen. Aber eine überwältigende Zahl sucht immer noch die Einsamkeit der offenen Straße und unternimmt die Wallfahrt entweder als Bekräftigung eines bestehenden Glaubens oder als vorübergehende Atempause in einer zunehmend unruhigen Welt, in der so viele Fragen unbeantwortet bleiben.

DIE ROUTEN

»Auch die längste Reise beginnt mit dem ersten Schritt.« Das chinesische Sprichwort ließe sich leicht auf eine Wallfahrt anwenden, die Frage ist jedoch, wo und wann genau sie beginnt. Streng genommen beginnt jede Wallfahrt zu einem Heiligenschrein bereits, wenn sich die Haustür schließt und die Fesseln der alltäglichen körperlichen und geistigen Routine abfallen. Doch wie lange sollte nach diesem ersten zögernden Schritt eine solche Reise dauern?

Wenn jemand im 12. Jahrhundert beschloss (oder geheißen wurde), eine solche Verpflichtung auf sich zu nehmen, dürfte weder die Familie des Pilgers noch sein Arbeitgeber gewusst haben, wann oder sogar ob diese Person je zurückkommen würde. Leider schließen Zeitgrenzen und finanzielle Auflagen, die das Leben der meisten Menschen heute bestimmen, solche offenen Vorhaben aus. Eine Wallfahrt nach Santiago de Compostela hat ein bekanntes Ziel, und in Frankreich startet man üblicherweise an vier offiziell ausgewiesenen Punkten.

Frühe Pilger dürften das römische Straßennetz benutzt haben, das sich über Frankreich und Teile Spaniens wie die Adern eines Blattes ausbreitete. Bei ihrer Wahl des Weges wird sie vorwiegend der Gesichtspunkt geleitet haben, eine sichere Route durch eine bestimmte Region zu finden, wie auch die Verpflichtung, unterwegs möglichst viele Pilgerstätten und Schreine zu besuchen. Doch weist kein historisches Zeugnis darauf hin, dass die vier Orte Paris (Via Turonensis), Vézelay (Via Lemovicensis), Le Puy-en-Velay (Via Podiensis) und Arles (Via Tolosana) jemals – so wie heute – offiziell anerkannte Ausgangspunkte darstellten. Alle waren für sich allein wichtige Pilgerorte, und zu ihnen zu reisen, war eher an ein bestimmtes Datum gebunden, nämlich den Festtag eines besonderen Heiligen, und nicht an ein ganzjähriges Ereignis.

Großes Gewicht wurde dem »Reiseführer des Pilgers« in der Handschrift *Codex Calixtinus* (oder *Liber Sancti Jacobi*) aus dem 12. Jahrhundert beigemessen, in dem eindeutig vier Routen durch Frankreich angegeben sind, die sich in Puenta la Reina in Spanien zu einer einzigen vereinen. Doch hatte dieser nur den Zweck, die wichtigen Schreine hervorzuheben, die besucht werden sollten, wenn man durch Frankreich und zu einem der gangbaren Pässe über die Pyrenäen reiste.

Die endgültige Festlegung der heutigen Routen scheint eher in den späteren Jahrzehnten des 20. Jahrhunderts stattgefunden zu haben als vor 800 Jahren. Auf welchen Routen die Pilger Frankreich durchwandert haben könnten, begann man während des späten 19. Jahrhunderts herauszufinden. Anhand der Namen von Schreinen, die in dem Dokument des 12. Jahrhunderts erwähnt sind, stellten Geschichtswissenschaftler nun Hypothesen auf, wie die Routen zwischen diesen festen Punkten verliefen und wo ursprünglich ihre Ausgangspunkte lagen. Nach der Veröffentlichung einer Karte im Jahre 1958, in der angeblich alle Schreine gezeigt wurden, die in dem mittelalterlichen Führer erwähnt waren, musste man das Routennetz über ein noch größeres Gebiet ausdehnen.

Während der 1960er Jahre begann René de La Coste-Messelière vom Centre Européen des Études Compostellanes, für den Reiseführer aus dem 12. Jahrhundert zu werben, und erforschte intensiv, wie die vagen Kenntnisse über die Reisewege zu konkreten Routen ausgearbeitet werden könnten. Mit der Veröffentlichung einer angeblich echten Karte aus dem 17. Jahrhundert (siehe Vorsatzblätter), auf der die vier Routen und ihre jeweiligen Ausgangspunkte eindeutig bezeichnet waren, wurden seine Forschungsergebnisse dem breiten Publikum bekannt. Das große Interesse, das dieses offenkundig gefälschte, aber dennoch »charismatische« Dokument weckte, drang schließlich zum Europarat durch. Dieser entschied, der Pilgerweg nach Santiago de Compostela sollte die erste »Europäische Kulturroute« werden – eine Bezeichnung, die ihm 1987 offiziell zuerkannt wurde. Die UNESCO folgte dann dem Beispiel und verlieh dem Camino Francés durch Spanien 1993 den Rang eines Welterbes; die Routen durch Frankreich erhielten 1998 als Ganzes die gleiche Auszeichnung.

Geschichte und Ursprünge der Wallfahrt durch Spanien nachzuzeichnen, war eine viel leichtere Aufgabe. Nicht bereits bestehende Straßen und eine vorhandene Infrastruktur bestimmten die zentrale Route über die Meseta. Die Pilger selbst gestalteten ihren Verlauf, indem sie fast alle demselben Weg nach Santiago folgten. Und der war nahezu vorgegeben, denn Nord- und Zentralspanien unterscheiden sich auch insofern erheblich von Frankreich, als die gebirgigen oder andere Abschnitte mit schwierigem Terrain nicht in gleicher Weise alternative Streckenführungen anbieten wie die freundlichere Landschaft des ländlichen Frankreichs. Doch die frühesten Pilger, die durch Spanien wanderten, dürften ihre Reise zu einer Zeit gemacht haben, als der heutige Camino Francés ab Roncesvalles in maurischer Hand war. Diese Pioniere werden daher die französische Grenze bei Irún überquert und danach die Küstenstraße benutzt haben, bevor sie durch die Berge Asturiens in die von Christen gehaltene Provinz Galizien zogen.

Im Wesentlichen spielt es kaum eine Rolle, dass insbesondere die Routen durch Frankreich vielleicht heutigen Bedürfnissen angepasst wurden. Jede der vier Möglichkeiten hat ihre eigenen Vorzüge, und alle tragen sie zu einer herausragenden Entdeckungsreise bei. Viele Pilger haben nicht die Zeit, die Ausdauer oder die Mittel, Frankreich und Spanien zu einer ausgedehnten Wallfahrt zu kombinieren, aber auf alle, die es können, wartet ein einmaliger Schatz, an Landschaft und an religiöser Architektur.

Gegenüber: Weizenfelder nahe Castrojeriz. Fast das gesamte zentrale Gebiet der Meseta dient dem Getreideanbau und wird als »Brotkorb Spaniens« bezeichnet. Die Landschaft weist, je nach Jahreszeit, nur drei Farben auf: das ruhige Braun des Winters, das lebhafte Grün des Frühlingswachstums und das sengende Gelb reifen Getreides und abgeernteter Stoppelfelder.

1

URSPRÜNGE UND ENTWICKLUNG

Links: In Liñares nahe O Cebreiro steht an der Straße zum Alto San Roque (1264 m) in den galicischen Bergen, eine moderne Bronzestatue eines mittelalterlichen Pilgers, der vorgebeugt gegen den Wind ankämpft.

Gegenüber: In Clavijo nahe Logroño überblickt die in schwindelnder Höhe errichtete Burg die Stätte der legendären Schlacht gegen die Mauren; in der Mitte des 9. Jahrhunderts stand der heilige Jakob zum ersten Mal als kriegerischer Ritter an der Spitze der christlichen Reconquista.

Der Reliquienschrein des heiligen Jakob in Santiago de Compostela in der nordwestspanischen Region Galicien entwickelte sich zur drittwichtigsten christlichen Wallfahrtsstätte des Mittelalters nach Jerusalem und Rom. Es versteht sich von selbst, dass Jerusalem der Mittelpunkt der Christenheit war, und Roms Stellung als letzte Ruhestätte von Petrus ist unbestreitbar makellos, aber die Legende des heiligen Jacobus des Älteren (spanisch: Santiago, französisch: St. Jacques, englisch: St. James) leuchtet wohl weniger ein. Ungeachtet der Wahrhaftigkeit der Legende wurde die Geschichte akzeptiert – und auf dieser Grundlage zogen Millionen von Pilgern aus ganz Europa über die Iberische Halbinsel nach Santiago de Compostela.

In einer modernen Gesellschaft, in der Skeptizismus zunehmend die Norm ist und Fortschritte in der wissenschaftlichen Analyse ein bislang anerkanntes Faktum zu wenig mehr als einer romantischen Erfindung degradieren können, ließe sich die Geschichte des heiligen Jakob leicht als genau dieses abtun – ein genial gewobenes Stück Fantasie. Doch wer mit dem Wissensvorteil des 21. Jahrhunderts eine solche Haltung einnimmt, geht völlig am Ethos des Christentums im Mittelalter und seiner Begeisterung für den mächtigen Reliquienkult, der während des 12. Jahrhunderts seinen Höhepunkt erreichte, vorbei.

Oben: St-Jacques-des-Guérets im Tal des Loir: Die verblüffend anschauliche Darstellung von Jakobs Märtyrertod auf Befehl von Herodes Agrippa ist eine von zahlreichen beeindruckenden Fresken dieser romanischen Kirche.

Durch alle Zeiten verspürten Menschen das Bedürfnis nach einem anderen Bezugspunkt für ihr Leben als dem täglichen Ritual der lebensnotwendigen Arbeit. In ihren weltweit verschiedenen Gestalten konnte Religion diesem Anspruch genügen. Zunehmende Säkularisierung und Veränderungen im westlichen Lebensstil mögen die Einstellung zu traditionellen Religionsformen gewandelt haben, aber andere Arten von Kultbildern werden auch heute fern von Kirchen oder Tempeln verehrt. Könnte man nicht bis zu einem gewissen Grade auch Fußballfans, die jedes Wochenende große Strecken zum Spiel ihres favorisierten Vereins fahren, mit den weitgehend ungebildeten und leicht zu beeindruckenden mittelalterlichen Pilgern vergleichen, die wegen eines Heiligen quer durch das Land reisten?

Im frühmittelalterlichen Europa entstanden Heiligenkulte sehr selten rein zufällig. Sie wurden gesteuert und um unterschiedlich viel Wahrheitsgehalt herum gestaltet. Im Hinblick auf den heiligen Jakob gab es sicherlich ein vertretbares Maß an Beweismaterial aus verschiedenen veröffentlichten Quellen des 7. und 8. Jahrhunderts, die darauf hinwiesen, dass der Apostel tatsächlich in Hispanien (Spanien) missionierte. Seine Rückkehr von der Iberischen Halbinsel ins Heilige Land und der folgende Märtyrertod auf Befehl von Herodes Agrippa I. im Jahr 44 ist auch tatsächlich dokumentiert, doch die Ereignisse danach hüllen sich in dunkle Nebel der Legende. Wie unter solchen Umständen zu erwarten, variiert die Erzählung von der postumen Verlegung Jakobs nach Galicien geringfügig, aber die Schlüsselelemente gleichen sich in den meisten Berichten.

Nach der Enthauptung Jakobs bargen Anhänger des Apostels seinen Leichnam und trugen ihn an die Mittelmeerküste, wo er in ein unbemanntes Boot gelegt wurde. Manche Versionen beschreiben das Schiff als aus Stein gemacht, was problematisch gewesen sein dürfte. Engel hätten es westwärts sicher zwischen den Säulen des Herkules (die Straße von Gibraltar), dann an Portugal entlang zu dem wilden Küstenstrich von Finisterre geleitet, wo es anlegte. Irgendwie wären Anhänger Jakobs über seine bevorstehende Ankunft benachrichtigt gewesen und hätten die galicische Königin Lupa um Erlaubnis gebeten, den heiligen Leichnam in ihrem Land begraben zu dürfen.

Danach ist von Jakob über mehr als 750 Jahre nichts mehr zu hören, bis in den ersten Jahrzehnten des 9. Jahrhunderts sein Grab von einem christlichen

Oben: Der Löwenhof (14. Jahrhundert) in der Alhambra von Granada ist die ausdrucksvollste noch bestehende bildliche Darstellung des reichen architektonischen und künstlerischen Erbes der maurischen Besatzungsmacht. Granada war die letzte Bastion des Islam in Spanien und wurde im Vertrag von Santa Fé 1491 an Ferdinand und Isabella abgetreten.

Eremiten namens Pelayo entdeckt wurde, den in vertrauter biblischer Weise am Himmel schwebende Lichter zu der Stelle zogen. Er fand die Gräber von Jakob und zweien seiner Jünger, Athanasius und Theodorus, und meldete den sensationellen Fund dem örtlichen Bischof, Teodmiro von Iria Flavia, der wiederum den asturischen König Alfonso II. (791–842) benachrichtigte. Der Herrscher befahl den Bau einer einfachen Kirche über der Stätte und stiftete Land und Gold. Diese finanzielle Abgabe, als *voto* (Eid) de Santiago bekannt, wurde 934 formell als Verbindlichkeit des Königs eingeführt und bis weit ins 19. Jahrhundert vom spanischen Königshaus eingelöst.

Es mag merkwürdig erscheinen, dass sich solche Ereignisse in einer der am weitesten entlegenen Ecken des Landes abspielten, doch kann der Kult des heiligen Jakob weitgehend der maurischen Eroberung Spaniens zu Beginn des 8. Jahrhunderts zugeschrieben werden. Zur Zeit der Entdeckung des Grabes hielten die Mauren alles besetzt bis auf einen schmalen Küstenstreifen im Norden, der in christlicher Hand blieb. Spanien hatte daher damals eine motivierende Triebkraft bitter nötig, nicht nur um die Zurückeroberung in Gang zu bringen, sondern auch um deren Stoßkraft über – wie sich zeigen sollte – Jahrhunderte zu erhalten und damit die Invasoren über das Mittelmeer zurück nach Nordafrika zu vertreiben. Diese Leistung wurde erst 1492 vollendet, als das letzte maurische Bollwerk Granada fiel.

Obwohl in manchen Kreisen vor allem wegen des Tourismus daran festgehalten wird, ist die romantische Deutung des Namens Santiago de Compostela eigentlich von der harten Realität archäologischer Untersuchungen unter der Kathedrale eingeholt worden. Es stellte sich nämlich heraus, dass Jakob und seine Gefährten nicht die einzigen verstorbenen Bewohner dieses Stücks Land gewesen waren. So wurde Compostela wohl nicht von *campus stellae* (Sternenfeld) abgeleitet. Es sieht so aus, als stamme der Name von Varianten des eher profanen

compostum her, was sich auf Friedhöfe und Beerdigungen bezieht.

Tatsächlich begann Santiagos Rolle als christliches Aushängeschild mit einer Schlacht, die angeblich 844 bei Clavijo stattfand, rund 20 Kilometer südwestlich von Logroño. Der Heilige soll auf einem weißen Ross auf dem Schlachtfeld erschienen sein und dann die maurischen Truppen fast im Alleingang ausgelöscht haben, was seinen Beinamen als Santiago Matamoros (»Maurenschlächter«) begründete. Skulpturen und Glasmalereien jener heroischen Tat finden sich in Kirchen, Kathedralen und städtischen Gebäuden entlang dem Camino Francés. Santiago wird natürlich auch als demütiger Pilger in Wanderkleidung dargestellt. In der Regel trägt er eine Kammmuschel (Jakobsmuschel), das traditionelle Abzeichen der Pilgerreise, irgendwo am Hut oder Mantel. Heute schmücken sich auch Leute auf dem Weg nach Santiago mit diesem Abzeichen. Nach ursprünglichem Brauch zeichnete die Muschel als »Ehrenzeichen« den Pilger auf dem Rückweg aus.

Wie die Jakobsmuschel zum Symbol Santiagos wurde, ist eine weitere Eigentümlichkeit der Wallfahrt, die aus dem Nebel erfinderischen Erzählens hervorging. Eine Version spricht von einem Ritter zu Pferd, der von Jakob aus dem Meer gerettet wurde und mit Muscheln bedeckt auftauchte. Eine andere besagt, sein Sarkophag sei mit Muscheln geschmückt an Land gelangt. Eine mögliche Erklärung ist auch, dass Jakobsmuscheln mit ihrer unverwechselbaren Form ein gewohnter Anblick an der galicischen Atlantikküste waren, anderswo jedoch weniger.

Alfonso III. (866–910), Nachfolger Alfonsos II., aber nicht mit diesem verwandt, war hauptverantwortlich für die Weiterentwicklung von Santiago de Compostela und für den Aufstieg der Wallfahrt von einem lokalen zu einem internationalen Phänomen. Er ersetzte die frühere Kirche durch einen größeren, kunstvolleren Bau, der seiner Rolle als Schrein eines Apostels würdig war. Mit jedem neuen Jahrzehnt breitete sich die Kunde von seiner Existenz weiter ostwärts über Spanien und

Oben links: Die Statue des heiligen Jakobs in seiner Gestalt als Santiago Matamoros (Jakob, der Maurenschlächter) beherrscht das Dach des Rathauses von Santiago de Compostela.

Links: Jakobskirchen von Puente la Reina (ganz links) und St-Jacques-des-Guérets (links): In scharfem Kontrast zu Santiago Matamoros stehen die sanftmütigeren Porträts des Heiligen als eines demütigen Pilgers.

Oben: St-Valéry-sur-Somme war einer von mehreren Ausschiffungsplätzen an der französischen Kanalküste, der von englischen Pilgern genutzt wurde. Die geschützte Trichtermündung der Somme bildete einen perfekten Hafen für Segelschiffe. Hier sammelte 1066 Wilhelm, Herzog der Normandie, seine Flotte vor der Eroberung Englands. St-Valéry war keineswegs der kürzeste Seeweg, lag jedoch für die Fußwanderer näher an Paris, Chartres oder Orléans als der Pas de Calais.

die Pyrenäen bis nach Frankreich aus. Die erste belegte Pilgerreise von jenseits der Grenze Spaniens unternahm 950 Bischof Godescalcus von Le Puy (siehe Kapitel 2). Sie dürfte ein gewagtes Unternehmen gewesen sein, denn der spätere Camino Francés über die Meseta befand sich noch in maurischer Hand. Die Römerstraße entlang der von Christen gehaltenen kantabrischen Küste war also die einzige brauchbare Alternative. Doch auch sie war gefährlich, da Überfälle durch Wikinger von See her eine ständige Bedrohung darstellten. Und selbst Santiago de Compostela war nicht gegen Angriffe gefeit: 997 plünderten maurische Truppen unter Al-Mansur Stadt und Kathedrale.

Der Prozess, den Invasoren wieder Land zu entreißen, wurde häufig behindert, da die einzelnen Staaten und Provinzen Spaniens ihren inneren Zwistigkeiten mehr Zeit und Energie widmeten als dem Zurückdrängen der Muslime nach Süden. Ebrotal und Teile der Meseta wurden zurückerobert, als sich die grenzüberschreitenden Verbindungen festigten, die mit der mächtigen Benediktinerabtei Cluny in Burgund bestanden. König Alfons VI. von León (1065–1109) trug stark dazu bei, die Mönche zu überreden, entlang den römischen Straßen durch die wieder gewonnenen Gebiete Hospitäler und Kirchen zu errichten. Bis zum Ende des 11. Jahrhunderts nahm auch Santiago selbst am Fortschritt teil: Die dritte Kathedrale zu Ehren des heiligen Jakob wurde gebaut, und mit der Ernennung des sehr einflussreichen Diego Gelmírez zum Bischof im Jahr 1100 begann die Stadt, ihren internationalen Rang als wichtiger Wallfahrtsort fest zu etablieren.

Während jener aufblühenden Wachstums- und Konsolidierungsphase profitierte Santiago auch von viel ferner liegenden Ereignissen. Als die Türken 1076 Jerusalem eroberten und das Heilige Land darauf in die Kreuzzüge verwickelt wurde, schien es nahezu unmöglich, die schon zuvor schwierige Wallfahrt dorthin sicher zu bewältigen. Als Folge kräftiger Unterstützung von Kirche und Staat wurde eine Pilgerreise zum Schrein eines führenden Apostels nun als würdiger Ersatz angesehen. Und weil die Muslime in Spanien immer noch eine Gefahr für die Reisenden auf dem Camino darstellten, erlangte die Pilgerreise nach Santiago selbst den Rang eines Kreuzzugs.

Im Mittelalter musste jeder Risiken und Gefahren, die eine weite Pilgerreise barg, gegen die vermeintlichen Folgen einer unterlassenen Wallfahrt abwägen. Unerbittlich verhieß die Kirche, die von der Wiederkunft Christi und dem Jüngsten Gericht besessen war, ewige Verdammnis, was Wandmalereien, Skulpturen und Buntglasfenster der Zeit eindringlich vermitteln. Der Akt der Pilgerreise zu den Heiligenschreinen wurde als eine Form von Versicherungspolice für das Leben nach dem Tod gesehen. Eine fromme Andacht am Schrein des Märtyrers und Apostels Jakob galt daher als probates Mittel, die entsetzlichen Folgen der Todsünde abzuwenden.

Während dieser Reise in das ferne Galicien wurden die Pilger auch ermuntert, andere Reliquienschreine auf ihrem Weg zu besuchen, von denen viele schon Wallfahrtsorte waren, ehe Santiago de Compostela in den Reigen eintrat. Eine außergewöhnliche Tabelle von »Tarifen« wurde eingeführt, aus der genau die Zahl der Tage im Fegefeuer zu entnehmen war, die man durch Akte der Frömmigkeit vermeiden konnte. Im Jahr 1122 entstand in Compostela die Idee des »Heiligen Jahres«. Dieses war ein Jahr, in dem der Festtag des Heiligen (beim heiligen Jakob der 25. Juli) auf einen Sonntag fiel: während der gesamten zwölf Monate wurden den Pilgern uneingeschränkte Nachlässe gewährt, wenn sie Auflagen erfüllten, wie die Messe in der Kathedrale zu besuchen, wohltätige Schenkungen zu machen und sich danach makellos zu benehmen.

Im 12. Jahrhundert erschien eine bemerkenswerte Handschrift, der *Liber Sancti Jacobi* (Buch des heiligen Jakobs). Er behandelte verschiedene Aspekte des Lebens des Heiligen, Wunder, die mit seinem Reliquienschrein verknüpft waren, einen detaillierten Führer der Kathedrale von Santiago und andere liturgische Themen. Historisch am interessantesten ist jedoch das Kapitel »Der Pilgerführer«. Es gab Auskunft darüber, welche Schreine während der Reise durch ausgewählte Gegenden Frankreichs besucht werden sollten und praktischere Hinweise, etwa welche Flüsse sauberes Wasser enthielten oder wo man die besten Speisen und Unterkünfte finden könnte. Aufdringlich

Rechts: Romanische Architektur ist die Hauptattraktion an den Pilgerwegen durch Frankreich und Spanien. Obgleich Grundstruktur und Ausschmückung gängigen Mustern folgen, hat jede Kirche ihren eigenen unverwechselbaren Stil. Nogaro ist für seine gut erhaltenen Fresken und schön in Stein gehauenen Kapitelle berühmt. Anziehend ist aber auch die eher überladen aussehende Tür zu einem angrenzenden Gebäude, das früher Teil der mittelalterlichen Pilgerherberge war.

angepriesen als der erste Auslandsreiseführer überhaupt, kann man das Buch dennoch kaum als mittelalterliche Entsprechung eines »Lonely Planet«-Führers betrachten, da so wenige Exemplare verfügbar waren, dass es kein Pilger jemals gesehen haben dürfte!

Die Kathedrale in Santiago de Compostela und andere, auf die man überall in Frankreich stieß, wie Chartres, Orléans, Tours und Vézelay, waren eigens dafür ausgelegt, große Zahlen von Pilgern aufzunehmen, und zeichnen sich durch besonders breite Mittelgänge und Chorumgänge aus. In stilleren Jahreszeiten wirken diese riesigen leeren Räume heute auf unheimliche Weise überflüssig, doch im Hochsommer, wenn Busladungen von Touristen das Bauwerk füllen, bekommt man einen Eindruck davon, wie es vor Jahrhunderten gewesen sein muss – aber hoffentlich ohne den dazugehörigen Geruch ungewaschener Körper. Eine noch augenfälligere Hinterlassenschaft der Wallfahrt stellen die vielen ländlichen Kirchen dar, die für die heutige Gemeinde unverhältnismäßig groß sind. Gewaltige Bauten, die vielleicht einmal die Reliquien eines oder mehrerer lokaler, heute vergessener Heiliger bargen, beherrschen noch Landschaften, die seit Jahrhunderten unverändert geblieben sind. Die Menschen, die hier leben und arbeiten, geben jedoch heute anderen Dingen ihres täglichen Lebens den Vorrang. Der romanische Baustil, der sich im 11. und 12. Jahrhundert

entwickelte, ist eng, aber durchaus nicht ausschließlich, mit den Pilgerwegen durch Spanien verknüpft. Die ersten romanischen Kirchen entstanden weiter östlich, in Katalonien, aber die italienischen Einflüsse auf den Baustil wurden nicht auf die Bauwerke des Camino übertragen. Vielmehr entstand die Mehrzahl der romanischen Kirchen Nordspaniens durch Mönchsorden Frankreichs, die eingeladen wurden, entlang den entstehenden Pilgerwegen jenseits der Pyrenäen Hospize, Klöster und Kirchen zu bauen.

Eines der fesselndsten Merkmale romanischer Kirchen ist die beeindruckende Menge der plastischen Verzierungen an Portalen, Gewölben und Kapitellen. Es ist durchaus angemessen, den Portico de la Gloria in der Kathedrale von Santiago de Compostela weithin als Gipfel der spanischen romanischen Architektur zu betrachten. Blickt man aber an der Skala künstlerischer Leistungen weiter nach unten, gibt es so viele weitere aus Stein gehauene Schätze zu bewundern. In vieler Hinsicht haben die primitiveren Deutungen bekannter Themen mehr emotionale Wirkung als manche ihrer detaillierter ausgeführten Entsprechungen. Obgleich der Hauptstrom architektonischer Innovation von Ost nach West floss, war es nicht ausschließlich künstlerischer Einbahnverkehr. Zwischen dem maurischen Spanien und Frankreich blühte ein gegenseitig lohnender Austausch von Ideen und Techniken.

Ganz oben: Diese alte Brücke in Cirauqui, Navarra, ist typisch für viele in der ganzen Region. Immer noch bietet sie Dorfbewohnern wie Pilgern einen sicheren Übergang.

Oben: Die Burg San Esteban krönt den Hügel über Villamayor de Monjardin, einer kleinen Stadt, die vom Barockturm der Kirche St. Andrés aus dem 17. Jahrhundert beherrscht wird.

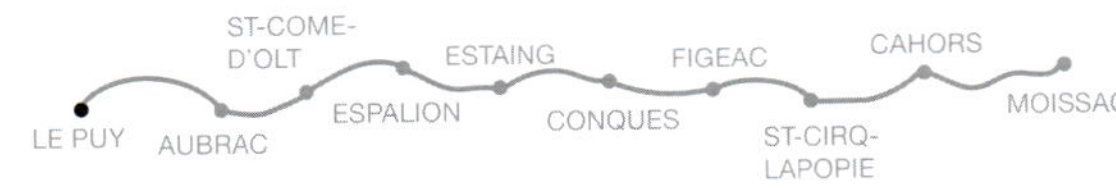

2

VIA PODIENSIS VON LE PUY

Gegenüber: St-Michel d'Agúilhe (heiliger Michael von der Nadel) in Le Puy-en-Velay mag nicht das vollkommenste Bauwerk sein, das man zwischen Le Puy und Santiago antrifft, seine Lage aber ist sicherlich unvergleichlich. Es ist ein erster optischer Höhepunkt auf der Reise, die erst wenige Stunden alt ist.

Le Puy-en-Velay war der Ausgangspunkt der ältesten belegten Pilgerreise von Frankreich nach Santiago de Compostela, unternommen von Bischof Godescalcus im Winter 950–51. Selten findet man einen dokumentierten Beleg für ein Ereignis, das sonst vielleicht über ein paar Generationen hinweg einfach mündlich überliefert worden wäre, ehe es neuere, fesselndere Geschichten im Gedächtnis der Menschen ersetzt hätten. Doch in diesem Fall haben wir das Zeugnis von Gomez, einem spanischen Mönch aus der Abtei Abelda bei Logroño. Auf die persönliche Bitte des Bischofs fasste er eine kurze Handschrift ab, die den Durchzug des Bischofs und seines großen Gefolges aus Knechten, Gauklern und Soldaten beschrieb. Der Schreiber notiert, dass der Bischof um eine Abschrift bat – vielleicht um möglichen Zweiflern zu beweisen, dass er tatsächlich über die Pyrenäen und nach Spanien gelangt war.

Ungeachtet der Größe seiner Reisegesellschaft bedeutete es einen gewaltigen Aufwand an Glauben und Ausdauer, eine so weite Reise zu unternehmen, ohne Krankheiten, wilden Tieren oder Überfällen einheimischer Gauner oder maurischer Räuber zum Opfer zu fallen. Ein rätselhafter Aspekt der Reise ist die Tatsache, dass sie mitten im Winter stattfand, also zu einer Jahreszeit, in der niemand durch raue Landschaft zieht. Eine mögliche Erklärung lieferte die Aufzeichnung des Mönchs von der Begegnung, in der er erwähnte, dass in jenem Jahr König Ramiro II. von Galicien starb. Es ist daher durchaus denkbar, dass Godescalcus seine Pilgerreise mit offizielleren Verpflichtungen verband, denn bereits bestehende Verbindungen zwischen den christlichen Staaten Nordspaniens und den südlichen und westlichen Provinzen Frankreichs wurden ständig gefestigt. Der Bischof könnte also zur Krönung von Ramiros Nachfolger gereist sein, oder um dem Toten verspätet seine Ehrerbietung zu erweisen.

Godescalcus' sichere Rückkehr von Santiago ist ebenfalls belegt – nicht auf Pergament, sondern in Stein. Die eindrucksvoll gelegene Kapelle Saint Michel wurde zur Feier seiner Pilgerreise gebaut und 962 geweiht. Bedenklich auf dem Gipfel des schmalen Vulkanschlots l'Aiguilhe (die Nadel) sitzend, ist sie ein unglaublich bewegender Anblick. Man mag noch so viel forschen, lesen oder Fotos von Le Puy betrachten: Nichts kann einen auf die überwältigende Realität der Region vorbereiten. Die Stadt liegt im Becken eines Vulkankraters und ist von dramatischen Felsenbildungen und in die Höhe ragenden Basaltsäulen umgeben, von denen drei den Charakter des Ortes prägen. Superlative klingen oft abgedroschen, wenn sie Merkmale der Landschaft oder historische Denkmäler beschreiben, aber im Fall von Le Puy wären alle völlig

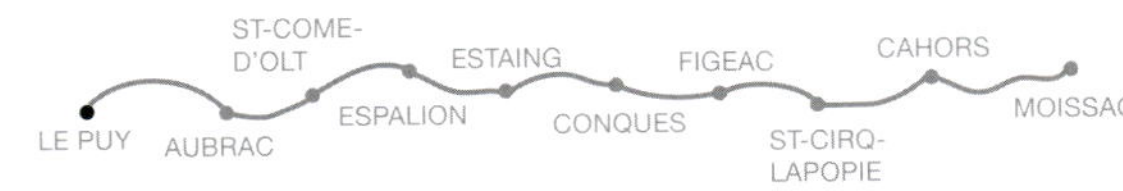

Links: An der Statue des heiligen Jakob (15. Jahrhundert) in der Kathedrale Notre Dame von Le Puy sammeln sich heute traditionell Pilger vor ihrem Aufbruch zur Reise nach Galicien. Tatsächlich wurde sie erst in den späteren Jahrzehnten des 20. Jahrhunderts als Reaktion auf die zunehmende Beliebtheit der Wallfahrt erworben.

Gegenüber und oben: Der romanische Kreuzgang der Kathedrale von Le Puy gilt zu Recht als eines der schönsten erhaltenen Beispiele in Europa. Sein strenges, fast wehrhaftes Aussehen verdankt er den massiven Säulen, welche die doppelten, verzierten Arkaden tragen. Ermunternd wirkt das dekorative Mauerwerk: alternierend heller Sandstein und dunkles vulkanisches Gestein, darüber ein vielfarbiges Terrakottamosaik.

berechtigt. Aus der Ferne scheint der Corneille Felsen der alles beherrschende Gipfel zu sein, ein Eindruck, der durch die gigantische, leuchtend terrakottafarbene Statue von Notre Dame de France, die auf seiner Spitze errichtet wurde, verstärkt wird. Diese außergewöhnliche Skulptur wurde aus 213 Kanonen gegossen, die den Russen nach dem französischen Sieg von Sewastopol im Krimkrieg geraubt wurden.

Der bemerkenswerteste Aspekt des Ensembles von »Nadel« und Kapelle ist, dass von keiner Seite ein leichter Weg nach oben führt, was es fast unmöglich machte, Baumaterial auf die Spitze zu bringen. Häufig erscheinen ja dramatisch gelegene Felsenburgen als völlig uneinnehmbar, bis weitere Erkundungen eine freundlichere Ansicht mit sanfterem Gefälle auf der Rückseite ergeben. Solchen Luxus hatten die Steinmetze, die an St-Michel arbeiteten, nicht, und während man die aus dem massiven Fels gehauenen 267 Stufen hinaufsteigt, erscheinen ihre Leistungen umso bemerkenswerter. Ein großer Teil der Kapelle wurde ein Jahrhundert später gebaut, doch ihr Kern geht auf das 10. Jahrhundert zurück. Stellenweise hebt oder senkt sich der Boden, um sich der natürlichen Wellenform des Felsens anzupassen.

Lange bevor der Leichnam des heiligen Jakob in Spanien »entdeckt« wurde, war Le Puy schon ein selbstständiger Wallfahrtsort. Der Marienschrein galt als eine der wichtigsten heiligen Stätten in dieser Region Frankreichs, und die Kathedrale ist immer noch berühmt für ihre Schwarze Madonna, eine Kopie aus dem 17. Jahrhundert nach einem mittelalterlichen Original, das Ludwig IX. gehörte. Die Kathedrale im Herzen der mittelalterlichen Altstadt von Le Puy war der Brennpunkt für ankommende und aufbrechende Pilger. Heute lenkt die aufragende, leuchtend orange gefärbte Statue von Notre Dame ein wenig von der Atmosphäre ab, die von den engen, gepflasterten Straßen erzeugt wird.

Die Kathedrale und ihr Kreuzgang wurden merklich restauriert. Teile des Bauwerks erscheinen heute zu makellos für ihr Alter, aber die für seine Erhaltung Zuständigen haben sicherlich versucht, seinen ursprünglichen Geist zu bewahren. Die Arbeit am Kreuzgang aus dem 11. und 12. Jahrhundert war besonders erfolgreich, sodass die echten Farben der polychromen romanischen Kapitelle und Bögen in ihrem wahren Licht zu sehen sind. Das Mauerwerk erinnert an den Stil der Großen Moschee von Córdoba, eine gegenseitige architektonische Befruchtung, welche die fest begründeten kulturellen Verbindungen zwischen Südfrankreich und dem maurischen Reich belegt.

Nach dem Besuch der Messe treten die (früheren und heutigen) Pilger vor dem Aufbruch zu ihrer heroischen Reise nach Spanien aus dem Haupteingang der Kathedrale, um ihre unmittelbaren Aussichten ins Auge zu fassen. Eine imposante Prozessionstreppe führt hinunter in die verwinkelte Altstadt. Von ihrem erhöhten Standort bietet die Kathedrale eine klare Aussicht auf das erste Ziel der Wallfahrt: eine Folge von Hügeln bis zum Horizont, welche die Wanderer schließlich auf die raue Hochebene von Aubrac führen wird. Trotz der Heldentaten des Bischofs im 10. Jahrhundert war die Via Podiensis wegen ihrer langen Abschnitte durch unwirtliches Gelände wohl die der vier Routen, welche am wenigsten regelmäßig begangen wurde. Doch empfiehlt der »Pilgerführer« aus dem 12. Jahrhundert ausdrücklich, Le Puy, Conques und Moissac zu besuchen – alles wichtige

Gegenüber und oben: Die exponierte vulkanische Hochebene und das Dorf Aubrac können unwirtlich und trostlos erscheinen, aber in den Sommermonaten grasen auf den üppigen Weiden Schafe und die berühmten Aubrac-Rinder. Ein hier erzeugter Käse wird für die Zubereitung von *aligot* verwendet, einer regionalen Spezialität aus Kartoffelbrei mit Knoblauch und geschmolzenem Käse. Das Rezept stammt von den Mönchen der Pilgerherberge in Aubrac, La Dômerie, die das nahrhafte Gericht mit Brot zubereiteten. Nach Einführung der Kartoffel ersetzte diese wegen ihrer geeigneteren Konsistenz das Brot.

Folgende Seiten: In einer freundlicheren Umgebung als die vorangehende Hochebene liegt St.Chély-d'Aubrac. Seine Kirche stammt aus dem 15. Jahrhundert, ebenso wie mehrere andere alte Bauten, von denen einige ohne Unterbrechung als Pilgerherbergen dienten.

Wallfahrtsorte und älter als Santiago de Compostela, sodass die Route damals offenbar genutzt wurde. Seit dem Wiederaufleben der Pilgerreise im späten 20. Jahrhundert ist die Route von Le Puy die beliebteste geworden. Die Ansprüche heutiger Pilger – eine Kombination aus Einsamkeit, fesselnden Landschaften und historischen Baudenkmälern – werden von dieser Strecke reichlich erfüllt, die, mit gelegentlichen Abweichungen, weitgehend dem Fernwanderweg GR 65 folgt.

Die Hochebene von Aubrac nimmt gut 2500 Quadratkilometer ein und erreicht in den höchsten Punkten 1400 Meter. Hier begegnet man der Natur wirklich in ihrem rauesten Zustand. Selbst an den sonnigsten Tagen kann plötzlich ein scharfer Wind aus dem Nichts aufkommen und die ungeschützteren Abschnitte für den Wanderer zu einer unwirtlichen Umgebung machen. Die dunklen Torfflächen werden kreuz und quer von Trockenmauern und den Umrissen einfacher Sennhütten durchzogen, die hier *burons* heißen. Das Dorf mit demselben Namen wie die Hochebene verdankt seine Existenz angeblich einem mittelalterlichen flämischen Ritter, der auf der Reise nach und von Compostela lebensgefährliche Situationen überstand; einmal wurde er von Räubern überfallen, und später kam er beinahe in einem heftigen Unwetter um. Er gründete die abgelegene Siedlung als Dank für seine Rettung, und durch alle Zeiten sind ihm die Pilger zweifellos für seine altruistische Tat dankbar gewesen. Trotz der romantisch klingenden Sage wirkt das Aubrac von heute vor allem wegen der dunklen, gleichförmig aussehenden Häuser – die meisten aus dem 19. Jahrhundert – eher karg. Ungeachtet des unbeständigen Klimas spielt der Tourismus heute eine wichtige Rolle im Aufschwung der Gegend, in deren gesellschaftlichen Mittelpunkt die *Fête de la Transhumance* (Almabtrieb) steht. Das folkloristische Fest, das Ende Mai stattfindet, markiert mit Musik und Tanz die Ankunft des Sommers. Die Herden der Aubrac-Rinder werden für den Anlass mit Bändern, Blumen und Glocken geschmückt und von ihren tiefer gelegenen Winterquartieren auf das üppige Weideland der Hochebene getrieben.

Erholung von der Hochebene Aubrac bringt der allmähliche Abstieg zum Tal des Lot, obwohl die Überwindung mehrerer Schluchten, ehe man schließlich den Talgrund erreicht, eine weitere längere Etappe anstrengenden Wanderns bedeutet.

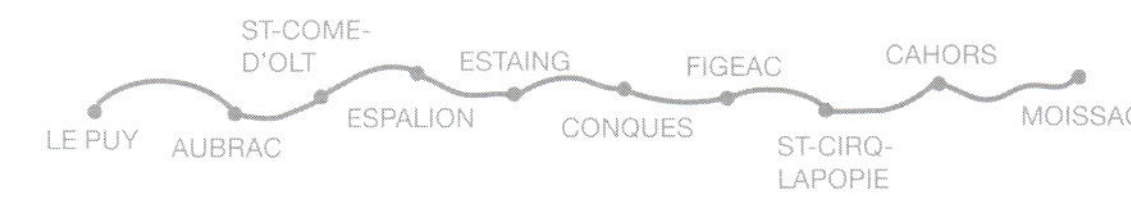

Oben: Die gotische Brücke über den Lot in St-Côme d'Olt bietet Zugang in den Kern der historischen Kleinstadt, die ihre mittelalterliche Atmosphäre und zahlreiche architektonische Bezüge zur Pilgerreise bewahrt hat.

Gegenüber: Der Lot fließt in die Marktstadt Espalion an einem Renaissanceschloss aus dem 16. Jahrhundert und ehemaligen Gerbereien vorbei, bevor er unter einer eleganten gotischen Pilgerbrücke aus lebhaft rotem Sandstein hindurchströmt.

Versteckt in einem der eingeschnittenen Täler liegt das Dorf St.-Chély-d'Aubrac, eine einsame Gemeinde, auf beiden Seiten von steilen, baumbestandenen Hängen flankiert, die der Wintersonne nur kurze Zeit erlauben, die Häuser zu bescheinen. Der Jakobsweg verlässt Saint Chély über eine alte Brücke über die Boralde. An der Basis eines Steinkreuzes in der Mitte des einzigen Brückenbogens steht eine winzige Statue eines Pilgers mit traditionellem Stab, Hut und Mantel, die heute leider fast bis zur Unkenntlichkeit verwittert ist. Die Landschaft in dieser Gegend ist majestätisch: Von jedem der aufeinander folgenden Aussichtspunkte ordnet sich das natürliche Kaleidoskop aus Bäumen, Flusstal und zurückweichenden Linien unterschiedlich gefärbter Hügel zu immer neuen, ins Auge springenden Varianten. Den Lot erreicht man endlich in St.-Côme d'Olt, offiziell eines der »schönsten Dörfer Frankreichs« (man fragt sich, nach welchen Kriterien die Auswahl getroffen wird, und wie schwer die Bürde einer solchen Auszeichnung auf den Schultern der Bewohner lastet!). St.-Côme d'Olt ist unbestreitbar stimmungsvoll und schmückt sich mit mehreren wallfahrtbezogenen Gebäuden, von denen die romanische *Chapelle des Penitents* vielleicht das am meisten bewegende ist. Die Kirche aus dem 11. Jahrhundert wurde an der alten Römerstraße gebaut; das benachbarte Hospital für die Pflege durchziehender Pilger und anderer bedürftiger Reisender ist heute verschwunden. Charakteristisches Merkmal des Dorfes ist der seltsam schiefe und verdrehte Glockenturm der späteren Kirche, um das Jahr 1530 von dem örtlichen Architekten Antoine Salvanh vollendet, der auch für die beeindruckende Kathedrale von Rodez verantwortlich ist. Ihre verdrehte Spitze ist mit einer »flammenden Fackel« verglichen worden, obwohl sie vielleicht bloß eine »flackernde Kerze« ist. Die natürliche Krümmung wurde vermutlich durch die Verwendung von unsachgemäß abgelagertem Holz verursacht und durch einen Blitzeinschlag 1929 noch verstärkt.

Links: An François d'Estaing, Bischof von Rodez, wird auf der Brücke aus dem 16. Jahrhundert über den Lot erinnert.

Unten: Estaing wurde in strategisch günstiger Lage auf einem aufragenden Felsen über eine Biegung des Lot gegründet. Das Schloss der Grafen d'Estaing aus dem 15. Jahrhundert ist heute ein Kloster.

Gegenüber: In Conques säumen bewundernswert gut erhaltene mittelalterliche Häuser die gepflasterten Straßen.

Der Zusatz »Olt«, der in mehreren Ortsnamen des Tals auftaucht, spiegelt den ursprünglichen Namen der Region für den Lot wider, der friedlich nach Espalion weiterfließt. Die beiden beachtenswertesten architektonischen Merkmale der Marktstadt, das Wasserschloss im Renaissancestil des 16. Jahrhunderts und die gotische Pilgerbrücke, springen durch den sattroten Sandstein, aus dem sie gebaut sind, noch stärker ins Auge. Die Brücke, eine besonders elegante Konstruktion, wurde von den Frères Pontifes unter der Herrschaft Ludwigs IX. gebaut, der von 1226–70 regierte, durch Papst Bonifatius VIII. 1297 heilig gesprochen wurde und als Ludwig der Heilige bekannt ist. Wie der Name andeutet, waren die Frères Pontifes eine Bruderschaft von Brückenbauern, die im 12. und 13. Jahrhundert in Südfrankreich tätig waren. Trotz des klösterlich klingenden Namens war es kein religiöser Orden, wenngleich sie Geistliche in ihren Reihen hatten, sondern eher einer mittelalterlichen Handwerkergilde ähnlich.

In den rund 200 Kilometern zwischen Espalion und Moissac sind zwar schwierigere Streckenabschnitte zu überwinden, aber hier finden sich einige der eindrucks-

vollsten und bewegendsten Beispiele bürgerlicher und religiöser Architektur in Frankreich. Der nächste Ort, Estaing, wird dieser Ankündigung vielleicht nicht ganz gerecht, seine Kombination von Fluss, alter Brücke, Kirche und Schloss ist dennoch ein Ensemble zum Genießen. Die Brücke aus dem 16. Jahrhundert über den Lot wird François d'Estaing, Bischof von Rodez, zugeschrieben, dessen Gedenkstatue über dem mittleren Abschnitt steht. Das Schloss, das sich an einer scharfen Biegung des Flusses über der Stadt erhebt, war Sitz der Grafen von Estaing, einer Familie, deren aufeinanderfolgende Generationen sich alternierend Kirche und Militär zuwandten. Die Kirche aus dem 15. Jahrhundert, die heute durch Häuser entlang dem Fluss teilweise dem Blick entzogen ist, wurde auf den Resten eines früheren romanischen Priorats erbaut.

Die Reliquien des heiligen Fleuret, des Schutzheiligen der Stadt, befinden sich in der Kirche, sein Festtag wird jeden Juli mit einer Prozession begangen, in der wichtige Gestalten aus Estaings Vergangenheit in kunstvollen Gewändern und Pilger in typischer mittelalterlicher Aufmachung dargestellt werden. Die Darsteller dürfen ihre Kostüme auf dem Höhepunkt der Veranstaltung ablegen. Pilger auf dem Weg nach Santiago müssen den Fluss überqueren und weiterwandern zu einer der beziehungsreichsten Stätten der Pilgerreise, der Abbaye de Sainte-Foy (Abtei der Heiligen Fides) und dem Dorf Conques.

Mit Ausnahme von Vézelay hat kein anderer Ort an den französischen Routen den Geist der mittelalterlichen Pilgerreise so bewahrt und eine Atmosphäre, die den Aufstieg des Dorfes zu einem wichtigen Touristenziel und zum Weltkulturerbe überdauert hat. Conques würdigt sein Erbe nicht mit kitschigen Andenkenläden für Tagesausflügler herab. In stilleren Zeiten, wenn die Autos und Busse abgefahren sind, versinkt das Dorf wieder in seiner mystischen Aura vergangener Jahrhunderte. Von einem langen Höhenzug und der ebenso entlegenen Gemeinde Saint Marcel fällt der historische Pilgerpfad zu den dicht gedrängten mittelalterlichen Wohnhäusern und der romanischen Abtei ab. Obwohl Conques heute bequem auf einer Straße von Rodez aus zu erreichen ist, wirkt es immer noch relativ abgeschieden. Dass es dennoch so bedeutend werden konnte, unterstreicht die Macht und Anziehungskraft, die von den Reliquienkulten im Mittelalter ausgeübt wurden. Es scheint, dass keine Entfernung zu groß war, keine Reise zu beschwerlich, wenn sie Pilgern ermöglichte,

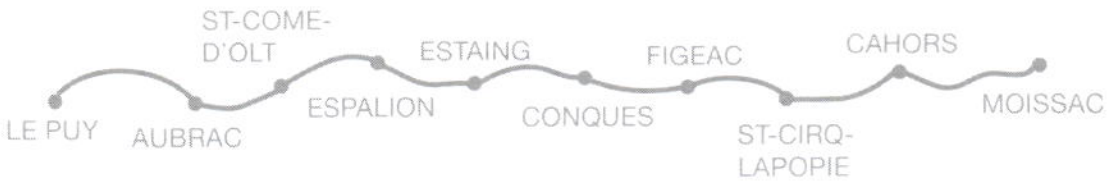

LE PUY
ST-COME-D'OLT
AUBRAC
ESPALION
ESTAING
CONQUES
FIGEAC
ST-CIRQ-LAPOPIE
CAHORS
MOISSAC

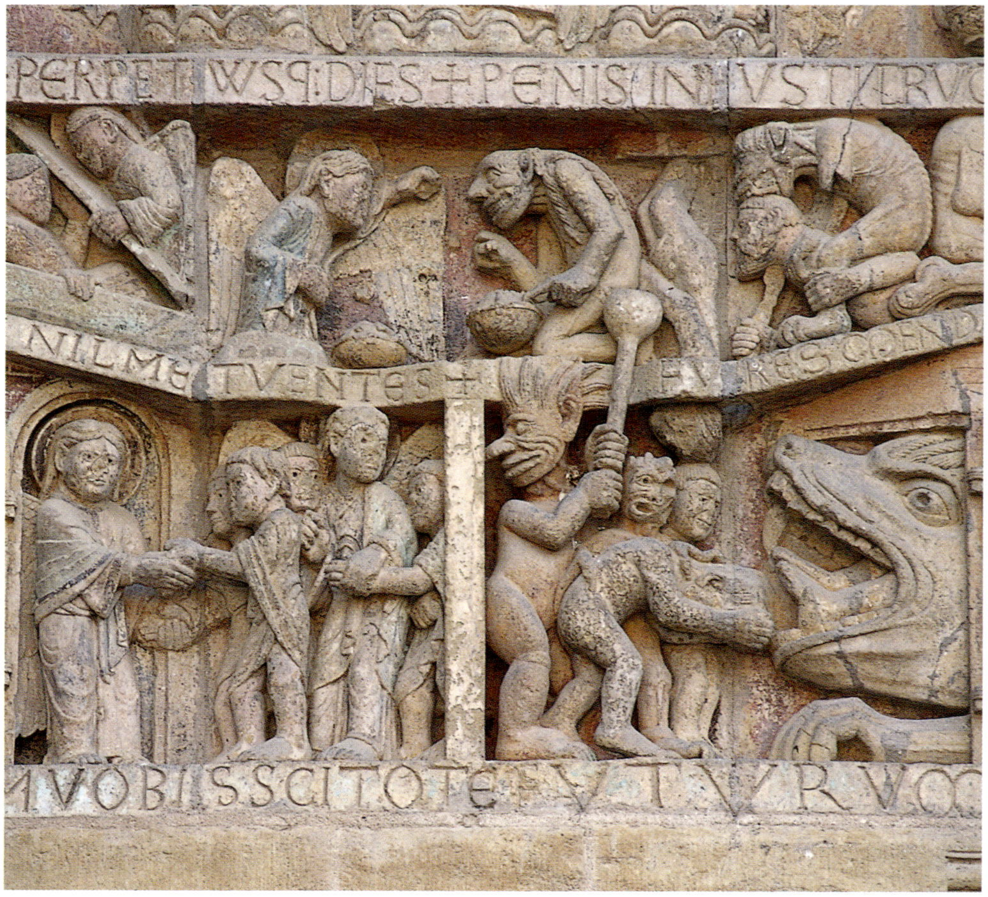

Conques ist umgeben von Bergen und Flüssen. Seine abgeschiedene Lage (oben) verstärkt die mystische Stimmung der mittelalterlichen Abbaye de St-Foy, die schon Pilgerstätte war, lange bevor sie zur obligatorischen Einkehr auf dem Weg nach Santiago wurde. Der Tympanon (frühes 12. Jahrhundert) mit dem Jüngsten Gericht (gegenüberliegende Seite, oben) ist ein erstaunliches Beispiel romanischer Sakralkunst, auf dem jede der 124 Figuren fein herausgearbeitet ist. Direkt unter Christus und den Auserwählten zeigen drei separate Felder das Wiegen der Seelen, die Himmelspforte und ein biblisches Ungeheuer, den Leviathan, der die Verdammten verschlingt (gegenüberliegende Seite, ganz links). Der Kreuzgang (Detail, gegenüberliegende Seite, rechts) führt zur Schatzkammer und Conques' Existenzberechtigung: der unbezahlbaren Reliquienstatue der St-Foy.

die geistige Kraft eines besonderen Heiligen zu verspüren. Im Fall der Ste.-Foy, eines kleinen Mädchens, das im 4. Jahrhundert in Agen durch heidnische Römer den Märtyrertod erlitt, kannte dieser Glaube keine Grenzen, und die Menschen zogen in Scharen zu dem Schrein.

Zwar liegt der ursprüngliche Schrein in Agen etwas weiter westlich, aber es war nicht ungewöhnlich, dass begehrte Reliquien von übereifrigen Mönchen »umgesiedelt« wurden. Da die junge Abtei Conques im 9. Jahrhundert keinerlei Beziehungen zu Heiligen besaß, die Pilger und wohlhabende Gönner hätten anziehen können, galt der Diebstahl offenbar als gerechtfertigt. Sobald die Reliquie der jungen Märtyrerin in Conques aufbewahrt wurde, zeigte sie auch die gewünschte Wirkung, und die Abtei wuchs bald von einem lokalen Wallfahrtsort zu einem wichtigen Haltepunkt am Weg nach Compostela heran. Die Abtei datiert weitgehend aus dem 12. Jahrhundert, mit einem für Pilgerkirchen der Zeit typischen Inneren: breite Gänge und ein Chorumgang, damit der Strom der Pilger ungehindert um den Altarraum, wo die Reliquie ursprünglich ausgestellt war, fließen konnte. Die Reliquienstatue der Heiligen aus dem 10. Jahrhundert wird heute in der Schatzkammer der Abtei gezeigt. Über die Jahre wurde sie mit Edelmetallen und -steinen verziert und nimmt unter den Schätzen mit Bezug zur Epoche der mittelalterlichen Pilgerreise einen hohen Rang ein.

Das Mauerwerk der Abteikirche erscheint fast zu gepflegt und sauber für ein so altes Bauwerk, aber ohne eine Rettung in letzter Minute und ein 1837 angeregtes Renovierungsprogramm gäbe es heute in Conques vielleicht überhaupt keine Abtei mehr. Die Kirche wurde in den Religionskriegen 1561 von Protestanten in Brand gesetzt und schwer beschädigt und erlitt weiteren Schaden während der Revolution. Dass ihr endgültiger Verfall verhindert wurde, ist dem zufälligen Besuch des Schriftstellers Prosper Mérimée zu verdanken, der zuvor zu Frankreichs erstem Inspektor historischer Denkmäler ernannt worden war.

Obgleich viele sagen mögen, die Statue der Ste-Foy sei Conques größtes Kapital, verleihen andere die Auszeichnung dem romanischen Tympanon aus dem 12. Jahrhundert über dem Westportal der Kirche. Nie sind die Worte des Matthäusevangeliums so lebendig durch das Medium der bildlichen Kunst ausgelegt worden – dieses Tympanon kann von keiner Darstellung des Jüngsten Gerichts übertroffen werden! Die Verbildlichung raubt buchstäblich den Atem, und die schrecklichen Folgen

Gegenüber: Alte Häuser drängen sich in Conques zwischen schützenden Mauern und befestigten Toren, eine bunte Mischung, in der kein Haus in Stil oder Größe dem anderen gleicht. Den besten Blick hat man von Kapelle St-Roch auf der alten Burg.

Oben: Heutige Pilger, die Conques in Richtung Westen verlassen, überqueren den Dourdou über dieselbe fünfbogige Brücke wie ihre Vorgänger im Mittelalter. Die vermutlich ursprünglich römische Brücke wurde im 15. und 16. Jahrhundert weitgehend neu gebaut.

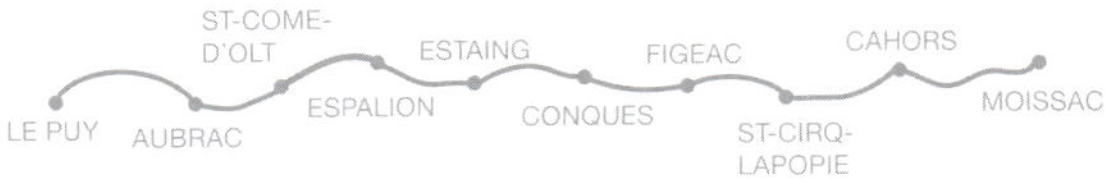

Rechts: Figeac entstand an den Ufern des Célé neben einem Benediktinerkloster. In einer Region, wo größere Siedlungen dünn gesät sind, war es mit ursprünglich sechs Herbergen ein wichtiger Rastplatz für Pilger und ist es noch.

Unten: Wo das Tal des Lot sich zur Schlucht verengt, ist Raum äußerst knapp. Daher musste die Straße dort an manchen Stellen aus dem Gestein gesprengt werden.

der Sünde scheinen allzu real. Falls jemals Pilger, die nach Conques kamen, eine Bestätigung brauchten, dass ihre Reise notwendig war, wurde sie ihnen hier in nicht jugendfreiem Detail vor Augen geführt. Neben der Darstellung des Grauens gab es auch einen klaren Hinweis, wie lohnend das Paradies sein konnte: Die geschickte Nebeneinanderstellung von Seelen in Frieden und in Qual lässt bei den Betrachtern keinen Zweifel aufkommen, welche Seite die erstrebenswerte ist. Sicherlich warfen manche ängstliche Blicke zurück zum Tympanon und waren noch entschlossener, wenn sie ihrem immer noch fernen geistigen Labsal entgegen auf der alten Brücke den Dourdou überschritten.

Der Chemin de Saint-Jacques führt über Land zur nächsten größeren Stadt. Gelegentlich vereinigt er sich mit dem Lot, aber es ist ein anderer Fluss, der Célé, der durch Figeac fließt. Nach Conques wird die Landschaft relativ unbewohnt, sodass die geschäftige Atmosphäre von Figeac fast wie eine unwillkommene Störung wirkt – bis der Duft frisch gemahlenen Kaffees in den engen mittelalterlichen Straßen in die Nase zieht! Bedeutende religiöse Stätte der Stadt ist die stimmungsvolle, Saint-Sauveur geweihte Abteikirche aus dem 11. Jahrhundert, die einen beherrschenden Platz am Fluss einnimmt. Danach bietet

Oben: St-Cirq-Lapopie liegt auf einem Felsen 100 Meter über dem Fluss. Es ist eines der schönsten Ausflugsziele der Region und sieht auf den ersten Blick wie eine spektakuläre Kulisse für einen Hollywoodfilm aus. An den Flussufern am Fuß des Felsens erinnern Wehre, kleine Häfen, Schleusen und ein Treidelpfad an die Zeiten, als der Flussverkehr der einzige Zugangsweg in das Tal des Lot war.

Folgende Seiten: Der Pont Valentré aus dem 14. Jahrhundert, der den Lot in Cahors überspannt, hat drei befestigte Türme und sieben gotische Spitzbogen. Er ist heute eines der bedeutendsten historischen Denkmäler Europas.

die Strecke bis Moissac wohl mehr Sehenswürdigkeiten für den Touristen als geheiligte Orte für den Pilger.

Ab Figeac gibt es zwei alternative Routen, die sich an die Täler der nach Westen fließenden Flüsse Lot und Célé halten. Letzteres bietet über große Strecken eine majestätische Szenerie, doch Tal und Schlucht des Lot sind noch beeindruckender. Die Straße ab Figeac meidet über gut 40 Kilometer den Kontakt mit dem Fluss, bis man nach Cajarc kommt, einem großen Dorf, das fast ganz von schroffen Kalksteinfelsen umgeben ist. Die historische Route verlässt dann wieder den Fluss und verläuft stattdessen fast genau nach Süden, bevor sie sich durch eine schöne, aber ziemlich schutzlose und einsame Landschaft nach Cahors windet. Ungeachtet des Fortbewegungsmittels sollte man auf jeden Fall dem Flusslauf des Lot folgen, der sich durch spektakuläre Kalksteinschluchten dreht und windet. Die Versuche des Menschen, zum dauerhaften Teil dieser felsigen Umgebung zu werden, waren ein langwieriger Kampf. In manchen Abschnitten, wo die Schlucht sich verengt und der Raum plötzlich sehr knapp ist, wurden Straße und Häuser mit der gewaltigen Kraft des Dynamits buchstäblich aus dem Felsgestein herausgeschnitten. In Richtung Cahors zu fahren, kann ein abschreckendes Erlebnis sein, denn auf einigen Abschnitten der Straße, die den Fels durchschneidet, muss man bei der Durchfahrthöhe seinem Gefühl vertrauen. Es scheint fast unvorstellbar, dass jemand freiwillig in einer derart beengten Umgebung lebt, dennoch stößt man gelegentlich auf Häusergruppen, von denen manche regelrecht mit den Felsen verwachsen zu sein scheinen.

Nach einigen weiteren Kilometern endet die Schlucht und weitet sich zu einer Flussaue. Die Felsen ragen immer noch beiderseits des Lot auf, aber die größere Entfernung lässt sie weniger bedrohlich erscheinen. Über eine einspurige Brücke und eine Nebenstraße gelangt man hinauf zu dem ungewöhnlichen mittelalterlichen Bergdorf St-Cirq-Lapopie. In den Sommermonaten wird man das Erlebnis mit Hunderten anderer Touristen teilen, aber man braucht – wie beim Besuch von Conques – nur sorgfältig vorauszuplanen, um eine stimmungsvollere Erfahrung zu machen.

Das auf einem 100 Meter hohen Felsen liegende Dorf entstand im Mittelalter als eine von vier Grafschaften des Quercy; die Grafen von Lapopie waren eine der feudalen Dynastien dieses Quartetts. Offenbar waren jene Zeiten alles andere als ruhig: Der Ort bildete im

Charcuterie - Salaisons - Conserves
des Causses du Quercy
SAINT-MARTIN & FILS
Maître Artisan
Fabricant
PAELLA

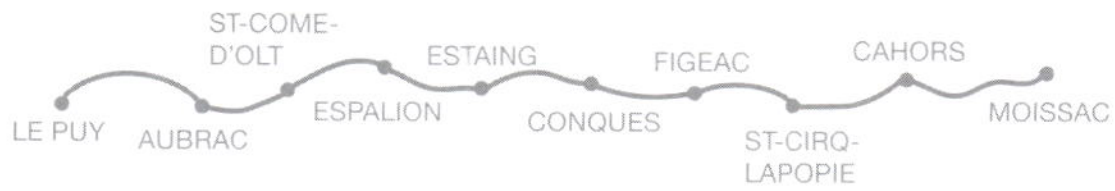

Wesentlichen eine Wohnfestung, in der jeder Zugang zu dem Labyrinth aus engen Straßen, Gassen und Durchgängen durch ein befestigtes Tor geschützt war. Die meisten Häuser entstanden zwischen dem 13. und 16. Jahrhundert, manche von ihnen bewahrten ihre giebeligen Ladenfronten, die von Gerbern, Kesselmachern und Drechslern genutzt wurden. In der Regel sind Giebelhäuser durch eine schmale Lücke, den *entremi*, getrennt, der als Ablaufkanal für Regenwasser oder Abwasser von Waschbecken und Latrinen diente. Zum Glück für Bewohner wie Besucher sind die sanitären Installationen des Dorfes über das Mittelalter hinaus fortgeschritten, und Schuhe werden heute nur in sauberes Regenwasser treten. Von den Brustwehren der Burg umfasst der Panoramablick ferne Hügel, strahlend weiße Narben frei liegenden Kalksteins und direkt unterhalb die gewundenen Schleifen des Flusses, der um den Felsen fließt, auf dem St-Cirq Lapopie liegt. Nur wenig flussabwärts mündet der Célé in den Lot, der gemächlich Cahors zufließt.

Auf einer leicht zu verteidigenden Landenge, die durch einen Mäander des Flusses gebildet wird, wuchs die heutige Stadt Cahors im 1. Jahrhundert vor Christus bei einer heiligen Quelle, der Divona Cadurcorum, die heute als Fontaine des Chartreux bekannt ist. Wegen der geographischen Lage in der Flussschlinge des Lot spielten Brücken eine wichtige Rolle in der Stadtgeschichte. Cahors schmückt das schönste Beispiel für eine befestigte Brücke in Europa, der Pont Valentré. Die Bauarbeiten zu den sechs Hauptbögen, drei quadratischen Türmen und zwei befestigten Zugängen begannen 1308 und dauerten fünf Jahrzehnte. Der westliche Zugang ist praktisch verschwunden, sein östliches Gegenstück aber wegen der Renovierung im 19. Jahrhundert, die auch seine Verteidigungsfunktion wieder zur Geltung brachte, in besserer Verfassung.

Der Pont Valentré ist eines der unzähligen Beispiele für mittelalterliche »Teufelsbrücken«, von denen jede mit ihrer eigenen Sage aufwartet. Alle beruhen auf dem bekannten faustischen Thema eines Paktes mit dem Teufel. Brückenbauer des Mittelalters standen oft vor scheinbar unlösbaren Aufgaben, und man nahm daher an, über die kombinierten Kräfte von Natur und Schwerkraft könnte man nur mit zusätzlicher Hilfe triumphieren. Im Fall von Cahors scheint der Teufel in letzter Minute vom Baumeister durch eine schlaue Täuschung überlistet worden zu sein. Eine kleine bildhauerische Arbeit am Mittelturm erinnert an den Sieg.

Gegenüber: Berühmt ist Cahors für seinen Samstagsmarkt auf dem Platz vor der Kathedrale und in den anliegenden Straßen. Hier scheint es frische Produkte jeder nur vorstellbaren Art zu geben. Es ist etwas Besonderes, das zeitlose Ritual eines französischen Regionalmarktes zu beobachten, wo selbst der Kauf eines schlichten Kopfsalats eine längere Debatte mit dem Verkäufer erfordern kann!

Oben: Die Kathedrale St-Étienne geht auf das frühe 12. Jahrhundert zurück und ist mit einem schönen romanischen Nordportal, einer mächtigen Kuppel über dem Hauptschiff, Fresken aus dem 14. Jahrhundert, welche die Steinigung des Schutzpatrons darstellen, und beeindruckenden Beispielen gotischer Bildhauerkunst ausgestattet.

Sie stellt den Teufel dar, wie er versucht, einen Eckstein herauszureißen, aber scheitert, weil er seine Finger zwischen den Steinblöcken einklemmt.

Pilger, die ihre Ankunft in Cahors auf einen Samstag legen, können einen Besuch der Kathedrale St-Etienne mit dem traditionellen Wochenmarkt verbinden, der daneben stattfindet. Nach echter Manier der französischen Provinz bietet der Markt eine Auswahl an frischen Produkten, die selbst den besten Supermarkt matt und blass aussehen lassen. Die Kathedrale aus dem 12. Jahrhundert, die heute einen so stimmungsvollen Hintergrund für den Markt abgibt, hat viel frühere Ursprünge, denn sie wurde über einer Gruppe von rund 500 Jahre älteren bischöflichen Bauten errichtet. Besonders berühmt ist Cahors für seine zwei Kuppeln, die größten in Frankreich, die beide 32 Meter über dem Boden eine Weite von 18 Metern überspannen. In Abweichung von der landläufigen Tradition betritt man die Kathedrale durch eine Tür an der Nordseite, unter einem prächtig gemeißelten romanischen Portal. Es soll vor 1150 von Steinmetzen und Bildhauern aus der Schule von Moissac und Beaulieu ausgeführt worden sein, einer Gruppe, deren glanzvolle Kunstfertigkeit noch größere Wirkung im Kreuzgang der Abteikirche Saint-Pierre in Moissac selbst entfaltet.

Moissacs Benediktinerkloster gründete im 7. Jahrhundert Bischof Didier, aber eindringende Feinde zerstörten nach und nach die Gebäude aus dieser Zeit. Der Wiederaufbau erfolgte direkt nach dem Anschluss an den mächtigen Orden von Cluny. Unter der Leitung des Abtes Durand de Bredon wurde 1063 eine neue Abteikirche geweiht. St-Pierre besitzt einige der weltweit schönsten Beispiele romanischer Kunst, vor allem sind hier die 76 Kapitelle des Kreuzgangs zu nennen, der 1100 vollendet wurde. Die in gedämpften Farben gehaltenen Marmorsäulen alternieren zwischen einzelnen und doppelten Säulen, welche die Kapitelle tragen. Selbst wenn die schön gestalteten Kapitelle aus glattem Stein wären, würde man das Ensemble noch

Oben: Sonnenblumen säumen die Pilgerstraße auf halbem Weg zwischen Cahors und Moissac nahe Lauzerte.

Gegenüber oben: Der romanische Kreuzgang der Abteikirche St-Pierre in Moissac ist eines der anrührendsten Beispiele seiner Art an einer der Pilgerrouten. Die 76 reich verzierten Kapitelle zeigen eine Mischung aus abstrakter Kunst und illustrierter biblischer Enzyklopädie.

Gegenüber links: Der heilige Jakob in einem Basrelief auf einem der Eckpfeiler.

Gegenüber Mitte: Das Wunder des Fischzugs.

Gegenüber rechts: Die detailreich geschnitzten Türpfosten am Südportal der Abtei stammen aus dem 12. Jahrhundert.

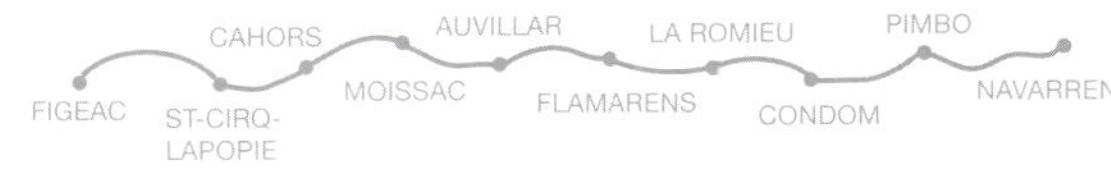

bewundern. Aber sie sind reich verziert mit einer unübertrefflichen Auswahl an Bildern, die zahlreiche bekannte Episoden aus dem Alten und Neuen Testament, Heiligenleben und Naturszenen verbunden mit anderen anschaulichen Elementen heidnischer Ikonographie darstellen.

Fast habgierig erscheint einem, dass die Abtei auch eine der vollendetsten Ausführungen von Johannes' Vision der Apokalypse aus dem 12. Jahrhundert besitzt, aber zumindest erleichtert es die Konservierung, wenn sich zwei Hauptwerke am selben Ort befinden. Keines von beiden ist besonders stark den Elementen ausgesetzt, aber der natürliche Zerfall feiner Steinskulpturen ist beim Alterungsprozess unvermeidlich. Zum Glück wird Moissac nicht von Luftverschmutzung bedroht und leben wir heute in einer Gesellschaft, die im Allgemeinen Kunstwerke verehrt und bewahrt. Wäre es jedoch nach den Ingenieuren aus der Mitte des 19. Jahrhunderts gegangen, würde heute der Express von Bordeaux nach Sète über die zerstörte Stätte donnern.

Das Tympanon wurde zwischen 1130 und 1140 geschaffen. Verglichen mit den älteren Kreuzgangkapitellen zeigen einige der Porträts einen höheren Grad an Reife, doch ist der Unterschied kaum merklich. Alle traditionellen Gestalten des Evangeliums findet man im Tympanonbogen, aber interessanterweise zeigen einige der Dekorationen und Details an den Türpfosten eindeutig Spuren maurischen Einflusses – was wiederum eine Bestätigung für den ständigen Austausch künstlerischer Stile und Innovationen zwischen den zwei Kulturen bedeutet.

Hat man Moissac verlassen und die breite fruchtbare Ebene der Garonne durchquert, steigt der Chemin de Saint-Jacques rasch und steil zum Bergdorf Auvillar an. Eine reizvolle Promenade, die auf der Stätte einer früheren Burg gestaltet wurde, läuft an der Felsenkuppe entlang, auf der das Dorf strategisch über dem Fluss gelegen ist. Blickt man hinunter auf die ländliche Gegend mit Reben und Feldern, die sich jenseits des Flussufers ausdehnt, fällt es schwer, sich vorzustellen, wie es hier wohl im Mittelalter zu Zeiten der Wallfahrt ausgesehen hat. Auvillar war ein wichtiger Hafen und Zollstelle an der Garonne, wo selbst 1789 nachweislich noch 49 Seeleute und ihre Familien lebten. Ein weiterer Beweis für die Verbindung zur Seefahrt ist, dass eine örtliche Kapelle der heiligen Katharina, der Schutzpatronin der Seeleute, gewidmet ist. Die Befestigungen, die Auvillar einst umgaben,

Links: Im Herzen von Auvillars einzigartigem Marktplatz steht ein kreisrunder überdeckter Markt. Obgleich restauriert, weckt er stimmungsvolle Erinnerungen an vergangene Zeiten, besonders wenn das bunte Gewimmel des örtlichen Bauernmarktes in vollem Gange ist.

Gegenüber: Auvillars strategisch gelegene Burg wurde in den Religionskriegen zerstört. Ihre Lage war gut gewählt, da sie weite Ausblicke über die Ebene der Garonne ermöglicht.

existieren noch, und die Straße führt durch eines der originalen Tore. So reizvoll Auvillars Lage und unmittelbare Umgebung auch sein mögen, seine wichtigste architektonische Besonderheit ist der dreieckige Marktplatz. Fachwerkhäuser und Arkaden aus dem 16. bis 18. Jahrhundert säumen seine Seiten, aber Stolz des Platzes ist der makellos restaurierte runde Kornmarkt von 1825. Diese elegante überdachte Säulenkonstruktion ersetzte einen früheren quadratischen Bau; im inneren Kern kann man noch die schwenkbaren Kornschaufeln und Maße sehen.

Pilger, die zu ihrer nächsten Etappe durch das Département Gers aufbrechen, müssen ihren Weg durch die weite hügelige Landschaft finden, inmitten derer die kleinen Gemeinden Flamarens mit den finsteren Resten einer Burg aus dem 15. Jahrhundert und Miradoux liegen. An schönen sonnigen Tagen ist dies eine Landschaft, die erlahmende Lebensgeister weckt, denn große Sonnenblumenfelder wechseln ab mit Getreidefeldern und saftigen Weiden. In dieser Gegend haben Orte wie das historische Lectoure Pilgern Unterkunft und Hilfe geboten, aber das viel kleinere Dorf La Romieu veranschaulicht genau, welchen Einfluss die Wallfahrt nach Santiago auf dieses bis dahin entlegene Gebiet ausübte.

Der Name Romieu leitet sich von dem gaskonischen Dialektwort Roumiou ab, was einen Pilger auf dem Weg nach Rom bezeichnen soll. Es war jedoch ein Mönch auf dem Rückweg von Compostela, der im 11. Jahrhundert

Folgende Seiten: Blick über die Landschaft von Gers nahe Flamarens

die erste kirchliche Gemeinde auf dem Land der Herren von Firmacon, den Grafen von Lomagne, gründete. Im 14. Jahrhundert wuchs die Bedeutung des Dorfes, als Arnaud d'Aux, ein Würdenträger am päpstlichen Hof und aus La Romieu gebürtig, die Stiftskirche Saint-Pierre erbauen ließ, deren Zwillingstürme heute noch die ländliche Umgebung meilenweit beherrschen.

Bedauerlicherweise ist die typisch gaskonische Stadt Condom Zielscheibe vieler schmutziger Witze und Anspielungen auf den Namen geworden – selbst Pilger des 21. Jahrhunderts, die ihre Herzen und Gedanken anderswo haben sollten, lassen sich vor einem Ortsschild der Stadt fotografieren. Condom entwickelte sich um die dekorative spätgotische Kathedrale Saint-Pierre, die in den Religionskriegen beinahe von Hugenotten zerstört worden wäre. Zum Glück konnten Einheimische ein gewaltiges Lösegeld aufbringen und an die Frevler zahlen, womit sie die Katastrophe abwendeten und das Erbe der Stadt erhielten.

Im Herzen der Region Armagnac gelegen, bewahrt Condom noch Reste der alten Kais am Ufer der Baïse, von wo aus die wertvolle Fracht nach Bordeaux transportiert wurde. Der Armagnac-Weinbrand ähnelt seinem berühmteren Nachbarn, dem Cognac, wird aber nur einmal destilliert, weshalb er mehr Aroma enthält. Örtliche Erzeuger verkaufen direkt an ihre Kunden, indem sie einfach Schilder mit der Aufschrift »Vente Directe« an ihren Anwesen anbringen. Zwar mag eine im Vorbeigehen getrunkene Flasche perfekt geeignet sein, die Beschwerden müder Füße voller Blasen zu lindern, doch sollten Pilger auch an den möglichen Zustand ihres Kopfes am Tag danach denken.

Südwestfrankreich ist für seine Bastiden berühmt, befestigte Städte, die seit dem 13. Jahrhundert gebaut wurden und von denen über 300 noch erhalten sind. Sie waren die mittelalterlichen Entsprechungen moderner, zweckmäßig gebauter »neuer Städte«. Anders als andere mittelalterliche Gemeinden, die sich von der Kirche nach außen entwickelten, wurden Bastiden in einem Gittermuster um einen zentralen Platz angelegt, an dem das Haus des Seneschalls oder Gouverneurs das beherrschende Gebäude war. Sie kamen mit dem Verfall des Feudalismus auf und waren der Versuch von Grundbesitzern, einige der weiten, leeren Räume der Region zu bevölkern und Einkünfte aus Steuern statt aus dem Zehnten zu erzielen. Die Pilgerrouten führen auf dem Weg zu den Pyrenäen durch mehrere Bastiden. Die Via Podiensis berührt Pimbo, eine der ältesten derartigen Siedlungen des Landes.

Gegenüber und rechts: Condoms spätgotische Kathedrale St-Pierre ist ein weiteres Beispiel für ein Bauwerk, dessen Größe seine frühere Bedeutung widerspiegelt. Sie wird dank großer Fenster, von denen einige noch ihr ursprüngliches Glas bewahren, im Inneren schön erhellt.

Pimbo entstand an der Stätte eines Benediktinerklosters aus dem 8. Jahrhundert, dessen Mönche zwischenzeitlich durch ein Stiftskapitel ersetzt worden waren. Die Lage des Ortes auf einem Höhenrücken bedeutete, dass er häufig von strategischer Bedeutung war. In den späteren Jahrzehnten des 13. Jahrhunderts erbaute Thomas d'Yperague, Seneschall der Gascogne und Verwalter Eduards I. von England, hier Bastide und Burg. In den Händen der Engländer blühte die Bastide auf, doch erging es ihr in den Religionskriegen weniger gut, als protestantische Truppen sie 1569 fast völlig zerstörten. Heute vermittelt Pimbo den Eindruck eines verschlafenen Dorfes in tiefster Provinz, dessen imposantes romanisches Kirchenportal an glänzendere Zeiten erinnert.

Einem erheblich dauerhafteren Erbe jener Epoche begegnet man rund 60 Kilometer weiter südwestlich in Navarrenx, wo der Chemin de St-Jacques ins Baskenland führt und die Pyrenäen in Sichtweite sind. Navarrenx war die erste Stadt in Frankreich, die mit einem Bollwerk versehen wurde. Unter Leitung des italienischen Architekten Fabricio Siciliano wurde sie Mitte des 16. Jahrhunderts von geometrischen, steilen Festungswällen umgeben. Es ist ein völlig unerwarteter Anblick, mitten im ländlichen Frankreich plötzlich vor einem so ausgedehnten Festungswerk zu stehen. Auch heute noch erscheinen die strengen dunkelgrauen Steinwälle, die sich über 1657 Meter hinziehen, vom Alter weitgehend verschont zu sein.

Navarrenx wurde 1316 als Bastide geschaffen, nachdem hier ein Vierteljahrhundert zuvor eine Brücke über die Gave gebaut worden war. Dieser Flussübergang kam zu spät für jene, die auf dem Höhepunkt der Wallfahrt nach Santiago de Compostela im 12. Jahrhundert unterwegs waren, erleichterte aber nun den Zugang zu den Pyrenäen und in das spanische Königreich Navarra (daher der Name). Zudem konnten Pilger, die in Navarrenx Schutz suchten, nun zwischen zwei Routen wählen, da die Stadt fast gleich weit von den traditionellen pyrenäischen Sammelpunkten Oloron-Stainte-Marie (über den Somport-Pass) und Ostabat-Asme (Puerto de Ibañeta) entfernt ist.

Unten: Pimbo, einst eine blühende befestigte Bastide, ist heute ein Schatten seines früheren Selbst, doch Pilger auf dem Weg nach Spanien werden in dem kleinen Touristenbüro, dem Café und den Läden neben der alten Kirche herzlich willkommen geheißen.

Unten: Um in Navarrenx die Stadt umfassende Festungswälle anlegen zu können, wurde eine St. Antoine gewidmete Kirche abgerissen und im 16. Jahrhundert durch die Kirche St. Germain ersetzt. Rechts: Zu ihren bemerkenswerten Merkmalen gehören ein faszinierend bemalter polygonaler Chor mit Apsis und ein Schlussstein, der einen Pilger darstellt (ganz rechts).
Folgende Seiten: Die Festungswälle von Navarrenx aus dem 16. Jahrhundert in italienischem Stil.

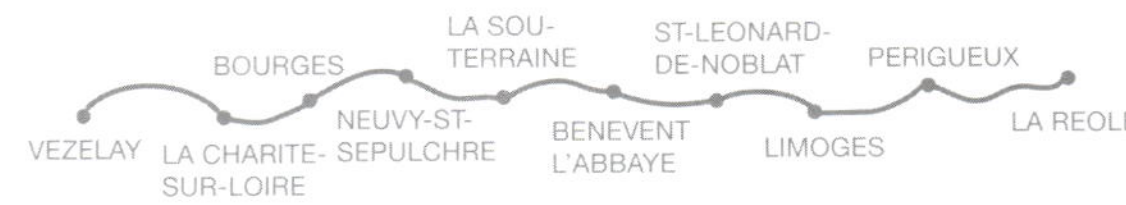

3

VIA LEMOVICENSIS VON VÉZELAY

Obgleich die Via Lemovicensis ihren Namen vielleicht von der Stadt Limoges ableitet, beginnt sie ihren 800 Kilometer langen Weg in die Pyrenäen in der Benediktinerabtei Ste.-Marie-Madeleine in Vézelay. Mit Ausnahme der Kathedrale in Santiago de Compostela selbst erreicht kein anderes Bauwerk an den Pilgerstraßen durch Frankreich oder Spanien auch nur annähernd die Atmosphäre dieser Abtei noch seine dramatische landschaftliche Lage. Vézelay hatte sich bereits als einer der wichtigsten Wallfahrtsorte in Frankreich Geltung verschafft, da er behauptete, im Besitz der Reliquien Maria Magdalenas zu sein. Im Zeichen des aufkommenden Reliquienkults im Mittelalter gab es wohl kein bedeutenderes Symbol als die »reuige Sünderin.« Für alle, die zum Schrein des Apostels Jakob aufbrachen, muss eine Andacht in Vézelay der denkbar günstigste Auftakt zu der Reise gewesen sein.

Ursprünglich wurde die Abtei um die Mitte des 9. Jahrhunderts von Girart de Roussillon in Saint-Père im Tal der Cure gegründet, doch nach Angriffen von muslimischen Stoßtrupps und aufgrund der Gefährdung durch normannische Eindringlinge 887 auf die Bergkuppe verlegt. Um den stetig wachsenden Pilgerzahlen gerecht zu werden, wurde eine neue Abteikirche erbaut und 1104 geweiht, doch am 22. Juli 1120, am Vorabend des Festtages der Heiligen, brach ein schreckliches Feuer aus, das nicht nur das Hauptschiff zerstörte, sondern auch viele Kirchgänger das Leben kostete. Der Wiederaufbau begann umgehend, und 1140 war das restaurierte Schiff fertiggestellt. Ein Jahrzehnt später hatte man es durch die innere Vorhalle ergänzt, deren Tympanon über der mittleren der drei Türen als eines der ausdrucksstärksten Beispiele romanischer Bildhauerkunst gilt.

Obwohl die meisten Tympana in Kirchen jener Zeit das Jüngste Gericht zum Thema nahmen, stellt jenes in Vézelay Pfingsten dar. Die Darstellung der Figuren ist außergewöhnlich, weil der Künstler die Apostel zu Seiten der Majestas Domini unterschiedlich groß gestaltete, um sie alle im Halbkreis des Tympanons unterzubringen. Das Innere des Bauwerks ist atemberaubend: Große, klare Fenster erfüllen die Kirche mit ungewöhnlicher Helligkeit, die nach Osten in Richtung des eleganten gotischen Chores aus dem späten 12. Jahrhundert noch intensiver wird. Säulen und Bogen des Hauptschiffs bestehen alternierend aus Kalkstein in warmen kaffee- und cremefarbenen Tönen und sind verziert mit allegorischen und Schmuckkapitellen, die wesentlich zu dem ungewöhnlichen Vermächtnis romanischer Bildhauerkunst in der Basilika beitragen.

Wegen Maria Magdalenas Reliquie wurde Vézelay solche Kraft zugeschrieben, dass der Ort als Kulisse für bedeutsame historische Ereignisse genutzt wurde.

Gegenüber: Westfassade und Portal der Ste-Marie-Madeleine in Vézelay. Das Tympanon stellt das Jüngste Gericht dar. Obwohl romanisch im Stil, ist es eine Mitte des 19. Jahrhunderts entstandene Nachbildung des Originals, das während der Französischen Revolution zerstört wurde.

Links: Das Tympanon des Südportals zwischen Vorhalle und Hauptschiff enthält Szenen über Geburt und Kindheit Jesu. In der Heimsuchung sind Maria und Elisabeth mit Heiligenscheinen porträtiert; Engel berichten Schäfern von der Geburt; die Geburtsszene ist von einem kuppelartigen Rahmen umschlossen. Ein Ausschnitt zeigt auch die Anbetung der Heiligen Drei Könige.

Vom »ewigen Hügel«, auf dem die Abtei steht, rief Bernhard von Clairvaux am ersten Ostertag 1146 in Anwesenheit König Ludwigs VII. und einer großen Menge von Adligen, geistlichen Würdenträgern und zahllosen anderen aus allen Schichten zum zweiten Kreuzzug auf. Es muss ein farbenfroher Anblick gewesen sein, als diese Menschenmenge sich an der Kirche vorbei zu dem hölzernen Podest bewegte, wo Bernhard seine flammende Ansprache im Namen Papst Eugens III. hielt. Fast ebenso viele Menschen kamen hier 1190 zusammen, als die Könige Philipp II. von Frankreich und Richard Löwenherz von England gemeinsam zum dritten Kreuzzug aufbrachen.

Die mystische Aura um den Ort nahm auch den Heiligen Franz von Assisi gefangen, der 1217 das erste Franziskanerkloster auf französischem Boden gründete. Später in jenem Jahrhundert erfuhr Vézelays Geschick einen schweren Rückschlag durch eine – von dem angevinischen König Karl II. bestätigte – Bekanntmachung aus der Provence, Maria Magdalenas echte Reliquien seien in der Krypta von Saint-Maximin-la-Sainte-Baume entdeckt worden und könnten daher nicht in Burgund sein! Dominikanermönche untermauerten diese angebliche Entdeckung, indem sie umgehend eine Liste von Wundern zusammenstellten, die in der Nähe des Grabes stattgefunden hätten. Von da an ging es mit Vézelay langsam, aber stetig bergab.

Bauliche Schäden durch die Religionskriege und die Französische Revolution brachten die Abtei dem völligen Zusammenbruch nahe. Gerettet wurde sie, ähnlich wie Conques, 1834 durch die rechtzeitige Intervention von Prosper Mérimée, dem neu ernannten Inspekteur der historischen Denkmäler. Ein junger Architekt, Viollet-le-Duc, erhielt den Auftrag, ein gewaltiges Restaurierungsprogramm zu beaufsichtigen, das zwischen 1840 und 1861 stattfand. Akribisch studierte er viele alte Zeichnungen und Dokumente, die sich auf Konstruktion und Innendekoration der Abtei bezogen, aber wie bei allen derartigen Projekten fand das Ergebnis seiner Arbeit nicht einhelligen Beifall.

Doch Viollet-le-Ducs Kritiker hatten Vézelays Pracht im 12. und frühen 13. Jahrhundert nicht erlebt. Vielleicht sollte man applaudieren, weil Viollet ein Wunder bewirkte, das möglicherweise sogar über den Wirkungsbereich der Heiligen hinausging, zu deren Ehren die Kirche ursprünglich gebaut wurde. Das Dorf selbst weist mehrere Baustile aus dem Mittelalter und später auf, und die enge Straße, die zur Basilika hinauf-

Gegenüber: Erheblich verstärkt wird die Atmosphäre im Hauptschiff der Abteikirche in Vézelay durch die Verwendung von abwechselnd braunen und hellfarbenen Kalksteinquadern, wodurch die architektonischen Merkmale noch deutlicher hervortreten.

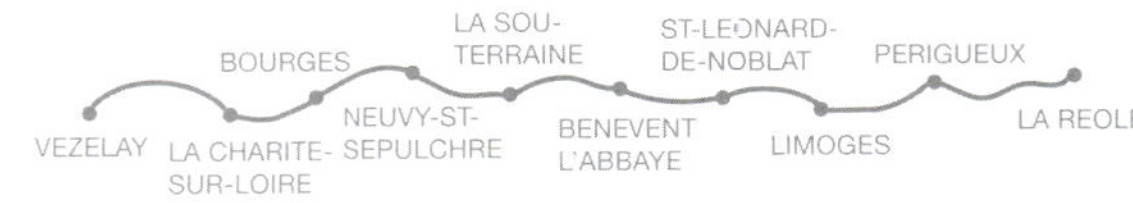

Unten: Der mittelalterliche Kern der Stadt La Charité-sur-Loire wird von der Stiftskirche Nôtre-Dame und dem heute für sich stehenden romanischen Glockenturm beherrscht, die einst Teil des großen Benediktinerklosters waren.

führt, dient als perfekter Hintergrund für die romanische Kirche auf dem Gipfel.

Wie bei einem solchen historischen Ort zu erwarten, gibt es mehrere andere wichtige Kirchen und Gemeinden in Vézelays unmittelbarer Umgebung. Im Norden liegt am Fuß des Hügels von Vézelay Asquins: Es hat eine dem heiligen Jakob gewidmete und zum Welterbe zählende Kirche mit schönen Fresken aus dem 13. und 15. Jahrhundert. Gut zwei Kilometer südlich befindet sich Saint-Père-sous-Vézelay mit seiner gotischen Kirche, deren stimmungsvolles Gewölbe im Inneren durch das willkommene Fehlen überflüssiger Ausstattung hervorgehoben wird.

Die Via Lemovicensis nimmt von Vézelay aus zeitweilig zwei verschiedene Routen, die – wie Historiker bestätigen – genau der damaligen Wallfahrt folgen. Die nördlichere Variante verläuft durch La Charité-sur-Loire und Bourges: Die andere, der Grand Chemin Royal, überquert die Loire weiter südlich bei Nevers. Da nicht jeder Schritt des Jakobweges beschrieben werden kann, soll hier der Chemin Royal umgangen und die Reise über Bourges fortgesetzt werden. Beide Routen vereinigen sich bei Orsennes, rund 50 Kilometer südlich von Châteauroux.

Ungefähr 75 Kilometer trennen Vézelay und La Charité-sur-Loire. An diesem Abschnitt der Route liegen mehrere Ortschaften, deren Verbindungen zur Pilgerreise augenscheinlich sind, sei es durch alte Gebäude aus der Zeit oder einfach aufgrund ihres Namens. Einige, wie Le-Maison-Dieu, Asnois und Arbourse verfügten über Herbergen, während in anderen Einrichtungen, den *maladeries*, besonders Aussätzige gepflegt wurden.

La Charité-sur-Loire ist wohl der letzte Ort flussaufwärts, an dem man die wahre Großartigkeit der Loire erleben kann. Der ehemalige Flusshafen wuchs um das im Jahr 1059 am Ufer der Loire gegründete Benediktinerpriorat La Charité, das 5000 Menschen aufnehmen konnte. Um diesen Kern entstand in den folgenden drei Jahrhunderten eine kleine Stadt, die zu einem wichtigen Punkt am Pilgerweg nach Santiago de Compostela wurde. Die alte Steinbrücke führt direkt in

Rechts: Die Kathedrale von Bourges ist für die erlesene Qualität ihrer mittelalterlichen Glasfenster berühmt. Außer den herkömmlichen Motiven gibt es herrlich überraschende Episoden aus den Evangelien. Ein Fenster ist dem Gleichnis vom verlorenen Sohn gewidmet: Das verständlicherweise ängstlich blickende »gemästete Kalb« erkennt man im zentralen Feld.

das Herz des historischen Stadtzentrums, das sich um das Kloster gruppiert und vom hohen romanischen Turm Tour Sainte-Croix beherrscht wird. Der Turm steht heute getrennt von der Stiftskirche Nôtre-Dame. Zwar sind beide beeindruckende Bauwerke, doch stellen sie nur einen kleinen Bruchteil des ursprünglichen Kirchen- und Prioratskomplexes der reichen kluniazensischen Gründung dar.

Nôtre-Dame wurde am 9. März 1107 von Papst Paschalis II. geweiht. Im Lauf des 12. Jahrhunderts zählte das Priorat, in dessen Diensten die Kirche stand, zu den fünf *filles ainées* (älteren Töchtern) von Cluny. Das heutige Hauptschiff stammt aus dem 17. Jahrhundert, doch Chor und Querschiff haben ihre romanische Vornehmheit bewahrt, einschließlich einer beeindruckenden Anzahl schmuckvoller Kapitelle. Obgleich angeblich in derselben Phase des 12. Jahrhunderts geschaffen, sind die Kapitelle und die Zwillingstympana künstlerisch völlig verschieden, wobei Letztere an das höchst stilisierte »Königs«-Portal der Kathedrale von Chartres erinnert.

Infolge des Reichtums, der aus dem umfangreichen Besitz an Grund und Liegenschaften sowie zusätzlichen Einnahmen durch die Wallfahrt erwuchs, und der gefährdeten Lage an einer Flussüberquerung wurde es notwendig, strenge Sicherheitsvorkehrungen zu treffen. Die Gemeinde umgab sich mit einer dicken viereckigen Mauer, die durch zehn Türme verteidigt wurde. Im Hundertjährigen Krieg waren La Charité und seine Brücke sehr umkämpft, und während eines Feldzugs im Loiretal im Dezember 1429 befahl Karl VII. Jeanne d'Arc, die Stadt zu belagern. Offenbar erging es ihr weniger gut als früher im Jahr bei Orléans, denn sie musste die Belagerung nach nur einem Monat aufheben. Hauptgründe für ihre Niederlage waren vermutlich die Verteidigungsanlagen der Stadt, schlechtes Wetter und ein Mangel an Soldaten, die lange Wintermonate in einem Lager an der Loire verbringen wollten.

Zwischen La Charité und Bourges windet sich der Pilgerweg durch die Dörfer und Felder beiderseits der Römerstraße, die Bourges und Cosnes-Cours-sur-Loire verbindet. Abgesehen von einem kleineren Knick in der Kleinstadt Sancergues verläuft die Straße 50 Kilometer weit schnurgerade nach Bourges, einer wohlhabenden Universitätsstadt, die nichts von ihrem Sinn für Geschichte verloren hat, obwohl sie heute schnell wächst. In die heutige Zeit versetzt, fühlten sich manche Pilger des 13. Jahrhunderts in den Vororten oder in den Parks und Gärten, für die die Stadt berühmt ist, verloren, doch ein zufriedener Seufzer des Wiedererkennens käme ihnen beim Anblick der Fachwerkhäuser im mittelalterlichen Viertel und der angrenzenden Saint Étienne gewidmeten Kathedrale zweifellos über die Lippen.

Die Kathedrale von Bourges wurde im Wesentlichen zwischen dem späten 12. und frühen 13. Jahrhundert gebaut. Sie ist eines der Meisterwerke gotischer Kunst in Frankreich und wird allgemein bewundert für ihre Proportionen und die Einheitlichkeit des Entwurfs. Die Doppelreihen der Strebebogen, die an den Außenmauern in pyramidenförmigen Reihen aufsteigen, sind ein Konstruktionsmerkmal für sich, aber in ihrer Funktion als tragfähige Einheit boten sie dem Architekten weitaus größeren Spielraum für seine Kreativität innerhalb der Kirche. Das Innere ist 124 Meter lang und 37 Meter hoch – Schwindel erregende Dimensionen, die das Fehlen von Querschiffen noch unterstreicht.

Vom 11. Juni 1144 an, als Abt Suger von St. Denis bei Paris sein gotisches Meisterwerk enthüllte, musste

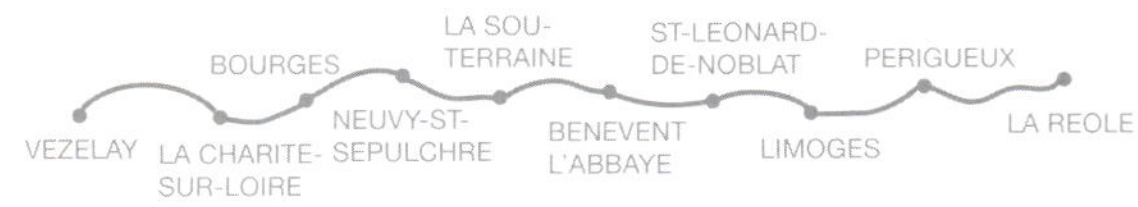

Die Kathedrale St-Étienne in Bourges ist Frankreichs breiteste gotische Kathedrale. Im Stil ähnelt sie stark Nôtre-Dame in Paris. Obwohl inmitten der schmalen Straßen der mittelalterlichen Stadt gelegen, blicken die Süd- und Ostfassade auf einen gepflegten Park, der vollkommene Ansichten der spektakulären Schwibbogen des Bauwerks erlaubt. Der optisch gefällige Umriss des Bauwerks wird durch das Fehlen von Seitenschiffen noch gesteigert, wodurch das östliche Ende und das Hauptschiff sich bis zu den Türmen am westlichen Ende harmonisch zu einer architektonischen Einheit verbinden. Weil der gotische Stil von Bourges noch in den Kinderschuhen steckte – die Arbeit begann Ende des 12. Jahrhunderts –, sind die Mauern der Kathedrale vermutlich dicker als bei späteren sakralen Bauwerken, als sich die Architekten mit der komplexen Berechnung der Lastverteilung mittels einer Kombination von Mauern, inneren Stützen und äußeren Strebebogen auseinandersetzten. Die Pfeiler des Mittelschiffs von Bourges mögen nicht die schlanksten in einer Kathedrale dieser Zeit sein, doch werden mögliche Mängel mehr als wettgemacht durch die Licht- und Raumgestaltung in den Bereichen von Schiff und Chor.

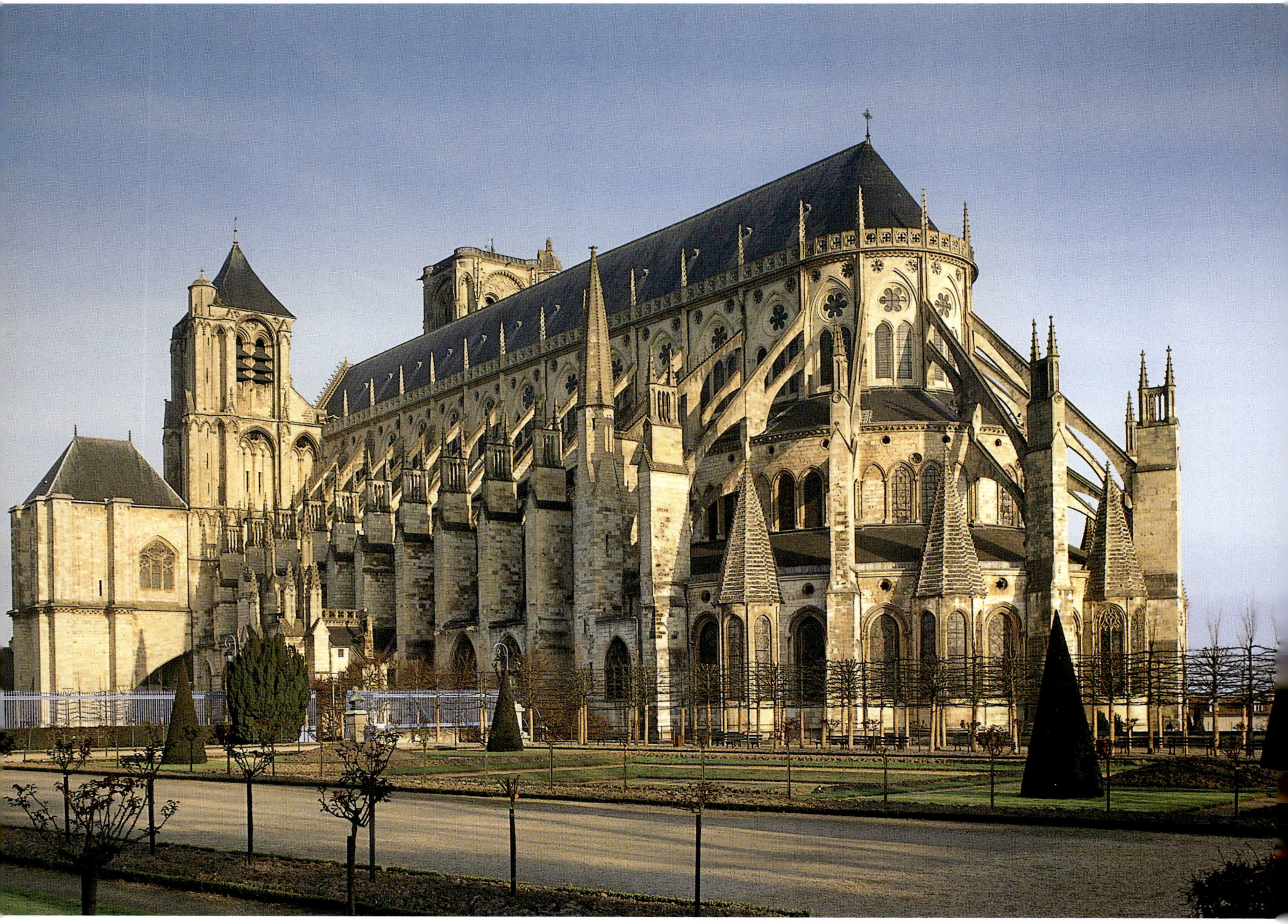

wegen des Lichtes das durch bislang ungeahnte Mengen von Buntglasfenstern in die Kirchen drang, niemand mehr in romanischer Dunkelheit beten. Diese Innovation fiel mit einer deutlichen Intensivierung der Frömmigkeit im 12. Jahrhundert zusammen, einer Epoche, in der Kirchenbauer Fensterraum wie farbige Sonntagsbeilagen nutzen konnten, anstatt sich mit dem schwarzweißen Titelbild des Tympanons zu begnügen. Bourges ist ein herausragendes Beispiel für Abt Sugers »Lux-continua« (ununterbrochenes Licht), dessen Wirkung man besonders gut in den drei Ebenen des Chors sehen kann. Hier sind alle bekannteren Geschichten und Schlüsselereignisse des gesamten biblischen Spektrums, das Leben der Heiligen und Porträts früherer Bischöfe dargestellt. Andere Fenster wurden von Kaufmanns- und Handwerkergilden gestiftet.

Das meiste Glas aus den Seitenkapellen wurde von reichen Familien des Ortes in Auftrag gegeben. Die Darstellung der Verkündigung in der Jacques-Cœur-Kapelle ist eine der auffallendsten Arbeiten – eine Charakterisierung, die gleichermaßen für die Residenz des Stifters, das Palais Jacques-Cœur, gilt. Dieses palastartige Wohnhaus, um die Mitte des 15. Jahrhunderts vollendet, ist eines der schönsten Beispiele eines profanen gotischen Gebäudes aus einer Zeit, als allmählich die ersten Anzeichen der Renaissance auftauchten. Jacques Cœur war ein gerissener Unternehmer, der schnell die sozialen und finanziellen Leitern erklomm und eine der wohlhabendsten und einflussreichsten Persönlichkeiten in Frankreich wurde, bis Karl VII. ihn schließlich zum Leiter der Pariser Münze ernannte. Cœur schuf sein Vermögen durch Handel im Mittelmeer und Fernen Osten, was sich in seinem ziemlich pompösen, architektonisch hybriden Wohnhaus niederschlug. Die Fassade im gotischen Flamboyant-Stil zeigt Fenstersimse und Balkone mit Herzemblemen (was man erwarten würde!) und die Jakobsmuscheln der Wallfahrt nach Santiago. Das Innere des Gebäudes ist vor allem bemerkenswert, weil es sich von der herkömmlichen Anlage einer Adelsfestung abwendet: Es wurde vielmehr für Komfort, Annehmlichkeit und gute Hygiene geplant.

Die Römerstraße, auf der die Pilger in Bourges ankamen, führte sie weiter nach Issoudun und Châteauroux. Anfangs ist sie eine stille Nebenstraße, wird aber bald Teil der regionalen Ost-West-Hauptverkehrsader. Wie auf so vielen Abschnitten der Pilgerwege durch Frankreich, wurden die alten Römerstraßen mit modernen Straßen überbaut.

Unten links: Beeindruckendstes profanes Gebäude in Bourges ist das palastartige Wohnhaus von Jacques Cœur, einem der berühmtesten Söhne der Stadt, der hier 1400 als Sohn eines Kürschners geboren wurde. Die Fassade des Palais' zeigt unzählige Male das Emblem der Familie: ein Herz.

Unten rechts: Auch eine Vielzahl von Jakobsmuscheln, das Symbol der Pilgerreise nach Santiago de Compostela, schmückt die Hausfront.

Gegenüber: Das Vermögen, das Jacques Cœur mit seinem Handelsimperium anhäufte, ermöglichte ihm, sich in großzügigen Stiftungen zu verewigen. Eines der bekanntesten Beispiele ist das Glasfenster in einer Kapelle der Kathedrale, das die Verkündigung Mariae darstellt.

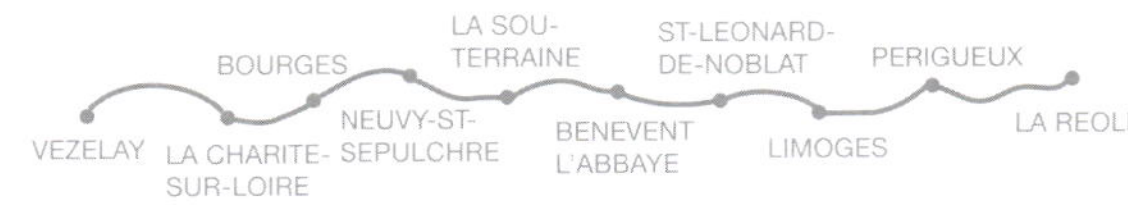

Oben: Die Rundkirche St-Étienne in Neuvy-Saint-Sépulchre wurde der Grabeskirche in Jerusalem nachgebildet, und von einem einheimischen Feudalherrn nach einer offenbar inspirierenden Reise ins Heilige Land gebaut. Später mit so unschätzbaren Reliquien wie drei Tropfen des heiligen Blutes und einem Fragment des Grabes Christi ausgestattet, etablierte sich Neuvy als wichtiger Einkehrpunkt für Pilger auf dem Weg nach Compostela.

Wer den ursprünglichen Routen folgen will, muss entweder den Verkehrslärm ertragen oder sich für zeitraubende Umwege entscheiden. Wer die »Piste« zu verlassen wagt, sollte sich mit guten Karten ausrüsten und sie lesen können. Viele Landstraßen scheinen zunächst in die gewünschte Richtung zu führen und wiegen die Wanderer in falscher Sicherheit, schlagen dann aber einige Haken, sodass man in der Wildnis oder wieder auf der Hauptstraße landet, aber mehrere Kilometer weiter zurück!

An der Route von Bourges war und bleibt ein wichtiger Rastplatz der Pilger die historische Stadt Châteauroux. Eine lohnenswerte Abkürzung ist aber, sich von Issoudun nach Süden zu wenden und den letzten Abschnitt des Grand Chemin Royal zu erreichen. Auf interessante Kirchen wird man schon auf dem Weg von Nevers gestoßen sein, diese Alternative führt aber fast direkt zu der bemerkenswerten Rundkirche in Neuvy-Saint-Sépulchre. Von dem Herrn des Ortes, Eudes de Deols, nach seiner Rückkehr von einer Pilgerreise ins Heilige Land gebaut, ist sie der Grabeskirche in Jerusalem nachgebildet. Der Rundbau des 11. Jahrhunderts wurde an ein Schiff aus derselben Zeit angebaut, erhielt aber ein Gewölbe und wurde später ergänzt. Elf Säulen mit reich gestalteten Kapitellen stützen die Kuppelgewölbe, die im ersten Stock von einem Umgang umfasst werden. Zu dem Bauwerk führt, gesäumt von alten Häusern, ein schmaler gepflasterter Weg – eine Anlage, die früher einen Teil des Klosters des Stiftsherrn bildete. Früher war die Kirche dem heiligen Jakob gewidmet, heute aber ist sie nach einem anderen christlichen Märtyrer des 1. Jahrhunderts benannt, St. Étienne, dem heiligen Stefan. Durch ihr einzigartiges und stimmungsvolles Inneres gelingt es St. Étienne, ein Gefühl jener Frömmigkeit und Ergebenheit zu vermitteln, welche die Christen des Mittelalters empfanden, die solche Kirchen eher als Zeichen von Liebe bauten, denn als großtuerische Zurschaustellung materiellen Reichtums.

Nicht weit südlich von Nevers vereinigen sich die zwei Routen in Richtung Limoges. Pilgern, die von Vézelay die Route über Bourges statt über Nevers gewählt haben, bieten die nächsten Etappen die erste richtige Gelegenheit, die bäuerlichen Landschaften und historischen Dörfer dieser Gegend zu genießen. Ein ungewöhnliches Merkmal, das man auf den Friedhöfen mancher Dörfer antrifft, ist eine *lanterne des morts* (Totenleuchte). Unterschiedlich in Höhe und Form, ähneln diese mittelalterlichen Bauten schlanken Leuchttürmen mit einer Öffnung unter der Spitze für eine Lampe oder dergleichen und einem kleinen eingebauten Andachtsaltar am Fuß. Besonders verbreitet sind sie im Südwesten Frankreichs; die meisten entstanden zwischen dem 12. und 14. Jahrhundert. Ihre eigentliche Funktion und ihr Ursprung sind schwer zu ermitteln, doch könnte die große Zahl alter Dolmen in dieser Gegend auf Verbindungen mit keltischen Bestattungsriten hinweisen. Den Friedhof in Saint-Agnant-de-Versillat nördlich von La Souterraine schmückt ein besonders schönes Beispiel.

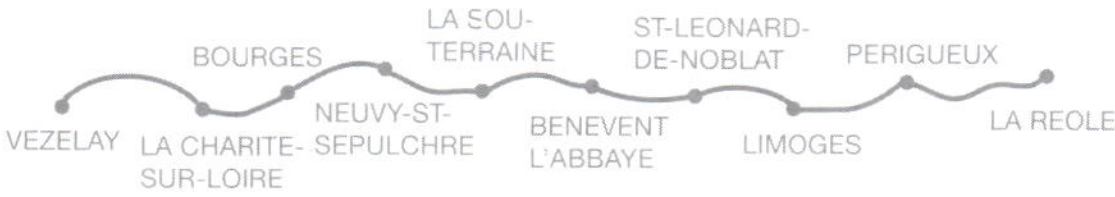

Rechts: St-Agnant-de-Versillat mag ein unscheinbares Dorf sein, aber es hat einen bemerkenswerten Friedhof, in dessen Mitte eine mittelalterliche Totenleuchte steht. Noch faszinierender sind die Minigewächshäuser, die über manchen Familiengräbern errichtet wurden, um die Blumen und Porträtfotos vor Regen und rauer Witterung zu schützen.

Rechts: Die hübsche Kirche St-Étienne in Cuzion wurde zwischen dem 12. und 16. Jahrhundert erbaut und ist die letzte Ruhestätte von François de Montmorency, Marschall von Frankreich, der 1657 starb.

Unten: Eine Marienstatue nahe dem Altar wird wahrscheinlich bald zu Unserer Lieben Frau von den Spinnweben umgewidmet, falls sie nicht bald einem Staubwedel begegnet!

Links: Obwohl die ältesten Teile von La Souterraine heute verkehrsberuhigte Zonen sind, lenkt die unaufhörliche Hektik von Autos und Menschen von den vielen alten Denkmälern wie etwa der Porte St Jean ab. Morgen- und Abenddämmerung sind gute Zeiten, um das Gebäude zu fotografieren. Obgleich es im Mittelalter keine elektrische Straßenbeleuchtung gab, kann sie wirkungsvoll mit dem schwachen Schimmer des natürlichen Lichts am Himmel kombiniert werden, um ein stimmungsvolles Bild zu erzeugen.

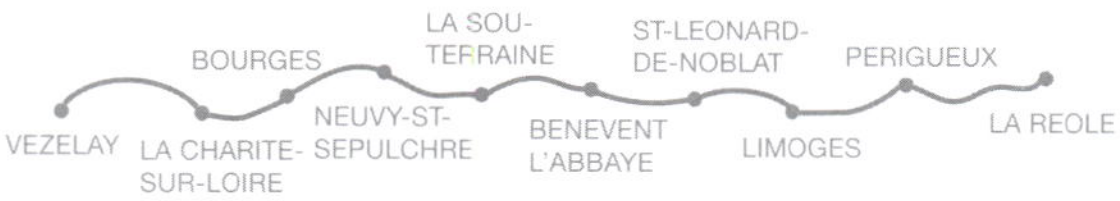

Unten: Die Stadt Bénévent l'Abbaye entstand um das im 11. Jahrhundert von Regularkanonikern gegründete Priorat. Die imposante, für die Mönchsgemeinschaft errichtete Kirche wurde dem heiligen Bartholomäus geweiht, von dem einige, nicht näher spezifizierte, Reliquien aus dem italienischen Benevent nahe Neapel erworben wurden – daher der Name. Das beeindruckende Westportal der Kirche erinnert durch seine Hufeisenbögen an maurische Architektur und ist möglicherweise zurückzuführen auf die Besiedlung von Bénévent durch nordafrikanische Araber.

La Souterraine ist gallo-römischen Ursprungs. Viele Spuren ihrer Geschichte gingen durch die moderne Erschließung verloren, doch blieb eine architektonisch ausdrucksfähige Enklave um die Kirche Nôtre-Dame und das alte Tor, die Porte St-Jean, aus dem 13. Jahrhundert erhalten. Auch Teile der Verteidigungsanlagen der Stadt, in die das Tor einbezogen ist, bestehen noch. Es ist das bei weitem eindrucksvollste Bauwerk und hat das Aussehen einer Miniaturburg für sich. An die Bedeutung der Wallfahrt nach Santiago erinnern einige Straßennamen. Den anderen Hauptzugang nach La Souterraine, die Porte St-Jacques, ersetzte man durch eine entschieden weniger stimmungsvolle Autowerkstatt! Die vorwiegend romanische Kirche aus dem 13. Jahrhundert wurde über einer schon deutlich älteren Krypta errichtet. Leider ist die gesamte Stätte seit 2006 wegen langfristiger Restaurierungsarbeiten geschlossen.

Während die Pilger des Mittelalters durch die weite, dicht bewaldete Landschaft jenseits von La Souterraine zogen, dürften sie in alten Gründungen wie Le-Grand-Bourg und Bénévent l'Abbaye reichlich Gelegenheit zur geistigen und körperlichen Rast gehabt haben. Bénévent l'Abbaye wurde von Augustinern im 11. Jahrhundert gegründet. Das Dorf Bénévent erweckt einen ziemlich strengen Eindruck, der von der massiven, dunklen Steinkirche kaum gelindert wird.

Nächste Seiten: Südlich von Bénévent l'Abbaye führt die Pilgerroute in der Nähe von St-Goussard durch eine grandiose Landschaft, in der dicht bewaldete Gebiete sich harmonisch mit reichem Ackerland abwechseln.

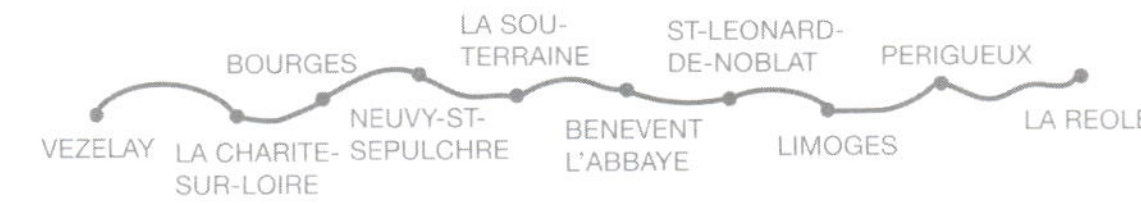

Unten: Die mittelalterliche Stadt St-Léonard-de-Noblat entstand um das Grab dieses Heiligen und wurde schnell ein wichtiger Ort der Pilgerreise. Die Anfänge der Kirche gehen auf das 11. Jahrhundert zurück, doch die meisten Teile – darunter ein prächtig versetzter Glockenturm – sind romanisch (12. Jahrhundert). Die Vierung ist von einer hohen Kuppel gedeckt, die einen Rundbau mit acht Fenstern überwölbt.

Ihr gewaltiges Portal mit dem Bogenkranz trägt eindeutig maurische Züge. Der maurische Einfluss zeigt sich auch im Inneren, dessen Seitenschiffbogen man eher in Andalusien als dem ländlichen Frankreich erwarten würde. Obwohl die Pilger keine Reiseführer hatten, die ihnen die bereits zurückgelegten oder noch zu bewältigenden Entfernungen angaben, dürfte ihnen wohl bewusst geworden sein, dass sie sich einem der wichtigsten Schreine an der Via Lemovicensis, St-Léonard-de-Noblat, näherten.

Der »Pilgerführer« aus dem 12. Jahrhundert widmet einen ansehnlichen Abschnitt »Léonard de Limousin«, rügt dann aber fast ebenso ausführlich eine andere Kirche, weil sie ebenfalls den Heiligen für sich beanspruchte – damals eine äußerst prekäre Angelegenheit –, obwohl der fragliche Heilige »nur« ein Lokalheiliger war, der zufällig ebenfalls Léonard hieß! »Unser« St. Léonard war ein fränkischer Adliger am Hof Chlodwigs I., und 496 bekehrten sich beide zum Christentum, was tatsächlich dokumentiert ist (wie auch Léonards völlig natürlicher Tod 559). Léonard ersuchte den König um Erlaubnis, eine Anzahl von Gefangenen freizulassen, deren Haftentlassung er für angebracht hielt, und nach weiteren ähnlichen diplomatischen Handlungen wurde er als Schutzpatron der Häftlinge betrachtet.

In seinem späteren Leben soll er abgelehnt haben, eine Diözese zu übernehmen, und trat stattdessen in ein Kloster ein, aus dem er sich später als Eremit in die Wälder des Limousin zurückzog. Durch Léonards Gebete soll die Königin der Franken von einem gesunden Knaben entbunden worden sein. Als Zeichen der Dankbarkeit erhielt er Ländereien in Noblac, wo er später eine Abtei gründete, um die das nach ihm benannte Dorf entstand. Die Legenden seiner Taten sind zahlreich, ein Großteil von ihnen – wie von denen

anderer Persönlichkeiten, die zum festen Bestandteil der Pilgerreise wurden – stammt jedoch aus einer mittelalterlichen Handschrift von zweifelhafter Glaubwürdigkeit.

Sobald Léonard ihr Schutzheiliger war, beobachteten Gefangene, die ihn aus ihren Zellen anflehten, offenbar mit eigenen Augen, wie ihre Ketten rissen. Viele kamen danach zu ihm und brachten ihm als Reverenz ihre Ketten und Eisen mit. Ein symbolisches Stück Kette wird in der Kirche gezeigt. Mit der Freilassung des in Gefangenschaft geratenen Bohemond I. von Antiochien, einer hoch stehenden Persönlichkeit des ersten Kreuzzugs, breitete sich seine Verehrung endgültig aus. Bohemond besuchte Léonards Abtei und brachte aus Dankbarkeit für seine Freiheit wertvolle Geschenke dar. Nach diesem Präzedenzfall flossen die Schenkungen. Auch die Entwicklung des Ortes zu einem Rastpunkt an der Pilgerroute brachte Einnahmen und Unterstützung. Bald gab es genügend Mittel, um die wunderbare romanische Kirche mit ihrem 52 Meter hohen Turm im Stil des Limousin zu finanzieren, die heute inmitten der Stadt steht. Ihre erhabene Atmosphäre im Inneren ist eines Heiligen durchaus würdig. Wenig direktes Licht fällt auf den Altar und den Reliquienschrein, aber in völligem Gegensatz dazu sind der Umgang und die Kapellen durch die schlichten Glasfenster in ein weiches Licht getaucht. Der Glockenturm mit seinen perfekt proportionierten, gestaffelten Abschnitten, von denen jeden entsprechend große Bogen durchbrechen, ist ein wirklich bemerkenswertes Meisterwerk. Im Spätmittelalter wurde Léonard in ganz Westeuropa zu einem der meistverehrten Heiligen, und zahlreiche Kirchen, vor allem in England, sind ihm gewidmet.

Wenig mehr als 21 Kilometer weiter auf der Pilgerstraße besitzt Limoges den Schrein des St. Martial, eines Bischofs dieser Stadt, der im 3. Jahrhundert lebte. Auch er war eine führende Persönlichkeit, die nach einer begeisterten, aber völlig erfundenen Biografie des 11. Jahrhunderts aus den nebelhaften Legenden des frühen Christentums auftauchte. Hinsichtlich seiner Person gibt es nur ein äußerst dürftiges Zeugnis: Es stammt von Gregor von Tours, der ihn als einen der sieben römischen Bischöfe erwähnt, die nach Gallien gesandt wurden, um das Evangelium zu predigen. Es gelang ihm, die Einwohner von Limoges zum Christentum zu bekehren, und sein Andenken ist dort immer in Ehren gehalten worden. Die mittelalter-

Rechts: Pilger näherten sich Limoges über den Pont Saint-Étienne, eine gepflasterte Brücke des 13. Jahrhunderts, die fast direkt über einen steilen Hügel in die mittelalterliche Altstadt und zur Kathedrale führt, und über die man im Mittelalter zur Abteikirche gelangte, welche die Reliquien des heiligen Martial barg.

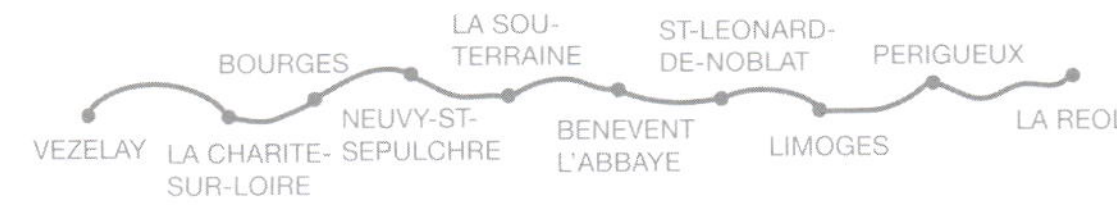

liche Umdatierung versetzte ihn ins 1. Jahrhundert, wo er angeblich Zeuge der Kreuzigung war, dann von Petrus nach Limoges geschickt wurde und nicht nur seine eigene Stadt, sondern ganz Aquitanien bekehrte, wobei er allerlei Wunder vollbrachte. Die restaurierte Krypta der alten Abtei St-Martial liegt nahe der heutigen gotischen Kathedrale St-Étienne, deren 62 Meter hoher Turm aus den dicht zusammengedrängten Häusern der mittelalterlichen Altstadt herausragt, ein deutlicher Orientierungspunkt für Pilger, die über eine der beiden alten Brücken über die Vienne in Limoges einziehen. Die Brücke St-Martial geht auf die römischen Ursprünge der Stadt zurück, die »moderne« gepflasterte Brücke St. Étienne wurde im 13. Jahrhundert gebaut, um die ältere Brücke zu entlasten.

Der Pont Saint-Étienne führt fast direkt zur Kathedrale hinauf durch eines der älteren Arbeiterviertel, das nach der Benediktinerabtei aus dem 9. Jahrhundert, deren Gebäude seit langem verschwunden sind, Abbessaille heißt. Das Gelände der Abtei ist jedoch noch teilweise erhalten und in einen botanischen Garten umgewandelt worden, der Skulpturen und andere Kunstwerke von Studenten der benachbarten Akademie der Compagnons du Tour de France zeigt. Diese alte Gründung hat nichts mit Radrennen zu tun, sondern dient der Erhaltung des architektonischen Erbes Frankreichs. Limoges ist eines ihrer wichtigsten Ausbildungszentren für Bauhandwerker, Steinmetze und Zimmerleute. Nur durch solche Organisationen werden genügend Handwerker zur Verfügung stehen, um die zunehmend gefährdete Substanz mittelalterlicher Gebäude zu reparieren und zu restaurieren. Limoges ist zum Synonym für die filigranen Formen dekorativer Kunst geworden: Es ist berühmt für das feine Porzellan, das hier hergestellt wird, seitdem im 18. Jahrhundert Kaolinlager entdeckt wurden. Die Herstellung von Porzellan ist in gewisser Hinsicht eine natürliche Erweiterung der Emailarbeit, für die die Stadt im Mittelalter berühmt war.

Die Via Lemovicensis führt fort vom Getümmel des Industriezeitalters und den stark befahrenen Straßen des modernen Limoges in ein weites Gebiet, das zu Frankreichs schönsten Landschaften zählt und von dem große Flächen zu Nationalparks erhoben wurden. Heute ist es die absolut perfekte Gegend, um einfach erwandert und erkundet zu werden. Pilger im Mittelalter fanden jedoch eine stark bewaldete Landschaft vor, in der es leicht war, sich zu verirren.

Es bestand auch die Gefahr, versehentlich in eines der vielen Scharmützel oder längere Konflikte zu geraten, unter denen die Region litt, als englische Monarchen Rechtsansprüche und Land in Frankreich besaßen. Aquitanien war eines der bedeutendsten der umkämpften französischen Territorien im angevinischen Reich, das begründet wurde, als Heinrich Plantagenet im Jahr 1152 Eleonore von Aquitanien

Gegenüber: Périgueux ist das geschäftige Zentrum des für seine Gastronomie und die bunten Wochenmärkte berühmten Périgord. Das mittelalterliche Viertel Le-Puy-St-Front florierte als direkte Folge der Wallfahrt nach Compostela, da es nahe der Kathedrale lag. Die Läden und Restaurants mögen sich nach Art und Inhalt verändert haben, aber das Viertel strahlt immer noch die Atmosphäre jener Epoche aus.

Links: Châlus war nur eine von zahlreichen Festungen in Aquitanien, die in dem langen territorialen Streit zwischen England und Frankreich, der als Hundertjähriger Krieg bekannt ist, Kampfhandlungen sahen. Obgleich baulich nicht bemerkenswert, ist Châlus historisch wichtig als der Ort, an dem Richard I. von England, genannt Löwenherz, tödlich verwundet wurde.

Sièges Moreau
LE KAFEIER

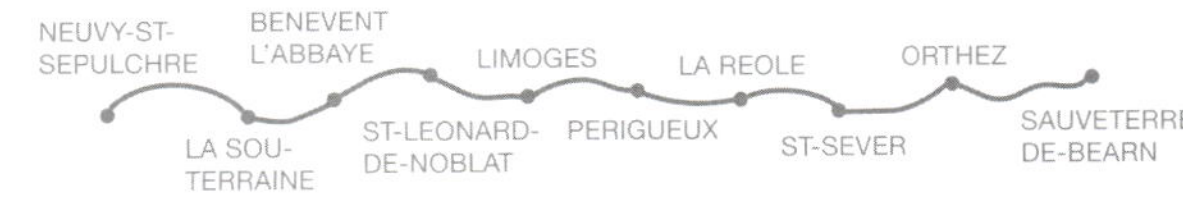

Links: Die Festungskirche St-Pierre in La Réole steht neben ehemaligen Kloster-gebäuden, die heute von der Gemeinde genutzt werden.
Die ursprünglichen Befestigungsanlagen der Stadt wurden auf Befehl von Kardinal Richelieu im 17. Jahrhundert größenteils abgebrochen, doch ein einzelner Turm einer alten Adelsburg blickt noch über die Garonne hinweg.

heiratete und dadurch den Titel eines Herzogs von Aquitanien und Gascogne erwarb. Zwei Jahre später wurde er als Heinrich II. gekrönt und regierte bis 1189. Auf ihn folgten nacheinander seine Söhne Richard I., dann Johann. Ersterer, volkstümlich als Richard Löwenherz bekannt, war ein treuer Befürworter der Kreuzzüge und weilte während seiner zehnjährigen Herrschaft (1189–99) kaum in England. Ein anderer Grund für seine lange Abwesenheit war der französische König Philipp II. August (1180–1223), der entschlossen sein Ziel verfolgte, Provinzen wie Aquitanien für Frankreich zu gewinnen. Einig waren sich beide in ihrem christlichen Ziel der Kreuzzüge, sie kämpften jedoch nur zu gern um einheimische Landrechte.

Die Pilgerroute führt durch Châlus, einen Ort, den noch immer sein Bergfried aus dem 12. Jahrhundert beherrscht. Hier war es, wo am Abend des 25. März 1199 der englische König und Kreuzfahrer den Tod fand, während er die von Anhängern Philipps II. gehaltene Burg belagerte. Ein vom Burgwall abgeschossener Armbrustbolzen traf ihn nahe am Hals und verursachte eine Wunde, die sich schließlich als tödlich erwies. Richards Nachfolger kämpften bis zum Ende des Hundertjährigen Krieges im Jahr 1453 weiter für ihren Rechtsanspruch auf französisches Territorium. Die majestätischen Landschaften des Périgord und der Dordogne haben ihren Reiz für die Engländer bewahrt. Keiner von denen, die sich in jüngster Zeit hier ansiedelten, erhebt irgendwelche alten Rechtsansprüche. Mancher Einheimische brummt aber dennoch, ihnen stünde eine neue angevinische Ära bevor.

Auf den Routen von Le Puy und Arles überquert man die Garonne weiter flussaufwärts. Die Via Lemovicensis kreuzt den breiten Fluss, nachdem sie die Bergstadt La Réole durchquert hat. Der Weg von Vézelay verläuft parallel zur Garonne und kommt in der Stadt bei dem ausgedehnten architektonischen Ensemble aus Schloss, Kloster und der befestigten Abteikirche St. Pierre an. La Réole entstand um ein im 7. oder 8. Jahrhundert gegründetes Kloster, das im 11. Jahrhundert reformiert wurde und den Namen Regula annahm, von dem sich der Name der Stadt herleitet. Die Klostergebäude wurden im 18. Jahrhundert wiederaufgebaut und beherbergen heute ein Museum, eine Bibliothek und das Rathaus.

Ein erheblich älteres Rathaus – das älteste in Frankreich – liegt im Zentrum von La Réole. Man nimmt an, dass es auf Geheiß von Richard I. unmittelbar vor seinem Tod gebaut wurde. Aus manchen Blickwinkeln scheint sich der hohe, schlanke Bau kaum von vielen anderen zu unterscheiden, tatsächlich aber ist er eine vorne offene Halle mit mächtigen Säulen. Der Raum

Rechts: Eine der ältesten Ecken von La Réole kann den Vergleich mit dem alten Rom wagen. Das ehemalige Rathaus aus dem 12. Jahrhundert ist eine beeindruckende, zur Straße hin offene, Halle, deren Decke auf mächtigen Säulen mit verzierten Kapitellen ruht.

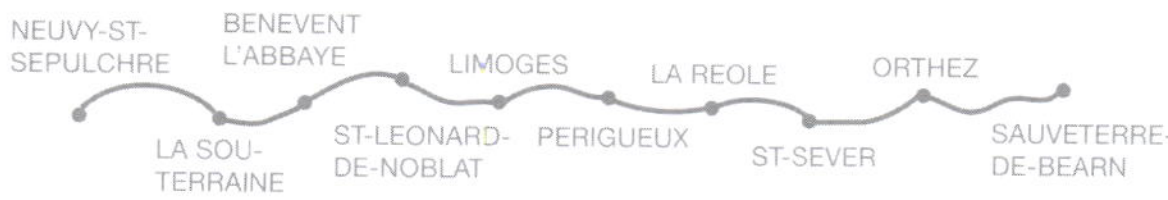

dürfte ein Versammlungsplatz gewesen, später ein Markt, auf dem sich die Leute trafen, ehe sie die Treppe in die oberen Räume hinaufstiegen, um Gemeindegeschäfte zu erledigen.

Beim Aufbruch aus La Réole können Pilger von heute den Fußstapfen ihrer Vorgänger aus dem Mittelalter folgen, werden aber sicherlich nicht die gleichen Erfahrungen machen. Mittlerweile ersetzt eine elegante Hängebrücke die riskanten und teuren Fährüberfahrten – entworfen hat sie ein viel versprechender, damals noch unbekannter Architekt namens Gustave Eiffel. Die einsamen Weiten des Landes sind heute entwässert und bestehen aus Kiefernwäldern und fruchtbarem Ackerland.

Wer von Vézelay kommt, muss keine so lange Wanderung durch diesen einsamen Landstrich ertragen, wie die Pilger, die auf der Via Turonensis von Bordeaux nach Süden wandern. Erholung von der Eintönigkeit bringt auf wunderbare Weise die Ankunft in Saint-Sever. Die kleine Stadt ist nicht nur an sich bezaubernd, sondern besitzt auch eine romanische Abteikirche mit einer Fülle faszinierender architektonischer Details. Die Glanzlichter setzen zweifellos die Kapitelle, von denen 77 vermutlich zwischen dem Ende des 11. und dem frühen 12. Jahrhundert entstanden, während drei davon gallo-römisch sind. Vielleicht wurden auch fünf Marmorsäulen aus der früheren Epoche wieder verwendet.

Saint-Sever wurde zur viel besuchten Einkehr am Pilgerweg. Zwei große Wandgemälde, die Wunder des Heiligen zeigen, grüßen beim Eintritt in die Abteikirche. Die Reliquien des heiligen Severus wurden jedoch 1569 in den Religionskriegen zerstört. Davor verwahrte man Schädel und andere Skelettfragmente in einer weißen Steinkiste mit einem eisernen Deckel, der mit mehreren Schlössern gesichert war. Darunter floss ein Bach mit angeblich wunderbaren Kräften.

Zum Glück überstand der wertvollste Schatz der Abtei unbeschadet jene Wirren: Die illustrierte Handschrift, der Beatus des heiligen Severus, wurde im Skriptorium der Abtei im 11. Jahrhundert ausgeführt. Sie ist die Kopie einer Arbeit des asturischen Mönchs Beatus aus dem 8. Jahrhundert, in der er das Buch der Offenbarung kommentiert. Neben weiteren Kapiteln über die Evangelisten, die Stammlinie Christi (die Wurzel Jesse) und das Buch Daniel enthält das Buch 140 überwältigende Miniaturen, deren künstlerische

Gegenüber: Saint-Sever ist der Hauptort der Provinz Landes. Seine Geschichte reicht zurück in römisch und ältere Zeiten. Elegante Häuser aus verschiedenen Epochen säumen die stillen Straßen. Der Reichtum der Stadt beruhte ursprünglich auf der mittelalterlichen Wallfahrt, in jüngerer Zeit wurde die Stadt Zentrum für bestimmte Geflügelprodukte.

Unten: Die Abteikirche von Saint-Sever erhielt zu Recht den Welterbestatus. Die Benediktinerabtei wurde 988 von Guillaume Sanché, Herzog der Gascogne, gegründet und 1065 mit sieben romanischen Kapellen um den Chor und die Apsis erweitert. Die Kirche hat bemerkenswert vielfältig gestaltete Kapitelle, von denen einige besonders lebensnahe Darstellungen von Tieren aufweisen, die in recht grellen Farben bemalt sind.

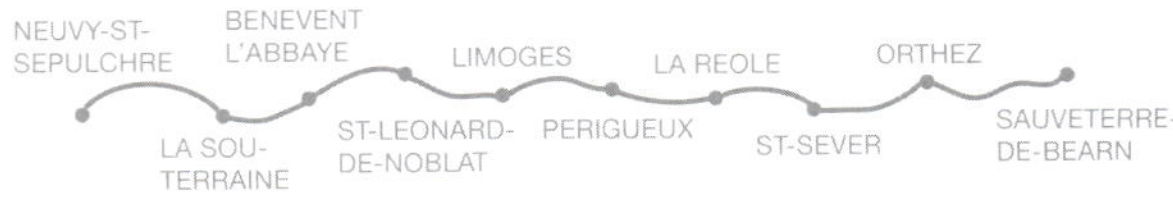

Unten: Die befestigte Brücke aus dem 14. Jahrhunderts über den Gave de Pau in Orthez besitzt noch einen von ehemals zwei ungewöhnlichen Tortürmen mitten auf dem doppelbogigen Bau. Sie erleichterte nicht nur den Pilgern den Weg nach Compostela, sondern verband auch eine wichtige Handelsroute aus Frankreich mit Spanien.

Gestaltung ein Beispiel ursprünglicher romanischer Kunst in höchster Vollendung ist. Heute wird es in der französischen Nationalbibliothek in Paris sicher verwahrt. In dem ausgezeichneten Museum in den Gebäuden des Dominikanerkonvents der Jakobiner kann man jedoch Farbdias bewundern, die die Miniaturen in natürlicher Größe zeigen .

Hinter Saint-Sever bieten gelegentliche Aussichtspunkte einen ersten Blick auf einen gezackten Fleck am Horizont: die Pyrenäen. Ihr Auftauchen ist weit mehr als eine bloße optische Landmarke – die Wallfahrt nach Santiago de Compostela ist fast zur Hälfte bewältigt. Vielleicht verlangt die Via Lemovicensis nicht die gleiche körperliche Ausdauer wie die beiden bergigeren Routen von Le Puy und Arles. Aber ihre zeitweilige Einsamkeit erfordert sicherlich auch – mentale – Stärke.

In unserer modernen Welt gelten Brücken über Flüsse als selbstverständlich. Für mittelalterliche Pilger jedoch war fast jeder Wasserlauf ein logistischer Alptraum, weil erst geklärt werden musste, ob man ihn sicher durchwaten konnte. Manche breitere Flüsse waren leicht zu überqueren. Jedoch konnte etwa der Gave de Pau zeitweise unberechenbar sein, da seine Quelle hoch in den Pyrenäen liegt und er bei der Schneeschmelze bedrohlich anschwellen kann. Sichere Übergänge waren daher sehr gefragt, und so wurde Orthez – an einer Furt über den Pau gegründet – bedeutende Grenzstadt, strategischer Militärposten und Schwerpunkt für Jakobspilger. Gegen Ende des 14. Jahrhunderts schließlich überquerten Reisende den Gave de Pau auf einer neuen befestigten Steinbrücke.

Bevor sich wenig mehr als 30 Kilometer von Orthez entfernt die Wanderer auf der Via Lemovicensis ihren Mitpilgern nahe Saint-Palais anschließen, durchqueren sie Sauveterre-de-Béarn. Der Ortsnamensbestandteil »Béarn« weist darauf hin, dass der Ort einst Teil jenes unabhängigen Staates war, der erst 1620 Frankreich eingegliedert wurde. Der Turm des Château de Nays und Sauveterres beeindruckende romanische Kirche St. André beherrschen die Terrasse, auf der die Stadt erbaut wurde. Jenseits des Gave d'Oloron – ein weiterer reißender Gebirgsbach – ist es nur noch ein kurzer Weg hinunter nach Saint-Palais und zu den traditionellen Sammelpunkten, von denen aus die Pilger zum zweiten Teil ihrer Marathonreise nach Santiago de Compostela aufbrechen.

Unten: Der Bau von Saint-André in Sauveterre-de-Béarn begann in der zweiten Hälfte des 12. Jahrhunderts und ist 1251 zum ersten Mal schriftlich belegt. Das abweisende, fast festungsartige Äußere der Kirche spiegelt die gefährdete Lage nächst der Burg wider. Obgleich weitgehend romanisch, schlichen sich gegen Ende des Bauprogramms einige gotische Einflüsse ein. Das Tympanon des Hauptportals wurde meisterhaft rekonstruiert, nachdem der Kirchenbau in den Religionskriegen und der Französischen Revolution stark gelitten hatten.
Die reizvolle Ausmalung von Schiff und Apsis im späten 19. Jahrhundert (unten rechts) war das Werk von Abt Xavier Montaut. Der Entwurf könnte in manch anderer Umgebung unpassend sein, beeindruckt aber in dem stimmungsvollen, weich beleuchteten Innenraum von Saint-André.

Rechts: Die moderne Straßenbrücke über den Gave d'Oloron bildet einen perfekten Aussichtspunkt, von dem aus man die majestätische Kulisse von Sauveterre-de-Béarn bewundern kann. Die Szenerie ist ein wenig beeinträchtigt durch ein Chalet am Fluss und einen Wohnwagenplatz, die es erheblich erschweren, ein ästhetisch ansprechendes Foto von der Stadt zu machen – mit dem unbeständigen Wetter und eingerüsteten mittelalterlichen Gebäuden fertig zu werden, ist schon schwer genug!

4 VIA TURONENSIS VON CHARTRES UND ORLÉANS

Der »Pilgerführer« aus dem 12. Jahrhundert, ein Teil des *Liber Sancti Jacobi,* beginnt mit der Erklärung, es gebe vier Wege, die nach Santiago führen, und nennt dann Ausgangsorte für jede Route – allerdings nicht jeden. Le Puy wird erwähnt, ebenso Vézelay, St-Gilles-du-Gard liege nur einen Tagesmarsch westlich von Arles, aber kein Wort von Paris, nur Tours! Die Ansicht, die französische Hauptstadt sei so etwas wie ein »offizieller« Startpunkt gewesen, ist deshalb mit Skepsis zu behandeln, erst recht wenn man weiß, dass es René de la Coste-Messelière in den 1960er Jahren war, der am Fuß der Tour St-Jacques in Paris eine Tafel anbringen ließ, die einen Ausgangspunkt nach Compostela bezeichnet. Dies beschwört Visionen von einer mittelalterlichen Version des modernen jährlichen Paris-Marathons herauf: eine große Phalanx von Pilgern, über die Straße aufgestellt, jeder mit Stab und Kürbisflasche in der einen Hand, während die andere den langen Mantel anhebt, um nicht zu stolpern. Ein prominenter Bischof besteigt das Starterpodest, und mit einem lauten Glockenton (es gab noch kein Schießpulver) laufen sie los!

Man sollte sich eher an die auf die Pilgerreise gemünzte Version des bekannten Witzes halten, in dem jemand nach dem Weg fragt und gesagt bekommt: »Hm, ich an deiner Stelle würde nicht von hier losgehen.« Viele Pilger des 11. Jahrhunderts brachen vermutlich von Paris auf, aber für den Pilger des 21. Jahrhunderts dürfte es ein unnötig unangenehmer Albtraum sein, von der Tour-St. Jacques aufzubrechen. Bestimmt wäre es angenehmer, die »Pariser« Route in der historischen Stadt Orléans zu beginnen und dann dem Loiretal bis nach Tours zu folgen. Eine brauchbare Alternative, die vermutlich mehr einschlägige religiöse Stätten einbezieht, beginnt in Chartres und erreicht Tour über Vendôme und die romanischen Kirchen des Loiretals.

Kaum ein anderer Ort eignet sich so gut als Einstimmung zu einer Wallfahrt zum fernen Schrein eines Apostels wie der Aufenthalt in der Kathedrale von Chartres mit ihren überwältigenden Buntglasfenstern aus dem 13. Jahrhundert. Wer eine wirklich echte Brücke zur mittelalterlichen Frömmigkeit sucht, sollte das Labyrinth abgehen. Dieses war eine verbreitete Besonderheit in gotischen Kathedralen, aber die meisten Labyrinthe wurden entweder beseitigt oder zerstört. Das am westlichen Ende des Hauptschiffs um 1200 in den Boden eingelegte ist mit seinen elf Gängen in konzentrischen Kreisen, die in vier Viertelkreisen angeordnet sind, mit Abstand das schönste noch erhaltene. Das 262 Meter lange Labyrinth wurde entweder abgeschritten oder als Akt der Buße unbequem auf den Knien bewältigt. Vielleicht könnte man es in einer der stilleren Stunden in der Kathedrale

Gegenüber: Die Kathedrale Ste-Croix in Orléans. Das im 13. Jahrhundert begonnene Bauwerk erhielt durch häufige Umbauten und Restaurierungen sein merkwürdig hybrides, pseudogotisches Aussehen.

Dimanche 21 mai

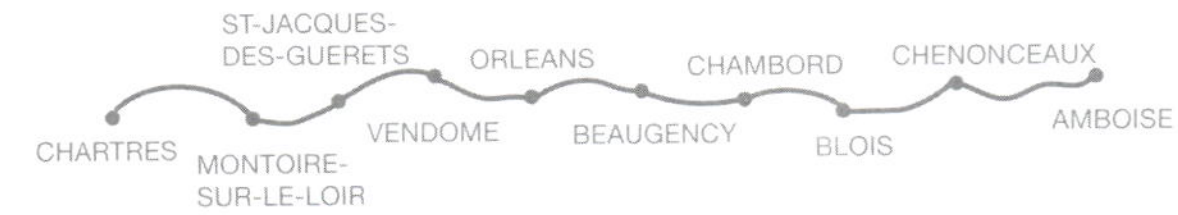

Oben: Die imposante Erscheinung der Kathedrale von Chartres wirkt noch großartiger, wenn das Bauwerk beleuchtet ist und man es aus den mittelalterlichen Straßen und Gassen der Umgebung flüchtig erblickt.

Gegenüber: Die spektakuläre Silhouette der Kathedrale von Chartres, eine der beeindruckendsten und ästhetisch ansprechendsten Kirchen der Gotik, beherrscht Stadt und Umgebung. Auf Pilger im Mittelalter muss ihr Anblick noch erhebender gewirkt haben, da moderne Hochhäuser ihn noch nicht störten.

abschreiten, aber in unserer Welt gewandelter Werte würde man vermutlich das Gefühl haben, von vorbeigehenden Touristen ausgelacht zu werden.

Die Kathedrale war seit dem 9. Jahrhundert ein Pilgerziel, lange bevor die Menschen sich auf den Weg nach Santiago de Compostela machten. Chartres war und ist noch immer eines der wichtigsten Zentren der Marienwallfahrt in Frankreich, dessen wertvollste Reliquie die *Sancta Camisia* ist, ein Überkleid oder Hemd, das Maria angeblich bei der Geburt Jesu trug.

Chartres bietet aus der Ferne einen spektakulären Anblick. Die Anhöhe, auf der die Kathedrale steht, dominiert die heute industriell und kommerziell genutzten Flächen, welche die Silhouette vieler moderner Städte prägen. Etliche Brände – ein letztes verheerendes Feuer gab es 1194 – beschädigten mehrere Vorgängerbauten. Das gotische Meisterwerk, das sich aus der Asche erhob, ist die bis heute bemerkenswert unversehrte Kirche. Nur wenige der großen Kirchen oder Kathedralen Frankreichs überstanden heil die Religionskriege des 16. Jahrhunderts, die Französische Revolution oder die beiden Weltkriege. Beim Ausbruch des Zweiten Weltkriegs wurden vorsichtshalber alle 2600 Quadratmeter der Buntglasfenster der Kathedrale in einer ungeheuer aufwändigen Aktion Stück für Stück ausgebaut.

Aus erster Hand allein den Kunstsinn, das Können und den Ausdruck von Frömmigkeit in den Glasfenstern zu erleben, macht demütig. Von dem Moment an, als die unbeschädigte *Sancta Camisia* über den schwelenden Ruinen des 12. Jahrhunderts geschwenkt wurde, stellten nicht nur lokale Wohltäter, sondern auch Königshaus und Adel Arbeitskräfte, Material und Geld für den Wiederaufbau zur Verfügung. Der Rohbau war in weniger als 30 Jahren eingewölbt, die meisten Glasfenster wurden zwischen 1210 und 1240 eingesetzt. Wie zu erwarten, sind mehrere beeindruckende Fenster der Heiligen Jungfrau gewidmet, aber besonders bemerkenswert ist wohl die Vielfalt der Themen, die bis ins kleinste Detail abgehandelt werden. Nicht nur Altes und Neues Testament werden lebendig, viele Fenster – besonders solche, die von Kaufmanns- und Handwerksgilden gefördert wurden – dokumentieren farbenprächtig das Leben im Mittelalter. Die schiere Dichte der Farbe in vielen Fenstern, verbunden mit den patinisierenden Wirkungen von Alter und Luftverschmutzung, führte dazu, dass die Raumbeleuchtung gedämpfter ist, als man erwarten würde. Die gegenwärtige, umfassende Renovierung

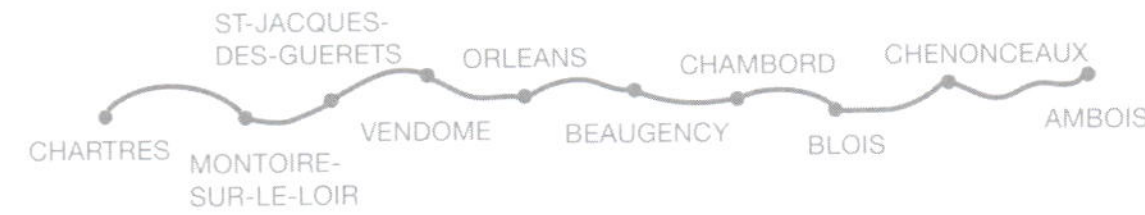

Links: Die Kathedrale von Chartres besitzt eines der breitesten Schiffe in Frankreich von einer räumlichen Weite, die dem Chorumgang auch in der Breite zu Eigen ist. Welche Atmosphäre im Inneren herrscht, hängt fast ganz vom Wetter ab. An sonnigen Tagen ist das Innere in die weichen Farben getaucht, die durch die vielen Buntglasfenster entstehen, bei bewölktem Himmel ist die Stimmung jedoch eher düster.

Unten: Das Königsportal wurde Mitte des 12. Jahrhunderts geschaffen. Berühmt ist es für seine prächtige Schilderung des Jüngsten Gerichts, aber auch für die seltsam gestreckten Statuen, die Könige und Königinnen des Alten Testaments darstellen.

Gegenüber: Jedes Fenster der Kathedrale von Chartres ist es wert, genau betrachtet zu werden. Pilger auf dem Weg nach Compostela waren vom Martyrium des heiligen Jakob besonders ergriffen.

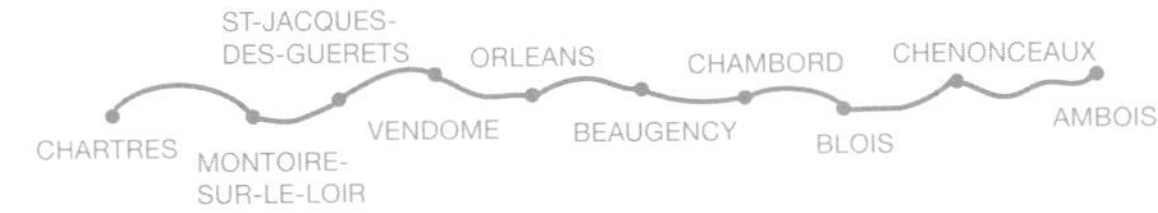

und Reinigung zeigt den verblüffenden Unterschied zwischen den »Vorher«- und »Nachher«-Fenstern, womit klar wird, welch überwältigender Anblick sich dem Besucher einst geboten haben muss – und nach dem Abschluss der Arbeiten zum Glück wieder bieten wird.

Ein Problem für die Pilger, die heute auf der Straße wandern, welche – nach der Stadt Tours benannt – ursprünglich Via Turonensis hieß, ist die Tatsache, dass auf dieser Route die alten Römerstraßen, die einst von mittelalterlichen Reisenden genutzt wurden, heute Hauptstraßen sind, die Paris und andere Städte der Umgebung mit Bordeaux und dem Süden verbinden. Unschätzbare Arbeit haben die örtlichen *Associations jacquaires* geleistet, um brauchbare alternative Routen abseits der großen Hauptstraßen zu schaffen. Man kann aber auch recht leicht seinen eigenen Reiseplan aufstellen, da es viele im Allgemeinen wenig befahrene Landstraßen gibt. Gestaltet man die Wallfahrt wie einen Gewaltmarsch mit festgelegten Tageszielen, verfehlt man den eigentlichen Sinn der Reise. Solange die Füße mehr oder weniger in Richtung Süden weisen, gibt es in den stillen Dörfern des ländlichen Frankreich viel zu entdecken und zu genießen.

Einer der lohnendsten Abstecher auf dem Weg nach Vendôme führt durch das Tal des Loir, eines reizvollen Flusses, der nicht unterschiedlicher sein könnte als seine Fast-Namensschwester, die mächtige Loire mit dem »e« am Ende. Der Loir entspringt nahe Chartres und strebt über rund 310 Kilometer in etwa nach Südwesten, bis er bei Angers in die Sarthe mündet. Nur wenig westlich von Vendôme durchfließt er ein enges, waldiges Tal zwischen Kalkfelsen, deren Gestein so weich ist, dass Höhlenbewohner es für ihre Behausungen gestalten konnten. Manche Höhlenwohnung wurde umgebaut und ist noch bewohnt, andere werden als natürliche kühle Weinlager genutzt. Die größten architektonischen Schätze entlang des Loir sind die romanischen Kirchen und Kapellen, die sich in mehreren Dörfern am Fluss verstecken. Die historisch wertvollsten und stimmungsvollsten Beispiele gehörten ursprünglich zu Abteien und Prioraten, die vor langem

Gegenüber: Die kleine romanische Kapelle in Montoire-sur-le-Loir gehörte einst zu einem Benediktinerkloster und wird wegen der Qualität ihrer Fresken gerühmt (rechts). Das Bildnis Christi im südlichen Querschiff aus dem 12. Jahrhundert ist eine von drei Darstellungen, die alle in Stil und Gestaltung völlig verschieden sind (links).

Unten: Elegante Alleen machen Abschnitte der Wanderung südlich von Chartres zu einem besonderen Vergnügen.

verschwanden und diese schlichten Orte der Andacht als Erinnerung an den weit verbreiteten Einfluss der Mönchsorden im Mittelalter hinterließen.

Nicht alle Bauwerke fallen zwangsläufig durch ihr Äußeres auf, doch bei den meisten schmücken erlesene romanische Fresken und Wandmalereien ihr Inneres. In manchen dieser kleinen Kirchen finden noch Gemeindegottesdienste statt, andere werden nur noch am Festtag ihres Heiligen genutzt, sind aber zur Besichtigung der Kunstwerke geöffnet. Eine der schönsten Kirchen, St-Gilles in Montoire-sur-le-Loir, ist heute in Privatbesitz, man kann jedoch einen Schlüssel im örtlichen Fremdenverkehrsbüro (wenn dieses geöffnet hat!) ausleihen. Bemerkenswert ist St-Gilles wegen der drei völlig verschiedenen Darstellungen von der Majestas Domini, die alle aus dem späten 11. und frühen 12. Jahrhundert stammen. Kunsthistoriker haben bisher noch keine Erklärung für die räumliche und zeitliche Nähe dieser gestalterischen Vielfalt.

Eine andere Kirche, leicht zu erreichen und von besonderer Bedeutung für die Wallfahrt nach Compostela, ist

Links und unten: St-Jacques-les-Guérets ist eine weitere der schlichten romanischen Kirchen im Loirtal, die eine bemerkenswerte Sammlung von Fresken schmückt. An den Patron der Pilger wird im Martyrium Jakobs erinnert. Inmitten der Vielfalt anderer biblischer Themen gibt es auch prächtige Darstellungen der Majestas Domini und vom letzten Abendmahl.

St-Jacques-les-Guérets, deren Wände mit Fresken bedeckt sind, die im späten 19. Jahrhundert entdeckt wurden. Darunter findet sich eine Darstellung des letzten Abendmahls von ergreifender Schlichtheit, die stark mit der drastischen Wiedergabe von Jakobs Martyrium vor einem sitzenden Herodes kontrastiert. Die Fülle an Farben, ergänzt durch das selten verwendete Lapislazuli, schuf eine außergewöhnlich vielfältige Farbskala, die man bei solchen Werken aus dieser frühen Epoche kaum zu sehen bekommt.

Man wandert dann wieder flussaufwärts nach Vendôme, das auf einer Inselgruppe im Loir gebaut wurde. Seine Brücken über die zahlreichen Kanäle und die historischen Gebäude ergeben zusammen ein reizvolles Stadtbild, das zur Beliebtheit der Kleinstadt als Ziel für Wochenendausflüge beigetragen hat. Lange bevor der TGV die »Wochenendpilger« in 45 Minuten von Paris hierher fegen konnte, war Vendôme ein wich-

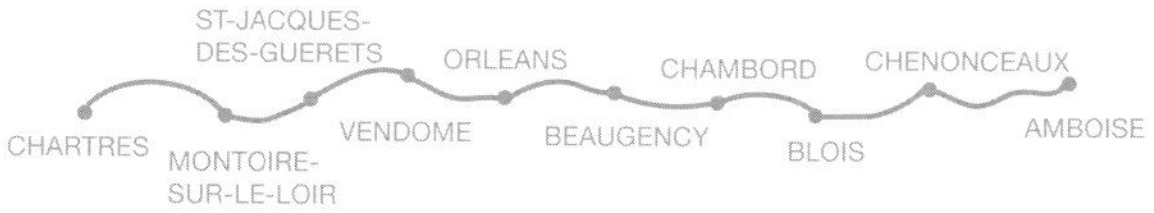

Sowohl Äußeres wie Innenausstattung der Abteikirche La Trinité in Vendôme beeindrucken durch ihre harmonische Verschmelzung romanischer und gotischer Elemente .

Das Querschiff (rechts) ist das einzige erhaltene Element der ursprünglichen Kirche aus dem 11. Jahrhundert. Im Chor belegen Miserikordien (unten) höchste Kunstfertigkeit.

tiger Rastplatz an der Straße nach Compostela und damals wie heute beherrscht von dem prächtigen romanischen Glockenturm der Abteikirche De-la-Trinité aus dem 12. Jahrhundert. Die Abtei wurde 1033 von dem Grafen Geoffroy Martel gegründet und erreichte ihre Blütezeit zwischen dem 13. und 15. Jahrhundert. Zwar wurde die Kirche in jener Zeit umgebaut, sie hat aber Teile der ursprünglichen romanischen Architektur im Querschiff und in dem frei stehenden Glockenturm bewahrt. Das bauliche Hauptmerkmal, dem die heutige Abteikirche ihre Bekanntheit verdankt, ist die prunkvolle Westfassade im Flamboyant-Stil, die im 16. Jahrhundert von Jehan de Beauce vollendet wurde. Doch so vollkommen das komplexe Maßwerk auch sein mag, es ist die Kombination von Anmut und Kraft in dem älteren Turm, die besonders beeindruckend ist.

Im mittelalterlichen Reliquienkult – einst ein wesentlicher Faktor für die wachsende Popularität der euro-

päischen Pilgerreisen – wurden gelegentlich auch fragwürdigere Gegenstände veehrt: Neben dem Altar in der Abteikirche befindet sich ein Sockel, auf dem ehemals ein Reliquienschrein stand. Die Reliquie bestand aus einem Kristall, der angeblich eine Träne enthielt, die Jesus über dem Grab des Lazarus vergossen hatte. Sie war dem Gründer der Abtei, Geoffroy Martel, im 11. Jahrhundert vom byzantinischen Kaiser als Geschenk überreicht worden. Zur Verehrung der Reliquie, die angeblich Augenprobleme heilen konnte, wurden von da an bis zur Revolution Wallfahrten durchgeführt. Im kalten, rationalen Licht des 21. Jahrhunderts mag man sich fragen, wie Pilger beim Anblick einer angeblich von Jesus stammenden Träne von Emotionen überwältigt werden konnten (und natürlich auch, wie die Träne aufgefangen und im Kristall verborgen wurde). Die Frage nach der Echtheit der heiligen Träne stellte man schließlich im 19. Jahrhundert. Der Kristall wurde zur Prüfung nach Rom geschickt – und nie zurückgegeben.

Da die Strecke zwischen Vendôme und Tours architektonisch und landschaftlich nur wenig bietet, scheint dies ein passender Punkt zu sein, um sich wieder auf die Route von Paris nach Orléans zu begeben und durch das Loiretal mit seinen schönen und manchmal exzentrischen Schlössern zu reisen. Obwohl Orléans durch seine Verbindung mit Jeanne d'Arc im 15. Jahrhundert von der Geschichte und von Legenden Frankreichs durchdrungen war, litt seine Bausubstanz während der folgenden Jahrhunderte sehr unter verschiedenen Auseinandersetzungen. Trotz Anstrengungen, das mittelalterliche Viertel zu restaurieren, fehlt der Stadt leider immer noch die Atmosphäre, die man mit einem so alten Ort verbinden würde. Die Kathedrale Ste.-Croix wurde ursprünglich im 13. Jahrhundert gebaut, aber in den Religionskriegen von Hugenotten völlig zerstört. Der heutige Bau ist das Ergebnis von Rekonstruktionen im gotischen Stil zwischen dem 17. und 19. Jahrhundert. Es gibt keine Bezüge zum heiligen Jakob oder der Pilgerreise nach Compostela in Ste.-Croix, obgleich die Widmung der Kathedrale deutlich auf eine Pilgerstätte hinweist. Die erste Kirche an dieser Stelle wurde von Euverte, einem Bischof von Orléans im 4. Jahrhundert, gebaut, um ein Fragment des echten Kreuzes aufzunehmen. Orléans wurde im »Pilgerführer« des 12. Jahrhunderts als Ort hervorgehoben, an dem die Reliquie und der Leib Euvertes verehrt werden sollten. Dem Bischof wurde ein Wunder während der Einweihungs-

Gegenüber oben: Restaurierte mittelalterliche Häuser im alten Kern von Orléans wecken Erinnerungen an die legendäre Belagerung von Orléans (1428) und die Heldin der Stadt, Jeanne d'Arc.

Gegenüber unten: Die Pilgerkirche Nôtre-Dame-de-Cléry mit ihrer schönen Saint Jacques gewidmeten Kapelle ist die erste wichtige Einkehr nach Orléans. Eine jährliche Pilgerreise anderer Art machen die Hausschwalben, die in den Mauerwerkvertiefungen eines der Kirchenportale nisten.

Rechts: Im Inneren wirkt die Kathedrale Ste-Croix in Orléans erheblich stimmungsvoller und architektonisch harmonischer als außen. Den Chorumgang säumen Kapellen, deren Wände und die das Gewölbe tragenden Pfeiler mit Motiven und geometrischen Mustern dekoriert sind, die zusammen mit den weichen Tönen des Fliesenbodens ein höchst gefälliges Ambiente erzeugen.

messe zugeschrieben, bei dem die Hand Gottes in menschlicher Form über dem Altar erschien und jede Handlung der Hand des Bischofs spiegelte, nach der Beendigung der Messe aber verschwand.

Orléans' breite gepflasterte Kais fallen sanft zur Loire ab und werden heute von Fischern, Künstlern und Touristen bevölkert. Einst dürften sie vom Lärm der Händler widergehallt haben, als Schiffe be- und entladen wurden. Manche Pilger im Mittelalter mögen versucht haben, flussabwärts nach Tours mitgenommen zu werden, doch ist die Loire, anders als viele andere Flüsse von gleicher Größe, schwierig zu befahren. Von Orléans fließt sie breit und schnell und an den zahlreichen Inseln mit gefährlich vielen Strudeln nach Tours. Viele der Inseln tragen eine üppige Vegetation und bilden einen sandigen Lebensraum für Wildtiere, wenn der Fluss kein Hochwasser führt. Bei Hochwasser jedoch sind sie fast völlig überschwemmt, sodass nur die Kronen der größten Bäume aus dem Wasser ragen und auf die Inseln hinweisen.

Sehr gute Ortskenntnis ist der Schlüssel zum Überleben auf diesem Fluss, und die potenzielle Gefahr zeigt sich im Fehlen von Ausflugsschiffen auf langen Abschnitten. Im Mittelalter waren Loireschiffer höchst geschickte Steuermänner, die mit dem Transport von Waren und Personen über den gefährlichen Strom sehr gut verdienten und dazu eigens für die besonderen Schwierigkeiten des Flusses gebaute Schiffe mit geringem Tiefgang verwendeten. Denkt man sich alle verhältnismäßig neuen Brücken weg, gab es nur wenige Furten oder überbrückbare Übergangspunkte, und wo es sie gab, waren sie zwangsläufig Brennpunkte für Konflikte. Die 22-bogige mittelalterliche Brücke in Beaugency war der einzige brauchbare Übergang zwischen Orléans und Blois. Obgleich über die Jahre häufig beschädigt und wieder zusammengeflickt, hat sie dennoch all ihre ursprüngliche Stimmung bewahrt. Teile der Konstruktion gehen ins 12. Jahrhundert zurück, doch ist die Mehrzahl der Bogen zwei Jahrhunderte jünger.

Die Schlösser der Loire sind zu Recht weltweit berühmt, aber in der Blütezeit der Pilgerfahrt schmückten solche architektonischen Demonstrationen von Stand, Reichtum und Privilegien noch nicht die Landschaft am Fluss. Obwohl sie in keinem Reiseplan eines Pilgers des 12. Jahrhunderts auftauchen, sind sie heute ein wesentlicher Teil der Landschaft an der Loire, und es wäre banausenhaft, sie zu ignorieren, nur weil sie keinen Bezug zu Compostela haben! Chambord ist das erste Schloss, auf das man nach Beaugency trifft, und es setzte wirklich Maßstäbe; viele hätten das Bauwerk gerne nachgebildet, aber nur wenige besaßen dazu die Kühnheit oder die Mittel. Das Château wurde an der Stelle einer früheren Jagdhütte von König Franz I. (1494–1547) geschaffen, der zweifellos die Realitäten des Lebens nicht recht im Griff hatte und seine Position ausnutzte, um Mittel und Arbeitskräfte für seine Leidenschaft umzuleiten. Der Jagdforst um das Schloss wurde mit einer 32 Kilometer langen und 2,50 Meter hohen Mauer umgeben. Während der Erbauung des Schlosses schlug er sogar vor, die Loire umzuleiten, um seinen Festungsgraben und die Zierkanäle zu füllen.

Die Nachfolger von König Franz I., Heinrich II. und Ludwig XIII., setzten die Arbeit an dem Projekt fort. Bis zum 17. Jahrhundert wuchs das Schloss zu einem Riesenbau mit 440 Räumen, 365 Schornsteinen, 14 Haupt- und 70 kleineren Treppen an. Es war Ludwig XIV., der Sonnenkönig (1643–1715), der als großer Jäger und Sportsmann seine Zeit in Chambord tatsächlich genoss und gelegentlich den ganzen königlichen Hofstaat dorthin verlegte. Er lebte alle ursprünglich von Franz geträumten Visionen aus, indem er Bälle, Theateraufführungen und große Jagdpartien veranstaltete.

Die prächtigen Häuser jener Epoche ähnelten in ihrer Entstehung vielen Kathedralen: Zunächst wurde ein Grundplan vereinbart, dem jeder nachfolgende Besitzer oder Bischof seine eigenen persönlichen Interpretationen hinzufügte. Chambord wurde mehr oder weniger vollendet, wie anfangs geplant, dann jedoch jeder spätere Flügel oder Raumkomplex gemäß dem veränderten Geschmack oder Stil ein wenig anders ausgeführt. Dagegen umfasst das königliche Schloss von Blois eine Gruppe von Bauten aus völlig verschiedenen Epochen um einen zentralen Hof. Die Grafen von Blois bewohnten ursprünglich die Festung aus dem 12. Jahrhundert, aber König Ludwig XII. (1498–1515) wandelte sie nach seiner Thronbesteigung in ein Schloss und eine königliche Residenz um, ein Rang, den sie durch mehrere Dynastien behielt. Ludwigs Königssitz war in einer optisch ansprechenden Mischung aus Graustein und Ziegeln gebaut und vorwiegend gotisch im Stil, ließ jedoch auch einige frühe Spuren der Renaissance erkennen, die allmählich die französische Architektur zu durchdringen begann.

Als Ludwigs Nachfolger, Franz I., den Thron bestieg, hatte sich die Renaissance eindeutig durchgesetzt. Er war sowohl als begeisterter Förderer des neuen archi-

Gegenüber: Das Schloss Chambord ist das mit Abstand größte im Loiretal. Seine Türmchen, Zinnen und Schornsteine sehen doppelt eindrucksvoll aus, wenn sie sich im Wasser des Sees spiegeln.

Links: Den Eingang zum Schloss Blois im Flamboyant-Stil erreicht man über eine ausgedehnte Esplanade, die einst vom Wirtschaftshof der königlichen Residenz eingenommen wurde und nicht von den eleganten Gartenrestaurants von heute. Die Reiterstatue Ludwigs XII. ist eine Kopie aus dem 19. Jahrhundert. Sind Besucher unter ihr hindurch in den Hof getreten, stoßen sie auf das bekannteste Merkmal des Bauwerks, die prachtvolle Treppe Franz' I.

Unten: Der große Altarraum und breite Chorumgang mit seinem Kapellenkranz sind typisch für Kirchen von Benediktinerabteien, wie hier St-Nicolas in Blois. Innen wie außen strahlt das Bauwerk große Würde aus.

tektonischen Ethos wie auch als großer Mäzen der Künste insgesamt berühmt. Franz' bemerkenswertester Beitrag zu Blois war der achteckige, offene Treppenturm, ein Meisterwerk der französischen Frührenaissance, das zu einem der ausgeprägtesten individuellen Merkmale aller Loireschlösser wurde. Trotz der Überfülle skulpturaler Verzierungen kann das Bauwerk immer noch ein würdevolles Gefühl von Anmut und Eleganz vermitteln. Es bot allen, die auf den offenen Balkonen standen, perfekte Ausblicke auf den offenen Hof, von dem aus sie von allen gesehen und bewundert werden konnten.

Die Stadt Blois blühte infolge der königlichen Protektion auf, ein Vermächtnis, das sich noch in den Gebäuden der vom Schloss, der Kathedrale und dem Fluss umschlossenen Altstadt spiegelt. Es ist erfrischend, so viele gut erhaltene Gebäude aus dem 16. Jahrhundert zu sehen, die einfach zum Alltag gehören, und nicht eine Ansammlung von Vorzeigehäusern, die nur für die Besucher herausgeputzt sind. Letzteres trifft jedoch nicht auf das Schloss Chenonceau zu, das heute eine der ersten Touristenattraktionen der Region ist, obwohl es noch genutzt wird. Allein die Größe des Auto- und Busparkplatzes außerhalb der Hauptpforte des Schlosses beweist seine Beliebtheit, und an einem schönen Sonntagnachmittag ist es absolut unmöglich, die romantische Atmosphäre der Szenerie von Chenonceau zu genießen.

Umgeben von geometrischen Gartenanlagen und Wald, erwuchs das Schloss aus einer ehemaligen befestigten Wassermühle, die sich über die ganze Breite des Cher erstreckte. Eine Besonderheit an Chenonceau ist, dass die verschiedenen Stadien seiner Entwicklung in einer weitgehend von Männern dominierten Gesellschaft über die Jahre dennoch fast ausschließlich in Frauenhand lagen. Die Umgestaltung

Umgeben von geometrisch angelegten Gärten, bietet das über dem Fluss Cher gebaute Wasserschloss Chenonceau (unten) wohl den reizvollsten Anblick aller Loireschlösser. Elegante architektonische Einzelheiten, wie etwa die Große Galerie der Katharina von Medici (gegenüber), fügen sich zu einem Gebäude von großer Schönheit zusammen. Das Wappen des Erbauers des Schlosses, Thomas Bohier, und seiner Gemahlin, Catherine Briçonnet, ziert neben anderem kunstvollen Schnitzwerk die Haupteingangstür aus bemaltem Holz (rechts).

begann 1512, als Thomas Bohier Chenonceau kaufte, aber es war seine Frau, Catherine Briçonnet, die das erste Umbauprogramm beaufsichtigte. Das Schloss besitzt viele geschmackvolle Räume, seine Hauptattraktion jedoch, die Große Galerie, wurde unter Katharina von Medici, der Gemahlin Heinrichs II., geschaffen und während der Feiern zu Ehren ihres Sohnes, König Heinrich III., eingeweiht. Der elegante Raum, 60 auf 6 Meter, besitzt 18 Fenster, die wechselnde Felder von Licht und Schatten auf dem geometrischen Fliesenboden erzeugen. Im Ersten Weltkrieg wurde das Schloss in ein Lazarett umgewandelt, und in der Galerie standen Betten für die Verwundeten. Offenbar verbrachten diese ihre Zeit recht angenehm, indem sie Angelschnüre aus den Fenstern in den Fluss direkt darunter hängen ließen!

Gegenüber: Sonnenaufgang über der Loire, von der Brücke bei Muides-sur-Loire gesehen.

Unten: Das Schloss Amboise steht auf einer felsigen Erhebung am Südufer der Loire und beherrscht die Stadt, die sich unterhalb ausbreitet. Nachdem es unter Ludwig XI. und Karl VII. erweitert und verschönert worden war, behielten es die französischen Könige bis ins 16. Jahrhundert.

Weil Chenonceau ein ganzes Stück südlich der Loire liegt, wäre es vielleicht ein zu großer Umweg für Pilger, das Tal hinab von Blois nach Tours zu wandern, um die andere wichtige Festung und königliche Residenz am Fluss, das Schloss Amboise, zu besuchen. Die Burg, die ursprünglich eine Furt über die Loire bewachte, wurde 1434 von König Karl VII. konfisziert, nachdem ihr Besitzer, Louis d'Amboise, wegen einer Verschwörung gegen den Thron verurteilt und hingerichtet worden war. Von da an wurde Amboise eine der Lieblingsresidenzen der französischen Könige. Im späten 15. Jahrhundert im Stil der französischen Spätgotik umgebaut, waren Schloss und Außenanlagen häufig die Ersten, denen während der Renaissance neue Errungenschaften aus Italien zuteil wurden.

Die Stadt Tours galt bereits als wichtiger Pilgerort, bevor sie fester Bestandteil der Route nach Compostela wurde. Der heilige Martin war im 4. Jahrhundert Bischof von Tours und wurde zu einem der populärsten Heiligen Frankreichs, hoch gelobt im »Pilgerführer« als Heiliger, der angeblich Tote zum Leben erweckte und Aussätzige sowie Geisteskranke und andere heilte. Noch nach dem Tod des Bischofs sollten diese Wunder um seinen mit Gold, Silber und Edelsteinen geschmückten Schrein geschehen sein.

Die für diesen Schrein im 11. Jahrhundert gebaute Basilika war wohl die erste Pilgern gewidmete Kirche, mit Gängen und Chorumgang in einer Breite, wie man sie sonst erst später fand. Zu Beginn des 19. Jahrhunderts ging dieser Bau endgültig verloren, nachdem er in den Religionskriegen geplündert und danach baufällig geworden war. Das als verloren angesehene Grab des Heiligen wurde wiederentdeckt, und genau über der Stelle, an der sein Leichnam im mittelalterlichen Bau geruht hatte, wurde im späten 19. Jahrhundert eine riesige neue Basilika errichtet.

Gegenüber: Die Kathedrale von Tours bei Nacht: Flutlicht vermag das historische Bauwerk um bei Tag unbemerkte Dimensionen zu bereichern.

Unten: Türme und Westfassade sind im spätgotischen Flamboyant-Stil erbaut, der im 16. Jahrhundert in Frankreich vorherrschte, gründen jedoch auf einer gallo-römischen Mauer. Allein die Größe des »steinernen Gemäldes« gewährleistet, dass selbst die pompöseren Teile des Maßwerks den Gesamteindruck fördern und ein harmonisches Ganzes entsteht.

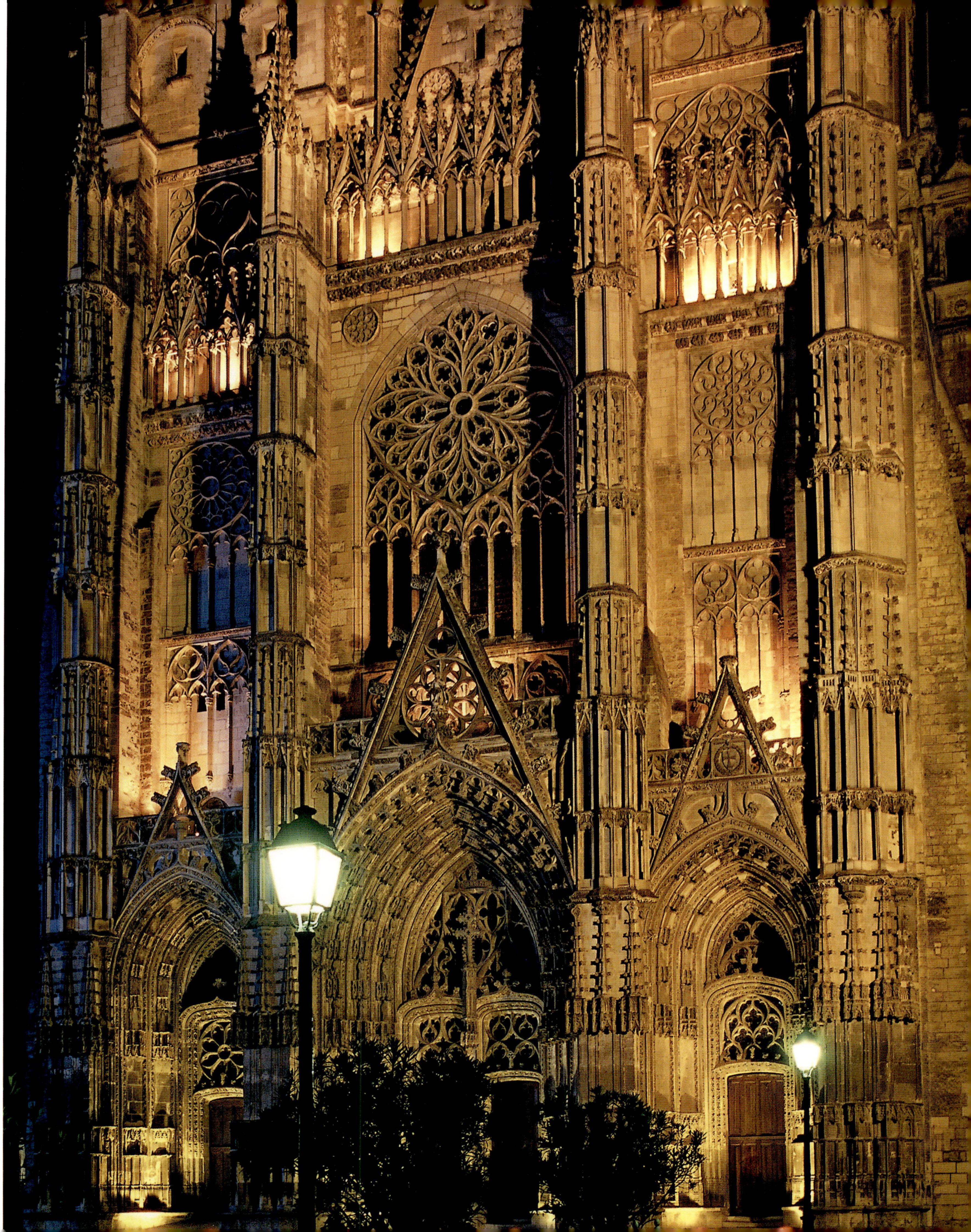

Unerklärlich ist, warum die Stadt nicht ihre Verbindung mit dem heiligen Martin in der Kathedrale, die dem ersten Bischof von Tours im 3. Jahrhundert, St. Gatien, gewidmet ist, fortleben ließ. Doch erfährt man von Martins Leben in Glasfenstern und Kopien von Handschriften des 13. Jahrhunderts. Die Kathedrale ist ein prachtvolles Bauwerk, vom 13. bis 16. Jahrhundert erbaut, weshalb sie alle Phasen der französischen Gotik umfasst. Daher ist sie ein wichtiges und aufschlussreiches Dokument aus Stein, das den Entwicklungsprozess der Architektur belegt. Der Altarraum und das östliche Ende vertreten die Frühgotik, Schiff und Querschiffe die Mittel- und Hochgotik, während die Kathedrale schließlich auf höchst dramatische Weise mit einer Westfassade im spätgotischen Flamboyant-Stil vollendet wurde.

Der St. Gatien umgebende alte Kern von Tours war Teil der ursprünglichen römischen Siedlung, über der die Stadt gegründet wurde, und ist immer noch von gepflasterten Straßen und Plätzen mit Fachwerkbauten geprägt. Abseits dieser fußgängerfreundlichen Enklave hat Tours sich schnell zu einer geschäftigen Großstadt entwickelt – wie er am besten durchkommt, muss jeder überlegen, ob er als Pilger zu Fuß reist oder als motorisierter Tourist. Wer unterwegs nach Compostela ist und den Spuren seiner mittelalterlichen Vorgänger folgen möchte, stellt fest, dass die alte Römerstraße heute von der Fernstraße N10 überbaut ist, die neben der Autobahn A6 nach Poitiers im Süden verläuft. Da es eigentlich keine Spuren der historischen Straße gibt, muss jeder Reisende nach Lust und Laune geeignete Alternativen auf Nebenstraßen finden. Der Bericht überspringt hier daher diesen Abschnitt und fährt in Poitiers fort, das im »Pilgerführer« des 12. Jahrhunderts als Schrein des St. Hilaire, des Bischofs dieser Stadt im 4. Jahrhundert, gerühmt wird.

Hilaire ist für seine Standhaftigkeit gegen den Arianismus bekannt, eine im 4. Jahrhundert entstandene Häresie, welche die göttliche Natur Jesu Christi leugnete. Der Bischof lebte viele Jahre in der Verbannung, setzte aber den Kampf fort und kehrte 361 schließlich im Triumph auf seinen Stuhl zurück. Das geschichtsträchtige Poitiers war Schauplatz zweier Schlachten, die entscheidend waren für die französische Geschichte und die frühchristlichen Anstrengungen, den maurischen Vorstoß aus Spanien zurückzuschlagen. Im Jahr 732 wurde ein muslimisches Heer

Gegenüber: Westfassade der Kathedrale Saint-Pierre in Poitiers, deren drei Portale in den Bogenfeldern Skulpturen von der Krönung Mariens, vom Jüngsten Gericht und vom Leben des Apostels Thomas zeigen.

Links: St-Hilaire-le-Grand in Poitiers verehrt einen der wichtigsten frühchristlichen Heiligen, dessen Schrein noch in der Chorkrypta liegt. Selten findet man eine Kirche, bei welcher der Höhenunterschied zwischen Schiff und Altarraum so deutlich ist – ein Kunstgriff, der die letzten Schritte einer Wallfahrt zu einer noch größeren geistigen Erfahrung macht. Doch könnte die steile Steintreppe ein Hindernis für alte und gebrechliche Pilger sein

unter Abd ar-Rahman al-Ghafiqi, dem Generalgouverneur von al-Andalus, von den Franken unter Karl Martell geschlagen. Dieser Sieg stoppte das Vordringen der Mauren und beschränkte ihre Gebietsgewinne nachhaltig auf die spanische Seite der Pyrenäen. Die andere berühmte Schlacht, in der ein englisches Heer unter dem charismatischen Eduard, dem Schwarzen Prinzen, die Franzosen schlug und deren König Johann II. gefangen nahm, fand 1356 im Hundertjährigen Krieg statt. Mit Johann II. sollte eine riesige Summe Lösegeld erpresst werden, das zu zahlen die Franzosen aber ablehnten, weswegen er bis zu seinem Tod in englischer Gefangenschaft blieb.

Poitiers ist so reich an romanischen und mittelalterlichen Kirchen, dass man vor einer Weiterreise die Hauptattraktionen nicht auslassen sollte. St. Hilaire-le-Grand stellt zweifellos das beste Beispiel einer romanischen Pilgerkirche dar und birgt in der Krypta noch das Grab des Heiligen. Die Erhöhung von Querschiffen und Chor verstärken das Gefühl der Erwartung, das Pilger im Mittelalter verspürt haben müssen, wenn sie sich dem Objekt ihrer Andacht näherten. Reparaturarbeiten in den Seitenschiffen und im Mittelschiff mögen heute von der Gesamtstimmung der Kirche ablenken, aber nichts kann das tiefe Andachtsgefühl schmälern, das noch im Chorumgang nachklingt. Diesen Eindruck steigern die im späten 20. Jahrhundert entdeckten romanischen Fresken, die Szenen aus dem Buch der Offenbarung darstellen.

Obgleich nicht jedermanns Geschmack, lassen die mit geometrischen Mustern geschmückten Säulen in Notre-Dame-la-Grande erahnen, wie bunt viele mittelalterliche Kirchen waren, bevor sich weiß gekalkte Wände durchsetzten. Die kostbaren Fresken, die immer noch europaweit freigelegt werden, bestätigen, dass die Botschaften der Bibel in ein aufwändiges Bildprogramm umgesetzt wurden, um die breite Masse der Gläubigen, die weder lesen noch schreiben konnte, zu informieren, zu schrecken und mit Hoffnung zu erfüllen. Notre-Dames Westfassade ist weniger strittig. Da sie gereinigt und restauriert wurde, haben ihre feinen Wiedergaben der Majestas Domini, der Apostel und einer bunten Mischung von Szenen des Alten und Neuen Testaments eine lebendige Ausstrahlung, die ihr Alter Lügen straft.

In einer an sakralen Bauwerken so reichen Stadt ist die Kathedrale St-Pierre ihres Ranges, der durch die Pracht der drei Skulpturenportale in der Westfassade und das bemerkenswerte Ostfenster mit der Kreuzigung bestätigt wird, mehr als würdig. Sicherlich waren es diese ins Auge fallenden Merkmale, die in großen Kirchen oder Kathedralen beeindrucken sollten. Dennoch sind es oft die kleineren Details, die im Gedächtnis haften bleiben. Die Symbolik des Fensters von St-Pierre ist gewiss spannend, aber die zwei kleinen Gestalten, die so unbedeutend am Fuß des Fensters kauern, werden oft übersehen. Es sind Heinrich II. von England und Eleonore von Aquitanien, die beiden Kirchenstifter. Bedenkt man ihre Macht, belegen ihre hier so reduzierten Gestalten das unangefochtene Eingeständnis von der Überlegenheit Gottes über die Menschen ungeachtet ihres irdischen Ranges.

Von Poitiers wanderten die Pilger nach Saintes auf der Römerstraße, die heute allerdings ebenfalls dem Asphalt überlassen wurde. Nach rund 80 Kilometern in mehr oder weniger gerader Linie erreicht die Straße Aulnay, das einst an einer wichtigen Kreuzung des römischen Straßennetzes durch Gallien lag. Hier erhebt sich die Kirche St-Pierre, von kaum mehr als einigen Zypressen umgeben. Das Gebäude aus dem 12. Jahrhundert mit einem Grundriss in Form des lateinischen Kreuzes ist rein romanisch, und sein Äußeres dürfte zu den schönsten noch erhaltenen Beispielen für Architektur und Bildhauerei dieser Epoche zählen. Der Kirche nicht zu übersehende Größe kontrastiert mit ihrer heute immer noch ziemlich einsamen Lage. Überwältigend in seinem Dekorationsreichtum ist besonders das Südportal. In 150 figürlichen Darstellungen werden hier Apostel neben apokalyptischen

Gegenüber: Eine Aufnahme des bemalten Inneren von Notre-Dame-la-Grande in Poitiers kann die Farbe und Dekoration der Mittelschiffpfeiler zeigen, vermag aber nicht die besondere Atmosphäre zu vermitteln, welche die gesamte Kirche durchdringt. Da es wenige reflektierende Flächen in dem Gebäude gibt, ist natürliches Licht sehr kostbar. An trüben Tagen scheinen die kleinen Reihen der Opferkerzen wie Leuchtfeuer in der Dunkelheit – das mag düster klingen, aber die Realität ist das genaue Gegenteil: Notre-Dame ist ein Glanzlicht der Pilgerreise.

Unten: St-Pierre bei Aulnay-de-Saintonge verfügt über einen außergewöhnlichen Bestand an vollendet gestalteten, romanischen Skulpturen, die eine breite Spanne von Themen behandeln. Eines der drei tief liegenden Tympana über den Portalen der Westfassade zeigt eine erschütternde Darstellung: das Martyrium des Schutzpatrons der Kirche, Petrus, der mit dem Kopf nach unten gekreuzigt wurde.

Königen, aber auch Fabelwesen und Dämonen aufgeführt. Daneben sieht man – drastisch verspottet – eine Prozession, die nicht würdige Priester, sondern Esel in Chorhemden gekleidet begleiten.

Nach langen, weitgehend belanglosen Streckenabschnitten von Poitiers her beginnt bei Aulnay ein bemerkenswertes Trio wichtiger Schreine oder Pilgerherbergen. Es beginnt mit Saint-Jean-d'Angély, dessen einst hier aufbewahrte Reliquie der »Pilgerführer« als »Haupt des verehrten Vorboten« – besser bekannt als Johannes der Täufer – beschreibt. Sowohl der Kopf als auch die dafür errichtete Basilika sind seit langem verschwunden, doch bleibt die Frage unbeantwortet, wie der Herzog von Aquitanien im 9. Jahrhundert Gewissheit haben konnte, dass diese Kirche den richtigen Kopf besaß!

Weitere 30 Kilometer südlich liegt die einstige römische Hauptstadt der Region, Mediolanum Santorum, das heutige Saintes. Die Siedlung entstand an einem Übergang über den Unterlauf der Charente, die römische Brücke blieb für Jahrhunderte die einzige derartige Anlage. Das große Steintor, das die Brücke bewachte, der Germanicusbogen, besteht noch, wurde aber an eine andere Stelle in der Stadt versetzt. Saintes ist daher eine wichtige Zwischenstation an der Straße nach Compostela, wäre jedoch auch ohne den Flussübergang ein Pilgerziel, weil es den Schrein des heiligen Eutropius birgt, des Märtyrers und ersten Bischofs von Saintes.

Gegenüber: Die Abbaye-aux-Dames hat seit ihrer Gründung im Jahr 1047 zahllose Angriffe ausgehalten (und knapp überlebt). In den Religionskriegen und ein Jahrhundert später durch einen Brand beschädigt, wurden die Gebäude später als Gefängnis und Kaserne benutzt, heute befindet sich hier ein Kulturzentrum. Die romanische Abteikirche blieb als Ort des Gottesdienstes unversehrt erhalten.

Links: Saintes war einst die Hauptstadt des Südwestlichen römischen Gallien, woran der stattliche Germanicusbogen erinnert. Dieses Bauwerk aus dem frühen 1. Jahrhundert bewachte früher die Brücke über die Charente.

Der Sarkophag aus dem 4. Jahrhundert mit den Überresten des Heiligen wird in der seltsam bruchstückhaften Kirche St-Eutrope noch gezeigt. Das Hauptschiff wurde während der Revolution zerstört, sodass nur noch Querschiff, Krypta und Chor der ursprünglichen kluniazensischen Gründung des 11. Jahrhunderts erhalten sind. Zwar enthält die Krypta von St-Eutrope einige schön skulptierte Kapitelle, doch das markanteste Beispiel für diese Epoche sind wohl die drei Portale der Abbaye-aux-Dames, eines Konvents aus dem 11. Jahrhundert, der im 17. und 18. Jahrhundert einen hervorragenden Ruf als Bildungsanstalt für adlige Töchter genoss.

Als die Zahl der Pilger nach Galicien zu einem stetigen Strom von Menschen anwuchs, wurden klösterliche Herbergen alltäglich, doch greifbare Spuren ihrer Existenz und der Klöster, zu denen sie in der Regel gehörten, sind heute aus der Landschaft verschwunden. Eine rühmliche Ausnahme an der Straße nach Bordeaux ist südlich von Saintes das Hôpital des Pèlerins in Pons, zwischen 1150 und 1180 von Geoffroy III. de Pons am Eingang zur Stadt erbaut. Hospital und Kirche liegen beiderseits der Straße und sind noch durch den originalen Bogen zwischen beiden Gebäuden verbunden, unter dem Steinbänke erhalten sind, die müden Beinen eine Ruhepause boten.

Daran, dass nicht alle Pilgerreisen erfolgreich beendet wurden, erinnern schmerzlich die Grabnischen jener, die fern von Compostela und ihren Familien starben. Der Tod auf dem Chemin St-Jacques war wahrscheinlich ein sehr einsames und anonymes Ende. Einen Flussabschnitt anders als über eine Brücke zu überqueren, gestaltete sich oft lebensgefährlich, erst recht, wenn ein Fährmann das Boot während der Fahrt anhielt und den doppelten Fahrpreis verlangte. Viele, die sich weigerten, dürften ihren Mut bedauert haben; sie erhielten einen Hieb auf den Kopf und wurden in den Fluss geworfen. Wer sich zur Gegenwehr entschloss, konnte dennoch in einem feuchten Grab enden, wenn das Boot während des Kampfes kenterte, aber dann dürften sie wenigstens die Genugtuung gehabt haben, den Fährmann mitzunehmen!

Näherten sich die mittelalterlichen Pilger dem Ufer der breiten Trichtermündung der Gironde, standen sie vor der schwierigen Wahl, entweder weiter südwärts nach Bordeaux zu ziehen und Dordogne und Garonne

Links: Das Hôpital des Pèlerins am Rand von Pons ist eines der wenigen Pilgerhospitäler, die in ihrer ursprünglichen Form erhalten sind. Es war Teil einer Kirche und eines Hospizes, die im 12. Jahrhundert zur Aufnahme und Pflege von Pilgern auf dem Weg nach Compostela gegründet wurden. Die alte Straße nach Bordeaux verlief zwischen den beiden Gebäuden, die ein Bogengang mit eingelassenen Steinbänken verband, auf denen sich müde Pilger ausruhen konnten. Die sargförmige Nische hinter jeder Bank nahm jene auf, deren Reise hier zu Ende war.

getrennt zu überqueren oder weiter nördlich die längere Fährfahrt über die Trichtermündung der beiden Flüsse, die Gironde, zu wagen. Die alte Uferstadt Blaye ist heute durch eine moderne Auto- und Personenfähre mit dem Westufer der Gironde verbunden, und was einem vielleicht am meisten auffällt, wenn man heute die Reise macht, ist die starke Strömung. Wenig flussaufwärts liegen ein paar Inseln mitten im Fluss, die eine Überquerung in zwei Abschnitten ermöglicht hätten, aber selbst dann müssen allein Geschwindigkeit und Wildheit des Wassers jede Überfahrt aus eigener Kraft zum Albtraum gemacht haben. Wer heute von Blaye herreist, kommt in Lamarque an und kann dann einen gemütlichen Bummel durch die Weinberge des Médoc genießen. Die Anwesen sind von sehr unterschiedlicher Größe, und wenn man durch die Reihen der makellos gepflegten Rebstöcke spaziert, werden die legendären Premier-Cru-Châteaus wie Latour und Margaux – Namen, die man bisher nur von Etiketten kannte – Wirklichkeit: elegante Herrenhäuser mit klassischen Fassaden.

Für Pilger nach Santiago de Compostela, die nicht von der Pariser Tour St-Jacques starten wollen, ist

Oben: Die mächtige Trichtermündung der Gironde entsteht durch den Zusammenfluss von Dordogne und Garonne. Im Mittelalter war sie ein gefürchtetes Hindernis für die Pilger. Die Ufer sind von Fischerhütten gesäumt, die auf Pfählen über dem morastigen Ufer stehen und mit ausgeklügelten Netzsystemen ausgerüstet sind.

Bordeaux die größte Stadt an der Route. Nach dem langen Marsch durch Frankreich kann es entmutigend sein, viele Kilometer durch das ausufernde Stadtgebiet zu stapfen, aber das historische Zentrum der Stadt ist es mehr als wert, erforscht zu werden. Es ist seltsam, wenn man darüber nachdenkt, dass Pilger zwischen dem 12. und 15. Jahrhundert auf Wegen nach Bordeaux wanderten, die tatsächlich englische Straßen waren, nachdem Aquitanien und England durch die Heirat Heinrichs II. mit Eleonore vereinigt waren.

Gut ausgestattet mit geräumigen Hospizen, Kirchen und Vorräten, war Bordeaux ein wichtiger Rastplatz an der Route, da die nächsten Etappen durch die einsame Wildnis des Departements Landes führten. Das Erbe der Wallfahrt spiegelt sich in mehreren Kirchen der Stadt, wenn auch viele Statuen des heiligen Jakob und andere zugehörige Kunstwerke in das Musée d'Aquitaine gebracht wurden. Einige der beachtenswertesten Objekte, die man am Ort belassen hat, befinden sich in St-Michel, der einzigen Kirche in Bordeaux mit einer Kapelle, die St-Jacques gewidmet ist. Es ist sehr ungewöhnlich, Darstellungen des Apostels als »Matamoros« in Frankreich anzutreffen, aber sowohl auf einem Altarbild als auch auf dem benachbarten Medaillon ist er in dramatischer Aktion als Maurenschlächter zu sehen.

Auch die Kathedrale Saint-André hatte einmal eine Saint-Jacques-Kapelle, die aber heute nicht mehr existiert. Wer schwindelfrei ist, wird dafür voll entschädigt durch einen ganz unglaublichen Blick aus der Vogelperspektive vom benachbarten frei stehenden Glockenturm, dem Tour Pey-Berland, auf die Schwibbogen um die Apsis der Kathedrale. Der gotische Turm steht im ehemaligen Kreuzgangbereich und wurde

Unten: Die Gegend um Bordeaux ist für die Qualität ihrer Weine berühmt. Wer die Gironde in Blaye überquert, hat Gelegenheit, die Architektur und Weinkultur des Médoc zu genießen, wo endlose Reihen makellos gepflegter Rebstöcke die Straßen säumen.

Rechts: Ein weiter Ausblick auf Bordeaux und darüber hinaus erwartet den, der tapfer der scheinbar endlosen Treppe des Tour Pey-Berland, dem frei stehenden Glockenturm der Kathedrale St-André, die Stirn bietet. Nur von diesem Aussichtspunkt aus können die wunderbaren Schwibbogen der Kathedrale wirklich gewürdigt werden. Hinunterblicken und sehen zu können, wie die Kathedrale ihre Umgebung beherrscht, erlaubt einen neuen Blickwinkel darauf, welch gewaltigen Eindruck solche Bauwerke im Mittelalter gemacht haben müssen.

Oben: Die Abbaye d'Arthous war eine von drei Abteien, die den Pilgern körperliche und geistige Sicherheit boten. Teile der ursprünglichen Gründung wurden restauriert und dienen heute als archäologisches Museum, dessen wertvollstes Ausstellungsstück eine Fischerbarke des 17. Jahrhunderts ist, die aus einem einzigen ausgehöhlten Baumstamm gefertigt wurde.

zwischen 1440 und 1460 als architektonisches Schaustück errichtet, aber auch, um größere Glocken für die Kathedrale aufzunehmen, ohne ihre Struktur zu gefährden. Es gibt keine Aufzüge, nur 229 sehr schmale Stufen mit einem kräftigen Seil, an das man sich klammern kann, um leichter hinaufzusteigen oder beim Abstieg nicht zu stolpern. Probleme treten eigentlich nur auf, wenn man sich aus der entgegengesetzten Richtung nähernde Stimmen wahrnimmt: Es gibt keine Ausweichstellen, und die Stufen werden von der Wand weg sehr schmal! Aber die Ausblicke sind unübertrefflich, nicht nur auf die Kathedrale hinunter, sondern über ganz Bordeaux. Es ist faszinierend zu sehen, wie sich die Stadt entwickelte, sich von der Kathedrale und den mittelalterlichen Vierteln um sie herum ausdehnte und an geraden Alleen entlangwuchs, die immer noch von vornehmen Stadthäusern gesäumt sind – Kennzeichen der Stadt des 18. Jahrhunderts, die unter Ludwig XV. und Ludwig XVI. entstand und blühte.

Unmittelbar außerhalb von Bordeaux betreten die Pilger die »Landes«, eine Landschaft, die sich im Lauf der Zeit radikal wandelte. Aus Sand und sumpfigem Ödland, die im Mittelalter vorherrschten, wurde sie in einen einzigen riesigen Kiefernwald verwandelt. Um die Wanderdünen und Sümpfe zu bändigen, wurde das Gebiet im 19. Jahrhundert trockengelegt und mit besonderen Gräsern, Ginster und Kiefern bepflanzt. Der »Pilgerführer« des 12. Jahrhunderts schilderte die Landes als trostloses Land, ohne nützliche Naturreichtümer. Das Gelände war trügerisch und nicht ungefährlich– stellenweise konnten Wanderer in Morast oder Treibsand versinken – und im Sommer voller Wespen und Bremsen.

Heute führen befestigte Straßen durch die einstigen Sümpfe und stechende Insekten sind womöglich etwas seltener, obwohl sie immer noch äußerst lästig sein können. Der Pilger kann nichts anderes tun, als einen Fuß vor den anderen zu setzen und dabei möglichst nicht mit den unendlich vielen Bäumen zu sprechen. Aber ein Lied anzustimmen, ist erlaubt, wenn ein aufregendes Maisfeld die Monotonie durchbricht!

Die Eintönigkeit ist mit Sicherheit zu Ende, wenn man St-Paul-lès-Dax erreicht, dessen Pfarrkirche aus dem 12. Jahrhundert ein Fries aus exquisiten Basrelief-Feldern schmückt. Die Bildersprache um die Außenmauer der Apsis bewegt durch ihre Intensität, und lokale Experten sehen Ähnlichkeiten mit Stilen, die man in Nordwestspanien antrifft. Ebenfalls Meisterwerke sind die Kapitelle in der Kirche, doch sind vor allem die Bildinhalte des Frieses geradezu überwältigend. Der Hauptteil von Dax ist wegen seiner Thermalquellen stark vom Tourismus geprägt und wenig interessant. Man sollte ihn möglichst schnell hinter sich lassen, um voranzukommen in Richtung Baskenland, Spanien und Santiago de Compostela.

Links: Die Kreuzigung von St-Paul-lès-Dax ist ein besonders anrührendes Werk. Man kann die Qual fast nachempfinden, die von den Nägeln in den Händen Christi und dem in seine Seite gestoßenen Speer verursacht wurde.

Rechts: St-Paul-lès-Dax bietet einen überraschenden, aber passenden Höhepunkt auf der Via Turonensis. Der romanische Innenraum wird gegenwärtig umfassend restauriert. Da sich der wichtigste Schatz der Kirche jedoch an der Außenmauer der Apsis befindet, können Pilger dennoch die hochwertigen, als Flachrelief gestalteten Steinfriese bestaunen.

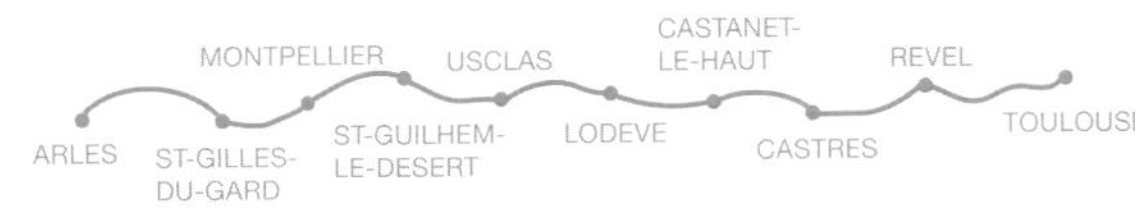

5

VIA TOLOSANA VON ARLES

Die in diesem Kapitel behandelte Strecke ist erheblich länger als die drei anderen französischen Routen, weshalb einige größere Sprünge zwischen den Orten unvermeidlich sind. Von Arles am Rand der Camargue und des Rhonedeltas ausgehend ist die Via Tolosana die längste der vier anerkannten Pilgerrouten, die durch Frankreich zu den Pyrenäen verlaufen. Im Unterschied zu den drei anderen nimmt die Route von Arles aus einen anderen Weg nach Spanien, nämlich über den Somport-Pass, und wird jenseits der Grenze als Camino Aragonés bezeichnet. Trotz des Namenswechsels wird sie als eine durchgehende Route betrachtet, bis sie in Puente la Reina auf die anderen drei trifft.

Die Via Tolosana ist nach Toulouse, Frankreichs viertgrößter Stadt, benannt, aber wer Santiago de Compostela zum Ziel hat, beginnt seine Pilgerreise traditionell im 250 Kilometer weiter östlich gelegenen Arles. Es ist ein langer, anstrengender Marsch von rund 900 Kilometern. Man muss sich daher umsichtig ausrüsten, um für mögliche Klima- und Geländeextreme gewappnet zu sein, ohne aber zu schnell zu ermüden, weil man einen zu schweren Rucksack trägt. Die meisten mittelalterlichen Pilger schafften es jedoch nach Compostela ohne atmungsaktive Gewebe oder Hightech-Wanderschuhe!

Arles wurde am seichtesten Übergang über die breite Rhone gegründet und war folglich strategisch immer wichtig und ein geschäftiger internationaler Knotenpunkt. Die drei anderen anerkannten französischen Aufbruchspunkte nach Santiago erzeugten weitgehend Einbahnverkehr zu den Pyrenäen, doch Arles erlebte vermutlich fast genauso viele Pilger, die in die andere Richtung zur Peterskirche in Rom unterwegs waren. Obgleich es so etwas wie eine Zwischenstation zwischen Frankreich und Italien war, hebt es der »Pilgerführer« des 12. Jahrhunderts dennoch hervor, weil es mehrere angesehene eigene Schreine besaß. Es scheint deshalb ein hervorragend geeigneter Ort zu sein, um eine Reise nach Galicien zu beginnen.

Die Griechen gründeten Arles im 6. Jahrhundert vor Christus, und Julius Caesar errichtete hier 46 vor Christus eine römische Kolonie. Danach erlebte Arles einen solchen Aufschwung, dass Konstantin der Große es 306 zweite Hauptstadt seines Reiches nannte. Konstantins bemerkenswerte Bäderanlage erinnert an das Goldene Zeitalter des Reiches, aber es ist das um 80 nach Christus erbaute Amphitheater, das eigentlich den Geist des alten Rom vermittelt. Heute von Gebäuden aus späteren Epochen umgeben, ist das 136 Meter lange ovale Bauwerk ein Ehrfurcht gebietendes Beispiel der Baukunst. Herausgeschnitten aus dem Nordhang des Hügels, auf dem die Stadt erbaut wurde, bot es bis zu 20 000 Zuschauern Platz. Obwohl die Reihen aus modernen Metallsitzen eher

Gegenüber: Die ersten Etappen der Via Tolosana führen durch teilweise wildes, entlegenes und schwieriges Gelände wie die Montagne-de-Marcou nahe Castanet-le-Haut.

Links: Aus dem späten 1. Jahrhundert stammt eines der besterhaltenen Denkmäler der römischen Provence, das Amphitheater in Arles, dessen 60 Bogen von dorischen und korinthischen Säulen getragen werden. Blickt man in die heute wieder für Veranstaltungen genutzte Arena hinunter, kann man sich schwer vorstellen, dass 212 Häuser und zwei Kirchen irgendwie in die Arena eingefügt waren, bis sie Mitte des 19. Jahrhunderts entrümpelt wurde.

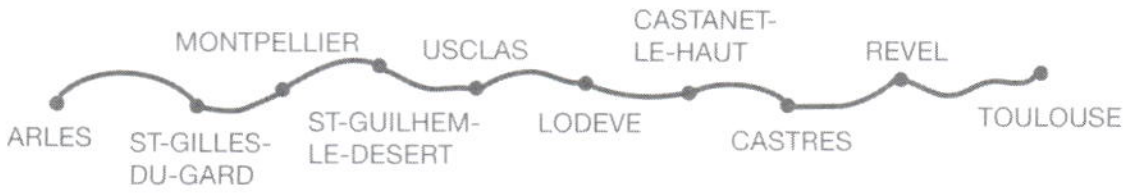

Rechts: Das Hauptportal der ehemaligen Kathedrale St-Trophime in Arles ist ein Meisterwerk romanischer Kunst. Nach der Art der Gestaltung erinnert es stärker an das antike Rom als die meisten anderen Kirchenportale jener Zeit. Die gesamte figürliche Arbeit ist von höchster Qualität, wobei der Fries wegen seiner Interpretation von Johannes' Vision des Jüngsten Gerichts besonders bemerkenswert ist.

Unten: Auch Gestalten des Alten Testaments sind auf dem Portal dargestellt, wie etwa Daniel mit einem Paar recht freundlich blickender Löwen.

von seiner Atmosphäre ablenken, kann die Fantasie sich leicht ausmalen, was für ein außerordentliches Bild ein »volles Haus« geboten haben muss.

Enge mittelalterliche Gassen führen von der Arena hinunter in das Herz der Stadt und zur bemerkenswerten Kirche St-Trophime mit Kreuzgang, eines von sieben römischen und romanischen Denkmälern, die zusammen 1981 von der UNESCO zum Weltkulturerbe erhoben wurden. Die Fassade von St-Trophime ist eines der ausdrucksstärksten Beispiele romanischer Kunst in der Provence. Die früheste Kathedrale war Saint Étienne gewidmet, aber spätere Bauten ehrten Saint Trophime, den ersten Bischof von Arles. Die Kirche, die heute auf der Place de la République steht, ist nur ein Teil einer bischöflichen Anlage, die im 12. Jahrhundert umgebaut wurde und Kathedrale, Klostergebäude und Bischofspalast umfasst.

Obwohl die heutige Kirche beachtenswerte architektonische Merkmale aufweist, etwa einen herausragenden gotischen Chor und einen Sarkophag aus dem 4. Jahrhundert im Mittelschiff, ist St-Trophimes krönendes Glanzstück das romanische Portal. Seine erstklassige Kunstfertigkeit tritt seit der Restaurierung und Reinigung im späten 20. Jahrhundert noch deutlicher hervor. Im sengenden Licht eines Hochsommertags in der Provence ist die Betrachtung der makellosen Steinmetzarbeit vielleicht zu schmerzhaft klar und grell. Sie ist aber fast ebenso schwierig, wenn die Fassade in tiefem Schatten liegt! Die Majestas Domini und die Symbole der vier Evangelisten im Tympanon sind Skulpturen von ungeheurer Macht, deren Wirkung die klaren Linien des Tympanonbogens und ein ungewöhnlich detailreicher Fries noch verstärken: glückliche, zufriedene Seelen links und die Verdammten in Ketten auf dem Weg zur Hölle rechts. Wenn das Leben nur so einfach wäre!

Pilger begannen die Reise im Mittelalter traditionell an der romanischen Prioratskirche St-Honorat, die inmitten von Gräbern, Sarkophagen und Mausoleen des römischen und frühchristlichen Friedhofs Les Alyscamps steht. Römische Friedhöfe wurden üblicherweise außerhalb der Stadtmauern angelegt, oft entlang den Hauptstraßen. In Arles wurde die Via Aurelia zum wichtigsten Bestattungsort, nachdem dort Saint Genest, ein frühchristlicher Märtyrer, beerdigt worden war. Danach kam Les Alyscamps als letzte Ruhestätte in Mode und war häufig überfüllt, was der »Pilgerführer« aus dem 12. Jahrhundert

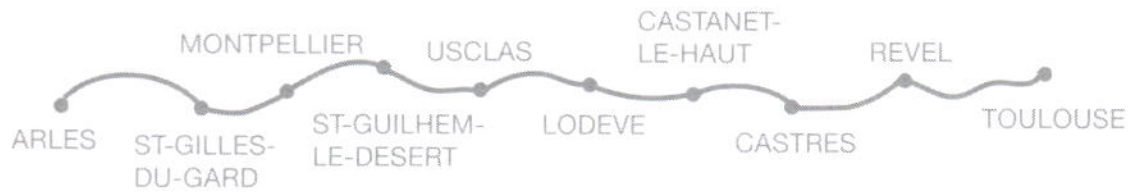

Links: Der frühere römische Friedhof Les Alyscamps war der traditionelle Ausgangspunkt für Pilger auf dem Weg zum Schrein des heiligen Jakob. Das Gräberfeld nahm einst eine große Fläche ein, ist aber heute nur noch eine Art Allee, die von alten Steinsarkophagen gesäumt wird.

kommentierte mit: »Je weiter man blickt, desto mehr Sarkophage sieht man.«

Durch den Bau des Canal de Craponne und eines Bahnbetriebswerks wurden weite Teile des Friedhofs zerstört, was Les Alyscamps auf eine symbolische Doppelreihe von Steinsärgen entlang dem Kiesweg, der zu St-Honorat führt, reduzierte. So erheblich der Friedhof auch verkleinert wurde, seine heutige Anlage ist ein wirklich guter symbolischer Beginn einer Pilgerreise, wenn man an der Reihe dunkler Sarkophage entlang, durch die Tore hinaus und einem fernen Compostela entgegen schreitet.

Jeder, der die Reise von Arles aus macht, sollte zuerst die Camargue besuchen. Obwohl der stimmungsvollste Teil des Deltas nicht an der Pilgerroute liegt, ist sie ein Erlebnis, das man nicht versäumen darf. Salzgewinnung und Tourismus mögen die Ränder verunstaltet haben. Dem kann man jedoch leicht entkommen, wenn man den offiziellen Nationalparkwegen folgt, die mitten in das eigentliche Feuchtgebiet führen. Leider teilen die herrlichen Flamingos und zahllose andere Arten von Wasservögeln ihre nahrungsreiche Umgebung mit ständig hungrigen Stechmücken. Zwischen Mai und September sollten Besucher daher großzügig Insektenschutzmittel auf nackte – und am besten auch auf bedeckte – Hautstellen auftragen! Stiche machen sich üblicherweise an der unangenehmsten Stelle bemerkbar, in der Regel genau dort, wo bald ein Rucksackriemen scheuern wird.

Die ersten Etappen der Route von Arles verlaufen durch nicht besonders aufregende Landschaften. Nach 20 Kilometern erreicht man den ersten echten Höhepunkt, St-Gilles-du-Gard. St. Gilles (deutsch: Ägidius; um 650–720) war einer der am höchsten verehrten Heiligen des Mittelalters, dessen in vielen europäischen Ländern in Ortsnamen und Kirchenwidmungen gedacht wird. Er stammte aus einer vornehmen Athener Familie, ging aber als Missionar und Priester nach Südfrankreich, wo seine Demut und Heiligkeit bald so viele Bewunderer anzog, dass er sich schließlich als Eremit in die tiefen Wälder nahe Nîmes zurückzog. Seine einzige Gefährtin war eine Hirschkuh, deren Milch ihn in schweren Zeiten nährte und die auf den meisten Darstellungen des Heiligen ebenfalls gezeigt wird.

Die Legende von St. Gilles erzählt, wie die Jäger des Königs die Hindin verwundeten und ihr dann zu ihrer Zuflucht folgten, wo der Heilige sie vor weiterem Leid bewahrte. Erzürnt über die Grausamkeit tadelte Gilles den König, der gelobte, an dem Ort zur Buße eine

Unten: Obgleich die Hauptfassade von St-Gilles-du-Gard dringend restauriert und gereinigt werden müsste, können Schmutzschicht und mutwillige Zerstörungen an einigen Figuren die Ausdruckskraft der Skulpturen kaum schmälern.

Kirche zu errichten. Es wurde eine Benediktinerabtei gegründet, und die heutige Stadt entstand um die Abtei, deren Kirche noch von einem prächtigen dreibogigen Portal beherrscht wird. 1562 wurden die Überreste des Heiligen heimlich nach Toulouse gebracht, was sie in den Religionskriegen vor dem zerstörerischen Wüten der Hugenotten rettete. Leider erging es der Fassade weniger gut, sie trägt schlimme Narben von Krieg und mutwilliger Zerstörung. Im Carnegie Museum of Art in Pittsburgh existiert ein Abguss des Portals von St-Gilles in Originalgröße, der im 19. Jahrhundert angefertigt wurde, als Gipsabgüsse antiker Skulpturen in Mode waren.

Hinter St-Gilles wird die Landschaft allmählich abwechslungsreicher. Der Weg steigt zu einer mit Rebstöcken bewachsenen Hochfläche an, fällt aber bald wieder ab in Richtung Montpellier, wo 1295 St. Roch (deutsch: Rochus), der Schutzpatron der Pilger, geboren wurde. Der Sohn des Gouverneurs der Stadt verzichtete nach dem Tod der Eltern auf sein Erbe und lebte als bettelnder Pilger, der an der Pest erkrankten Personen und ganzen Gemeinden half, die er durch Handauflegen geheilt haben soll.

Als er selbst erkrankte, zog er sich in den Wald zurück, um andere nicht anzustecken. Angeblich brachte ihm ein Hund Essen, das er vom Tisch seines Herrn gestohlen hatte, um Rochus am Leben zu erhalten. Als St. Roch nach Montpellier zurückkehrte, verbarg er seine wahre Identität, wurde als Spion verhaftet und ins Gefängnis geworfen, wo er fünf Jahre lang bis zu seinem Tod 1327 dahinsiechte. An seinem Muttermal – einem roten Kreuz auf der Brust – wurde er nach seinem Tod erkannt und dann durch ein öffentliches Begräbnis geehrt. Viele Kirchen und Kapellen entlang dieser und anderen Pilgerrouten durch Frankreich, die vielleicht ursprünglich dem heiligen Jakob gewidmet waren, wurden zugunsten dieses Schutzpatrons der Pilger umgewidmet.

Mit Ausnahme kleinerer Marktstädte wie Lodève und Castres ist Montpellier der letzte größere Ballungsraum, den man hinter sich bringen muss, bevor die Via Tolosana die Namen gebende Stadt Toulouse erreicht. Die unverwechselbaren Charakteristika der Kalksteinszenerie beherrschen bald die Landschaft, in welcher der Pfad der wilden, bewaldeten Schlucht des Hérault folgt, der schließlich über die römische Brücke Pont-de-Diable überquert wird. Ein großer Parkplatz, daneben Bar und Restaurant zeigen, wie beliebt sie als Touristenziel im Sommer ist, wenn der Wasserspiegel

Oben: Montpellier ist der Geburtsort des heiligen Rochus, des Schutzheiligen der Pilger, der als Statue in der Kirche wie auch in Glasmalereien und Skulpturen in vielen Kirchen und Kapellen entlang der Route dargestellt ist.

Gegenüber: Der Pont-du-Diable (Teufelsbrücke) über den Hérault wurde im 11. Jahrhundert von Benediktinermönchen des nahe gelegenen Klosters Aniane als Verbindung zur Abtei Gellone in St. Guilhem-le-Désert gebaut.

Oben: St-Guilhem-le-Désert könnte keine dramatischere Lage haben. Die Kirche erinnert lebhaft an den festen christlichen Glauben, der Menschen solch außerordentliche Mühen auf sich nehmen ließ, dass sie ihren Überzeugungen greifbare Gestalt verliehen.

so weit fällt, dass große Kiesflächen frei liegen, die zu Sonnenbaden und Schwimmen einladen. So verlockend der Bereich um die Brücke auch sein mag, ist er nichts im Vergleich zu dem Anblick, der Pilger und Touristen nur wenige Kilometer weiter oben in der Schlucht erwartet.

St-Guilhem-le-Désert ist ein spektakulär gelegenes Dorf, entstanden um ein Kloster, das im frühen 9. Jahrhundert von Guilhem, Graf von Toulouse, Herzog von Aquitanien und Vetter Karls des Großen, gegründet wurde. Als großer Kämpfer tat er sich gegen die Mauren in Spanien auf einem Feldzug hervor, der in seinem größten Sieg als Befehlshaber – der Einnahme von Barcelona 803 – gipfelte. Dieser Triumph war sein letzter als Soldat: Im folgenden Jahr vertauschte er das Schwert mit der Mönchstracht und gründete das Kloster St-Sauveur im entlegenen Tal Gellone, das damals wirklich eine nur hin wieder von einem Schäfer aufgesuchte »Wüste« war. Das Abschiedsgeschenk Karls des Großen war ein Splitter des Kreuzes Christi, eine Reliquie von ungeheurer Macht, weshalb das Kloster trotz der öden und einsamen Lage schnell zum Wallfahrtsort wurde.

Als man begann, auf der Via Tolosana nach Compostela zu pilgern, wurde St-Guilhem ein anerkannter Rastplatz auf dem Weg. Bis Mitte des 11. Jahrhunderts waren genügend Mittel für ein Umbauprogramm zusammengekommen, sodass ein wesentlicher Teil der romanischen Kirche 1076 geweiht werden konnte. Ihr Baustil ist bemerkenswert streng, das hohe Mittelschiff

Rechts: Les-Gorges-du-Rouvignou sind typisch für die Kalksteinlandschaft, durch welche die Via Tolosana führt. Die spektakuläre Umgebung hat den Nachteil für Wanderer, dass auf ausgewaschenen Pfaden die Abschnitte bergab oft schwer zu begehen sind.

und die Seitenschiffe erhalten durch kleine Fenster hoch oben in den Mauern nur spärliches Licht. Den aufregendsten Blick auf die Abtei gewährt die Zufahrtsstraße zum oberen Teil des Dorfes, von wo aus die Gebirgskulisse voll gewürdigt werden kann. Die völlig symmetrischen, halbrunden Apsiden bilden einen scharfen Kontrast zu den natürlichen Formen der Kalkfelsen, die am Ende des Tals aufragen. Natürlich ist St-Guilhem heute ein bedeutendes Touristenziel und hat viel von seiner eigentlichen Atmosphäre verloren, wenn Touristen auf der Jagd nach Souvenirs die engen Gassen verstopfen. Doch war es vor Jahrhunderten vermutlich nicht anders, als Pilger ankamen und erwarteten, einen heiligen Ort zur Besinnung und Meditation zu finden, und stattdessen nur andere Pilger antrafen!

Auf dem weiteren Weg von St-Guilhem-le-Désert müssen die Wanderer auf schmalen, aus dem festen Kalkstein herausgehauenen Pfaden von dem Tal zu einer gebirgigen Hochebene aufsteigen. Den Weg zu finden, ist inzwischen relativ einfach: Zahlreiche Wegweiser sorgen dafür, dass Pilger und Wanderer sich auf den Grandes Randonnées (Hauptfernwanderwegen) sicher zurechtfinden. Diese Gegend kennt lange Perioden typisch mediterranen Wetters, doch Wolken, Nebel und Regen können in den Bergen fast ohne Vorwarnung aufkommen und sofort alle Orientierungspunkte und Wegweiser ausblenden. Entnervend und potenziell gefährlich kann diese Erfahrung für jeden sein, der mit Landkarte oder Kompass nicht gut umgehen kann.

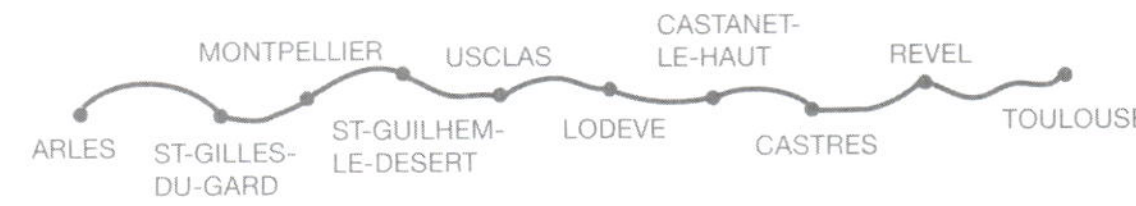

Links: Dass Reisende nach Galicien bisweilen tödliche Mühsal ertragen mussten, beweist auf dem kleinen Friedhof in Usclas-du-Bosc die Reihe individuell geschmückter, scheibenförmiger Grabsteine (Kopien) von mittelalterlichen Pilgern.

Ein letzter steiler Abstieg durch Les-Gorges-du-Rouvignou führt zur sicheren Zwischenstation Arboras. Wie in vielen anderen einsamen Gebirgsdörfern gibt es hier keine Geschäfte, Cafés oder sonstige Einrichtungen, nur Wasser und Schatten sind im Allgemeinen reichlich vorhanden. Nach Arboras kommt ein ähnlicher, aber wohl weniger anstrengender Abschnitt über bewaldete Hänge und Forstwege, die nach einem weiteren Dutzend Kilometern in die Gemeinde Usclas-du-Bosc führen. Zu den eng zusammengedrängten Häusern und Wirtschaftsgebäuden zählt ein teilweise verfallenes Château, das ursprünglich im Besitz der Johanniter von Usclas war. Nach der in Stein gehauenen symbolischen Kürbisflasche und Jakobsmuschel über dem Haupteingang zu schließen, diente es wahrscheinlich als Herberge für Pilger auf dem Weg nach Santiago de Compostela.

Ergreifendere Hinweise findet man auf dem örtlichen Friedhof, wo eine Reihe scheibenförmiger Grabstelen zeigt, dass dieser einsame Ort für viele Pilger das vorzeitige Ende bedeutete. Der kleine Friedhof liegt nicht neben der Kirche, sondern zwischen zwei Häuser gezwängt abseits der Straße hinter zwei stabilen grünen Metalltüren. Die ordentlich zwischen neueren Gedenkstätten aufgereihten Grabsteine sind getreue Kopien. Die Originale befinden sich im Musée Fleury in Lodève, einer kleinen Domstadt, die der nächste bedeutende Ort am Weg ist.

Lodève liegt rund 10 Kilometer von Usclas entfernt am Zusammmenfluss von Lergue und Soulondres. Auf den umliegenden Hügeln weideten seit Jahrhunderten Schafe, deren Wolle die Stadt zu einem Zentrum der Textilindustrie aufblühen ließ. Der schlanke Glockenturm der Kathedrale Saint-Fulcran ist ein beherrschendes Wahrzeichen im Umkreis von vielen Kilometern, obgleich die aus der Ferne vermutete Eleganz aus nächster Nähe nicht zutrifft. Im 13. und 14. Jahrhundert erbaut als eine von mehreren gotischen Festungskathedralen im Languedoc, hat sie eine massive, schlichte Fassade. Dahinter verbirgt sich zum Glück ein stimmungsvollerer Innenraum mit zahlreichen Seitenkapellen und Skulpturen oder Buntglasfenstern, in denen die Heiligen Rochus und Jakob dargestellt sind.

Nach Lodève erwartet die Pilger ein sehr langer, anstrengender Marsch von über 20 Kilometern. Einen gewissen Schutz gegen den Wind bieten die Kiefern- und Laubwälder, und wenn die Berge nicht in Wolken gehüllt sind, bieten die höchsten Punkte fantastische Ausblicke. Sich wiederholende, lange Anstiege und die Knie strapazierende Abstiege zu Dörfern auf dem Talgrund stellen sicherlich die Entschlossenheit aller – außer der Sportlichsten und Energischsten – auf die Probe. Auf den meisten hochgelegenen Abschnitten gibt es keine Bauten von Interesse, aber trotz schmerzender Glieder sollte man den Umweg zur Kapelle St-Eutrope nicht auslassen. Es ist einer jener Spaziergänge, die harmlos durch freundliches Waldland beginnen, ehe sie steiler über steinigen Boden ansteigen. Wenn die Kapelle endlich, auf Felsen hoch über Castanet-le-Haut thronend, in Sicht kommt, wirkt sie kaum zugänglich ohne Steigeisen und ordentliche Bergsteigerausrüstung. Mit Beharrlichkeit findet man jedoch eine lange Reihe von Stufen, die an einem sehr exponierten Teil des Abhangs aus dem Fels gehauen sind. Wer ängstlich oder nicht schwindelfrei ist, sollte klugerweise an diesem Punkt die Windgeschwindigkeit messen, denn der letzte Anstieg kann recht gefährlich werden. Die Mühe lohnt sich. Die restaurierte Kapelle, wo St. Eutrope Ruhe von der Welt suchte, ist einer der stimmungsvollsten Orte an der

Gegenüber: Die großartige frühgotische Kathedrale in Lodève ist dem heiligen Fulcran gewidmet, einem örtlichen Kämpfer und Bischof. Neben beeindruckenden Buntglasfenstern verweisen auch andere Darstellungen der Heiligen Rochus und Jakob, in Glas und Stein, auf die Wallfahrt.

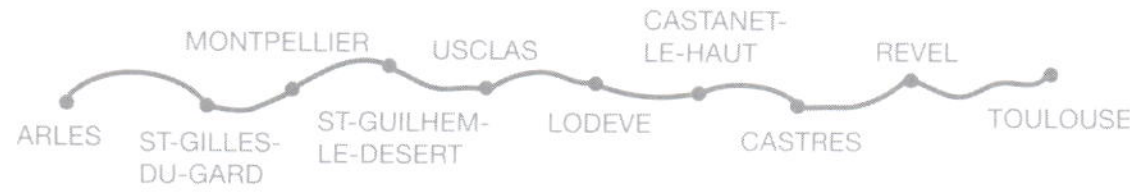

Rechts: St. Eutrope aus Orange in der Provence zog sich an diesen einsamen und entlegenen Ort zurück. Die Kapelle aus dem 14. Jahrhundert an dieser Stätte liegt in einer höchst eindrucksvollen, aber unglaublich trostlosen Umgebung. Sie ist den steilen Anstieg über felsiges und gelegentlich gefährliches Gelände wert, um dann das Panorama zu genießen und sich zu fragen, welcher Willensstärke das Leben an einem solchen Ort bedurfte.

Via Tolosana. Für jeden, der das Leben des frommen Einsiedlers, der im 5. Jahrhundert Bischof von Orange in der Provence war, nachempfinden möchte, wurde ein Raum neben der Kapelle mit einem Einzelbett und einem Vorrat an Wasser ausgestattet.

Nach Castanet-le-Haut ist die Route allgemein weniger beschwerlich, wenngleich noch schwierige Abschnitte zu bewältigen sind. Ein idyllischeres Bild verdrängt die öden Kalkberge, und die Landschaft wird sanfter. Viele ihrer Dörfer bewahren ein bauliches Erbe, das die oft unruhigen Zeiten spiegelt, die sie durch die Jahrhunderte durchmachten. Das düstere mittelalterliche Dorf La-Salvetat-sur-Agoût kontrastiert scharf mit der Infrastruktur eines modernen Feriengebiets – in der Umgebung liegen Seen wie der Lac de la Raviège, und der Activity-Tourismus trägt heute stark zum Aufschwung bei. Aber selbst diese Entwicklungen erscheinen unbedeutend gegenüber der Weite der umgebenden Landschaft.

Nach weiteren 50 Kilometern trifft man wieder auf den Agoût, aber in einer völlig andersartigen Umgebung, wenn er durch Castres fließt. Diese geschäftige Stadt blühte im Mittelalter durch den Wollhandel auf, der immer noch floriert – hier ist eines der führenden Zentren Frankreichs für die Herstellung von Streichwolle. Augenfällig wird die Verbindung zur Geschichte in den Häusern mit bunten Holzfassaden, die das Ufer am Quay-des-Jacobins säumen. Es waren die Häuser von Webern und Färbern, die über großen, sich direkt zum Wasser öffnenden Kellern gebaut wurden.

Castres wurde im 9. Jahrhundert bei einem Benediktinerkloster gegründet und schnell ein wichtiger Wallfahrtsort, nachdem die Reliquie von St. Vincent, der 304 in Spanien den Märtyrertod starb, einige Jahrzehnte später hierher überführt worden war. Die geografische Lage hätte es sowieso zu einem natürlichen Rastplatz für alle auf dem Weg nach Santiago gemacht, aber einen örtlichen Heiligen verehren zu können, erhöhte noch den spirituellen Wert.

Die Kathedrale von Castres besteht aus einem grossen Barockbau an der Stelle der ursprünglichen Abteikirche. Für Pilger erheblich wichtiger ist die Kirche St-Jacques mit ihrem Glockenturm aus dem 13. Jahrhundert. Leider ging die Zeit mit diesem Ort nicht freundlich um. Obgleich ihr – vernachlässigtes – Inneres gut mit klaren Darstellungen des Apostels ausgestattet ist, wirkt es mit seiner abblätternden Farbe ziemlich melancholisch. Falls die moderne Wall-

Links: Wenig Erholung ist Pilgern gegönnt, während sie sich den Weg inmitten der Monts-de-l'Espinouse im Naturpark Haut-Languedoc westwärts kämpfen. Die Ausblicke in der Nachbarschaft von Castanet-le-Haut sind atemberaubend – im wörtlichen Sinn für diejenigen, die zu der entlegenen Kapelle St-Eutrope hinaufsteigen.

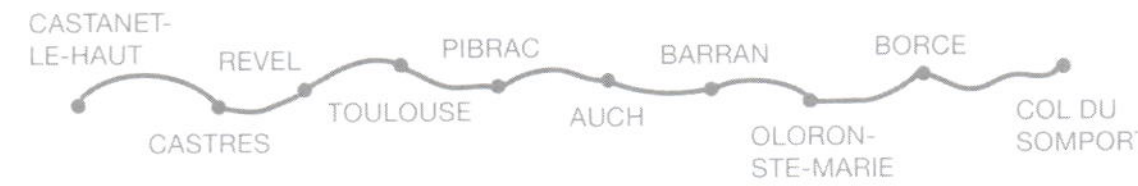

Links: Castres ist seit langem ein wichtiges Zentrum für Textilien, woran die bunt gestrichenen mittelalterlichen Häuser der Weber und Färber erinnern, die das Ufer des Agoût im Stadtzentrum säumen. Ein Goya-Museum im Rathaus enthält Frankreichs größte Sammlung von Werken des Künstlers außerhalb des Louvre.

Links: Für Pilger auf dem Weg nach Spanien war Castres ein wichtiger Rastplatz. Versteckt in den engen Gassen hinter dem Fluss liegt die Kirche St. Jacques-de-Villegoudou. Mehrere ihrer Darstellungen zeigen den Apostel als Pilger, darunter eine bunte, relativ moderne Statue und ein lebensgroßes Porträt in einem Buntglasfenster.

Unten: Revels Markt gilt als einer der besten in Südfrankreich und findet immer noch in der großen, an den Seiten offenen Markthalle aus dem 14. Jahrhundert statt. Das Ziegeldach wird von einem wahren Labyrinth aus Holzpfeilern und Stützbalken getragen.

fahrt den gegenwärtigen Schwung beibehält, finden sich vielleicht Mittel für eine Renovierung. Wenn vom Geld mittelalterlicher Pilger ganze Kirchen erbaut werden konnten, sollten ihre Nachfahren im 21. Jahrhundert doch wenigstens für ein paar Schichten Farbe aufkommen können.

Zwischen Castres und Toulouse fällt das Wandern relativ leicht. Man muss Gefälle und Steigungen überwinden, doch gilt das Interesse in diesem Abschnitt mehr den Bauwerken als der Natur. Hauptmerkmal sind Bastidenstädte, die selbst in Gegenden mit Bevölkerungswachstum und städtischer Expansion nie ihren typischen Kern verloren haben. Die Stadt Revel ist ein typisches Beispiel dafür: Während in der Peripherie das übliche Verkehrschaos herrscht, geht es in der unmittelbaren Umgebung des großen Marktplatzes aus dem 14. Jahrhundert, der von alten Arkadenhäusern und Läden gesäumt ist, ruhig zu. Man behandelte und konservierte die originalen Bauhölzer seiner einzelnen Elemente, um ihre Lebensdauer zu verlängern und setzte das 40 auf 40 Meter große, überdachte Marktgebäude wieder sorgfältig zusammen.

Toulouse ist eine Stadt des Backsteins, doch möge man Pilgern auf ihrem Weg durch das Zentrum verzeihen, wenn sie glauben, Beton, Metall und Glas seien die vorherrschenden architektonischen Zutaten. Frankreichs viertgrößte Stadt ist sehr weitläufig. Es ist ein langer Marsch vorbei an den Büros und Fabriken der Hightech-Entwicklungs- und -Fabrikationsbetriebe, von denen viele mit der Luftfahrtindustrie zu tun haben, für die Toulouse weltberühmt ist. In den Entwicklungsjahren der Stadt war Backstein das einzige Baumaterial, dessen Grundstoff in ausreichender Menge im Schwemmland der Garonne verfügbar war. Im Unterschied zu den harten Farben, die moderne Formen des Backsteinbaus oft haben, sind die in Toulouse verwendeten Steine von weicherer, freundlicherer Tönung. Wenn man sich dem historischen Kern der Stadt nähert, werden plötzlich die Türme, Kirchtürme und alten Dächer deutlicher. Für Pilger gibt es nur ein Ziel: die Basilika St-Sernin.

Sernin ist der okzitanische Name für Saturnin, einen christlichen Märtyrer des 3. Jahrhunderts, der besonders unangenehm zu Tode kam. An einen Stier gebunden wurde er durch die Straßen geschleift, nachdem er sich geweigert hatte, die heidnische Zeremonie anzuerkennen, bei der das Tier getötet werden sollte. Direkt gegenüber der Basilika erinnert die Rue du Taur an den Ort seines Martyriums. Gefördert durch Schenkungen weiterer Reliquien durch Karl den Großen entwickelte sich Toulouse zu einer wichtigen Pilgerstätte an der Straße nach Compostela. Der Bau wurde um 1080 begonnen und war, mit Ausnahme des Turms aus dem 15. Jahrhundert, 1220 vollendet. Er ist der Inbegriff einer Pilgerkirche, geplant für die Aufnahme großer Versammlungen. Die Verwendung von Backstein gibt dem Innenraum eine besonders warme Atmosphäre, die in Steinkirchen unmöglich zu erreichen ist.

Allein die Größe dieser Backsteinkirche ist fast unbegreiflich, wenn man die Entstehungszeit bedenkt. Von Osten gesehen sind die abgestuften Apsiden und der achteckige Glockenturm vollkommen symmetrisch und erzeugen ein seltenes Gefühl von Harmonie. Der Anblick im Kircheninneren ist wohl noch beeindruckender, wobei die tatsächliche Breite durch die für mittelalterliche Pilgerkirchen typische Kombination von Mittelschiff und doppelten Seitenschiffen noch gesteigert wird. Krypta und Chorumgang sind die eigentlichen Mittelpunkte: Reich vergoldete Statuen flankieren einzelne Kapellen, die den Heiligen Victoria, Papoul, Hilaire und anderen gewidmet sind, deren Särge und Reliquienschreine in der Krypta direkt darunter gezeigt werden. Doch die bemerkenswertesten Besonderheiten dieses am meisten verehrten Teils der Kirche sind die Basreliefs des 11. Jahrhunderts aus Marmor von St-Béat in den Pyrenäen, welche die Wand des Chorumgangs rund um die Außenseite der Krypta schmücken. Die eher urtümlich dargestellte Majestas Domini strahlt irgendwie mehr

ATTENTION
LE DIMANCHE
DE 5H30 A 15H30
ARRETE N°2004 227
ATTENTION

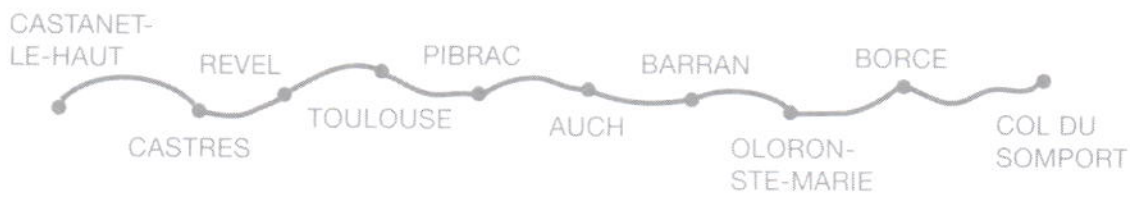

Gegenüber: Der achteckige Glockenturm der Basilika St. Sernin ist das unverwechselbare Wahrzeichen von Toulouse, das über der weltweit größten erhaltenen romanischen Kirche aufragt. Der Turm wurde in zwei Phasen erbaut: Die unteren drei Stufen gehörten zum ursprünglichen Bau des 12. Jahrhunderts und sind an ihren typischen romanischen Rundbogen zu erkennen. Die letzten zwei Etagen wurden später ergänzt, ihre Öffnungen laufen im gotischen Stil spitz zu.

Macht aus als in mancher späteren, »vollendeteren« Deutung. Eine weitere künstlerische Dimension wurde dem Meisterwerk hinzugefügt, als bei der jüngsten Restaurierung der Querschiffe romanische Fresken freigelegt wurden – jedoch erst nach langen Debatten, ob man die früheren »Restaurierungen« von Viollet-le-Duc entfernen sollte, dessen eigenwillige neugotische Ergänzungen im 19. Jahrhundert die Schlichtheit und Würde des ursprünglichen Bauwerks verspotteten.

Eine andere Backsteinkirche in Toulouse, Les-Jacobins des Dominikanerordens, kommt St-Sernin an Großartigkeit, Größe und Stil fast gleich, gehört aber einer anderen Bauepoche an, sodass Vergleiche vermutlich ungerecht sind. Das erste Dominikanerkloster wurde 1216 in Toulouse gegründet, aber der Orden nahm später den Namen Les-Jacobins an, nachdem er eine Gemeinschaft in Paris gegründet hatte, die ihren Stammsitz in einer St. Jacques gewidmeten Kapelle hatte. Die von außen plump erscheinende Masse Les-Jacobins' täuscht über sein bemerkenswertes gotisches Inneres hinweg: Der Raum ist durch sieben Säulen in zwei Schiffe geteilt, wobei die östlichste das gesamte Fächergewölbe der Apsis trägt. Abwechselnd breite und schmale Gewölberippen erzeugen die Illusion einer Palme, ein Effekt, der durch das ganze Schiff beibehalten wird und als Palmier-des-Jacobins bezeichnet wird. Das Schiff führt hinaus in den ästhetisch ansprechenden Kreuzgang aus dem frühen 14. Jahrhundert mit Backsteinarkaden und Zwillingssäulchen aus grauem Marmor. Les-Jacobins wurde ebenfalls umfassend renoviert, um die Schäden zu reparieren, die ihr zugefügt worden waren, nachdem Napoleon sie für sein Artillerieregiment requiriert hatte. Die militärische Besetzung dauerte bis 1865, und die Kirche wurde erst 1974 nach fast einem Jahrhundert der Restaurierung neu geweiht.

Ohne die Landschaft, die sich 100 Kilometer westlich von Toulouse nach Auch hin erstreckt, verunglimpfen oder die architektonischen Vorzüge der Dörfer unterwegs ignorieren zu wollen, ist dies doch ein Abschnitt der Via Tolosana, auf dem man schnell in Richtung Spanien vorankommen kann. Einen kurzen Abstecher könnte man auf den ersten Etappen machen, um Pibrac zu besuchen, den Geburtsort und Schrein von Ste. Germaine, wo man auf eines der weniger geglückten architektonischen Ensembles der Region trifft. Die

Unten: Die älteste Brücke von Toulouse trägt den verwirrenden Namen Pont Neuf (deutsch: Neue Brücke), wie auch eine ähnlich alte Brücke in Paris. Die Brücke besitzt sieben Bögen und ergänzt perfekt die anderen historischen Backsteinbauten der Stadt.

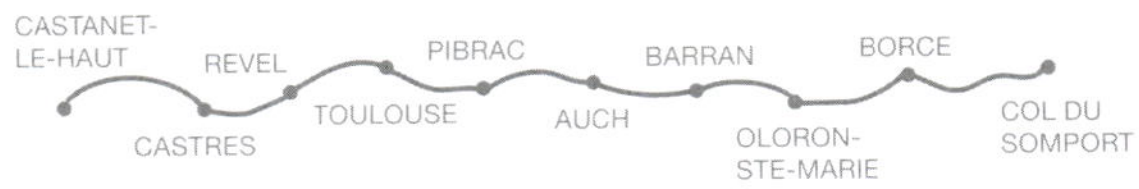
CASTANET-
LE-HAUT
REVEL
CASTRES
TOULOUSE
PIBRAC
AUCH
BARRAN
OLORON-
STE-MARIE
BORCE
COL DU
SOMPORT

Gegenüber: St-Sernin, Toulouse

Links oben: Durch die Einfachheit ihrer Form vermögen die Mittelschiffpfeiler die Raumwirkung noch zu steigern.

Links unten: Die romanischen Fresken im nördlichen Querschiffgewölbe der Basilika wurden erst im späten 20. Jahrhundert während Renovierungsarbeiten entdeckt. Obwohl die Darstellungen ein wenig verblasst sind, haben sie eine große Farbintensität bewahrt.

Rechts oben: Das Südportal schmücken einige romanische Kapitelle, von denen der Garten Eden die ausdrucksstärkste der Szenen aus dem Alten Testament ist. Adam blickt schuldbewusst, während Eva versucht, das Feigenblatt festzuhalten.

Rechts unten: Chorumgang und Krypta enthalten einen reichen Schatz an sakraler Kunst. In die Wand eingelassen sind sieben marmorne Basreliefs aus dem 11. Jahrhundert, darunter eine bewegende Darstellung der Majestas Domini.

Auf dieser Seite: L'Église des Jacobins

Rechts: Diese im 13. und 14. Jahrhundert erbaute Kirche bildet einen Teil des Dominikanischen Konvents und gilt als Meisterstück südfranzösischer Gothik. Das Innere ist hell, geräumig und auf dezente Weise farbenfroh. Bemerkenswert ist, dass die Kirche ein Doppelschiff besitzt, das durch sieben hohe Säulen untergliedert wird. L'Église des Jacobins wurde über einen längeren Zeitraum hinweg restauriert, sodass alte und neue Fassade nahtlos ineinander übergehen.

Unten: Die Apsis besteht aus aus einer Säule und einem Gewölbe aus 22 miteinander verbundenen Rippen, das an einen Palmwedel erinnern – deshalb *Palmier* genannt.

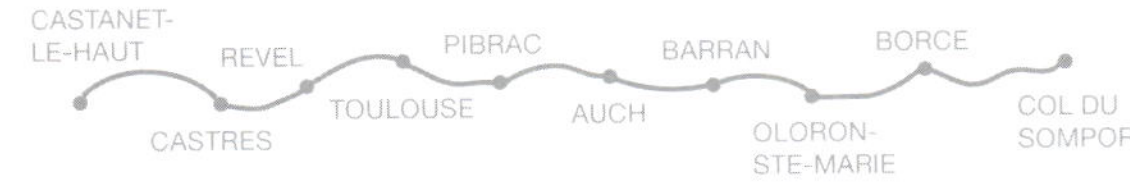

Oben: Die Statue der Ste. Germaine als demütige Schäferin vor der Basilika in Pibrac.

Unten: Die spätgotische Kathe-Marie beherrscht die alte Stadt Auch auf einer felsigen Anhöhe über dem Gers.

Basilika Ste-Germaine, eine neobyzantinische Fantasie von ungeheuerlichen Ausmaßen, steht genau gegenüber einer erheblich bescheideneren roten Backsteinkirche des 16. Jahrhunderts mit einem eleganten Glockenturm.

Passend zu einem Ort, der einmal die Hauptstadt der Gascogne war, hat Auch eine herrliche Lage hoch über dem Gers. Die Stadt war eine wichtige Etappe auf dem Handelsweg von Toulouse zum Atlantik, wie auch ein Rastplatz für Santiagopilger vor der nächsten Etappe ihrer Reise, einem Marsch von mehreren Tagen, der im Anstieg zum Col du Somport und den ersten Schritten auf spanischem Boden gipfelte. Zwar gibt es in der Stadt mehrere Bezüge zum heiligen Jakob, doch ist eine weltliche Gestalt durch eine markante Bronzestatue unsterblich gemacht. Charles de Batz-Castelmore, der Comte d'Artagnan (1620–73), diente Alexandre Dumas als Vorbild für einen der legendären Helden der »Drei Musketiere« und anderer Romane über diese Epoche. Die Kathedrale Ste-Marie hat romanische Ursprünge, wurde aber im gotischen Flamboyantstil erheblich umgebaut. Besonders bekannt ist sie wegen der Glasfenster, den über 100 geschnitzten Chorstühlen und leider wegen der porösen, lockeren Bausteine, die fast ständige Renovierungen und Ersetzungen notwendig machen.

Der Sinn der Bastide wird besonders anschaulich in Barran, einem ursprünglichen Ort südwestlich von Auch. Einige dieser Gemeinden des 13. und 14. Jahrhunderts sind zu größeren Marktstädten angewachsen, andere mit bemerkenswerter Architektur haben sich in »Ansichtskarten-Orte« verwandelt, aber in Barran hat sich nicht viel getan, was die alte Lebensweise gestört hätte. Der Wassergraben umgibt immer noch einen großen Teil des Dorfes, das von einer Seite durch ein befestigtes Tor betreten wird.

Wenige Bastiden konnten einem ernsthaften Angriff standhalten, doch in dem unendlich langen territorialen Pokerspiel zwischen England und Frankreich bauten beide Seiten ihre »neuen Städte« als Absichtserklärung und Rechtfertigung ihrer jeweiligen Ansprüche auf das betreffende Gebiet. Die Vorstellung, Bastiden wie Barran würden auch helfen, eine bis dahin leere Landschaft zu bevölkern, war vielleicht zu

optimistisch, wenn man die reine Größe des ländlichen Frankreichs bedenkt. Doch eine detaillierte Karte der Gegend zeigt ein effizientes Straßennetz, das als vergrößerte Version des klassischen Gittermusters angelegt ist: Haupt- und Nebenstraßen verlaufen von Norden nach Süden und werden in häufigen Abständen von ländlichen Nebenwegen gekreuzt. Die schiere Weite des Landes überwältigt immer noch, und obwohl mittelalterliche Pilger wohl mehr Wald antrafen als heute, hat sich die Landschaft in dieser Südwestecke von Frankreich vermutlich wenig verändert und wird es auch in absehbarer Zukunft nicht tun.

Wenn die Via Tolosana an der historischen Stadt Pau vorbei das Baskenland erreicht, läuft sie direkt auf Oloron-Ste-Marie zu, die letzte größere Stadt auf der französischen Seite. Sie liegt an der Mündung der Täler von Aspe und Ossau, deren reißende Bäche sich zum Gave d'Oloron vereinen, einem größeren Fluss, der zum Atlantik fließt und weiter flussabwärts von den drei anderen Routen überquert wird. Er teilt die Stadt in zwei deutlich unterschiedene Hälften, von denen jede nur ein Bauwerk von Interesse hat. Die ehemalige Kathedrale Ste. Marie hat ein reich skulptiertes romanisches Portal mit einer Darstellung von Gaston IV. le Croisé (Kreuzfahrer) von Béarn, der auf dem ersten Kreuzzug 1099 Jerusalem einnahm. Doch die unmittelbare Umgebung von Ste-Marie rechtfertigt kaum längeres Verweilen. Der ältere Teil der Stadt, Ste-Croix, ist von viel größerer Bedeutung für die mittelalterliche Pilgerreise. Strategisch auf einem Hügel zwischen den beiden Flüssen gelegen und einst Ort der römischen Siedlung Iluro, ließ Ste-Croix sich leicht in eine befestigte Zitadelle zur Abwehr maurischer Angriffe verwandeln, in deren Mauern Pilger Zuflucht fanden. Der höchste Punkt wird vom düsteren Bauwerk der gedrungenen romanischen Kirche Ste-Croix beherrscht, die für ihre maurisch beeinflusste Kuppel berühmt ist, was erneut beweist, dass zwar manche Muslime auf territorialen Gewinn aus waren, andere aber nur dem gelegentlichen kulturellen Geplänkel frönten, wer die besten Gebetsstätten baute! Enge Straßen mit Fachwerkhäusern aus dem 16. und 17. Jahrhundert umgeben die Kirche. Von dem Aussichtspunkt auf einer nahen Terrasse ist der Weg hinauf zum Somport-Pass klar zu erkennen.

Oben: Der Pförtner von Barran bewohnte ein kleines Zimmer über dem gewölbten, bewehrten Eingang, durch den die einzige Straße über den Wassergraben ins Dorf hineinführte.

Links: Barran ist ein typisches Beispiel für eine Bastide des 13. Jahrhunderts und liegt rund 15 Kilometer südwestlich von Auch inmitten eines landwirtschaftlich genutzten Landstrichs. Der ursprüngliche Wassergraben ist größtenteils erhalten, dient heute aber mehr als Dorfteich denn als Mittel, unwillkommene Besucher auf Abstand zu halten.

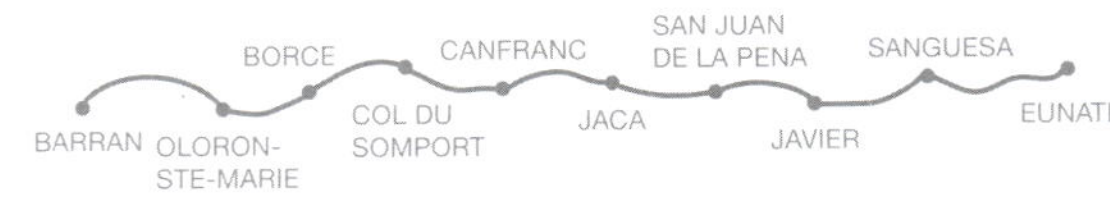

Oben: Oloron-Ste-Croix, der älteste Teil der Grenzstadt in den Pyrenäen, bot durch seine Lage auf dem Hügel Pilgern auf der Weiterreise nach Spanien einen einigermaßen sicheren Ort zum Ausruhen. Um die große romanische Kirche drängen sich mittelalterliche Fachwerkhäuser.

Rechts: Der Alltag in Dörfern wie Accous hat sich vermutlich durch die Jahrhunderte wenig verändert. Die täglichen Aufgaben des Ackerbaus und der Viehzucht im Tal des Gave d'Aspe sind nicht auf Mechanisierung angewiesen, obgleich manche Schäfer heute mit ihren Quads schneller herumkommen!

Von Oloron-Sainte-Marie folgt die Route dem Tal des Gave d'Aspe durch Dörfer, die durch kleine Landstraßen, alte Feldwege und Bergpfade verbunden sind. Das Tal erlebte heftige Diskussionen und Proteste vor dem Bau und der Eröffnung des 8,6 Kilometer langen Somport-Straßentunnels. Die Hauptstraße N 134 zwischen Pau und Zaragoza war als Teil des europäischen Fernstraßennetzes verbreitert und zur Europastraße E 7 aufgestuft worden, denn durch den Tunnelbau würde der freie Verkehrs- und Warenfluss im Winter durch Schnee weniger gefährdet. Umweltforscher, Naturkundige und Anwohner sorgten sich um Flora, Fauna und Menschen, die seit Jahrhunderten harmonisch in dem Tal existiert hatten. Der Tunnel wurde erst 2003 freigegeben, weshalb es für ein Urteil zu früh sein mag, aber einigen Dörfern entgeht nun durchreisende Kundschaft, da der Verkehr an den Gemeinden vorbeirauscht. Zum Glück haben Pilger vermutlich weder ihr Tempo noch ihr Bedürfnis nach Essen, Trinken und einem Bett für die Nacht über die Jahre verändert. Da viele Menschen in dieser Gegend Urlaub machen, haben die meisten Dörfer Übernachtungsmöglichkeiten, und in einigen gibt es auch Pilgerherbergen.

Ein solcher Ort ist hoch über dem Talboden Borce, das nicht nur für die Pilger von heute sorgt, sondern auch ein altes Hospital besitzt. Das Hôpital-St-Jacques wurde vor kurzem restauriert und befindet sich als einfaches Kulturmuseum am Dorfeingang. Eine noch größere Einrichtung war einst nahe dem Somport-Gipfel. Sta-Cristina, im »Pilgerführer« des 12. Jahrhunderts als eines der »drei Hospize der Welt« angeführt, wobei die anderen beiden Jerusalem sowie Mont-Joux auf dem Großen Sankt Bernhard, dem Alpenpass nach Rom, waren. Santa-Cristina ist heute leider nur noch ein Schutthaufen.

Pilger auf dem Weg zum Gipfel befürchten vielleicht schreckliche Mühsal, aber in Wirklichkeit besitzt der Col du Somport keineswegs den steilsten oder anstrengendsten Anstieg, der zwischen den Pyrenäen und Compostela zu bewältigen ist. Die alte Straße windet sich zum Somport hinauf und dann vorbei an verlassenen Grenzposten, die daran erinnern, dass Europäer heute Bewegungsfreiheit und Frieden für selbstverständlich halten, es aber viele Orte gibt, wo eine ähnliche, grenzüberschreitende Pilgerreise unmöglich gefahrlos durchzuführen wäre. Nach Überquerung der Grenze beginnt ein langer allmählicher Abstieg zum ersten größeren Rastplatz in Spanien, der

Rechts: Vom Col du Somport abwärts führt die Straße durch Canfranc, dessen großartiger, aber heute verlassener internationaler Bahnhof an die vom Unglück verfolgte Transpyrenäen-Linie erinnert. Sie nahm 1928 den Betrieb auf, wurde aber auf der französischen Seite nach dem katastrophalen Güterzugunglück von 1970 dauerhaft eingestellt.

Unten: Wo das Tal sich verengt und den letzten Aufstieg zum Col du Somport beginnt, verläuft die Route durch Borce. Am Eingang zum Dorf liegt das Hôpital-St-Jacques, ein restauriertes Pilgerhospital.

Stadt Jaca. Ihre Lage am Fuß des Somport-Passes machte sie zu einem strategisch wichtigen Einfallstor und bedeutenden Stützpunkt für Pilger. Die christliche Enklave im Gebirge schlug im 8. Jahrhundert mutig maurische Angriffe zurück und war ein bedeutendes Zentrum der Reconquista. Sie wurde 1035 Hauptstadt des unabhängigen Staates Aragón und blieb es, bis die Mauren 1096 aus Huesca vertrieben waren. Jaca ist nicht reich an bedeutender Architektur, aber was an Menge fehlt, wird sicherlich aufgewogen durch die Qualität der beiden wichtigsten Bauwerke.

Trotz des gegenwärtig wenig anziehenden Aussehens ist San Pedro, Spaniens älteste romanische Kathedrale, sowohl Inspiration als auch Vorbild für viele Kirchen gewesen, die am Camino Francés gebaut wurden, als er nach Galicien hin ausgedehnt wurde. Das Innere ist heute ein ziemlich ungeregeltes Gemisch aus gotischen und jüngeren Elementen, aber

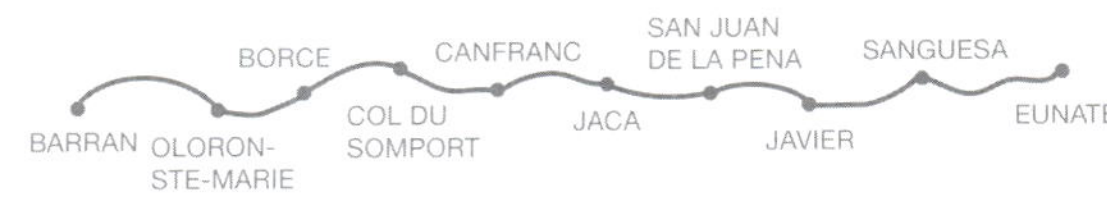

Links: Jacas große Zitadelle erinnert an die strategische Lage der Stadt am Fuß einer der leichteren Übergänge in den Pyrenäen.

Detailarbeit und Kunstfertigkeit der Kapitelle und anderer Schmuckelemente machen seinen wegbereitenden Bildhauern des 11. Jahrhunderts Ehre. Romanische Malereien, die aus mehreren Orten in den Pyrenäen geborgen wurden, befinden sich im Diözesanmuseum im Kreuzgang der Kathedrale. Zum Glück wurden die Wände kleiner ländlicher Kirchen, wenn sich der religiöse Geschmack oder künstlerische Einflüsse änderten, einfach übertüncht, wodurch die Fresken darunter erhalten blieben.

Ein Tympanon aus dem sehr frühen 12. Jahrhundert macht das Westportal der Kathedrale bemerkenswert. Es weist statt der üblichen Majestas Domini oder des Jüngsten Gerichts als altchristliches Motiv das Chi-Rho-Symbol auf, das sich von den beiden ersten Buchstaben des griechischen Wortes Christos herleitet. Das Beispiel in Jaca gilt als das älteste in Spanien. Später wurde es in anderen Kirchen entlang der Route kopiert, findet sich jedoch keineswegs ausschließlich an Pilgerkirchen.

In Stil und Funktion genaues Gegenteil dazu ist Jacas anderes berühmtes Bauwerk, die Zitadelle aus dem 16. und 17. Jahrhundert. König Philipp II. begann dieses sternförmige Fünfeck 1592 aus Furcht vor einer französischen Invasion, obgleich, wie so oft bei teuren und zeitaufwendigen Projekten, die Drohung schlimmer war als die Realität. Die Zitadelle ist ein ernst zu nehmendes Stück militärischer Architektur, in Stil und Bauweise den Befestigungen von Navarrenx an der Route von Le-Puy (siehe Kapitel 2) nicht unähnlich. Beide folgen italienischen Modellen, unterscheiden sich aber darin, dass Jacas Zitadelle frei steht, während die Bastion von Navarrenx die ganze Stadt umgibt.

Die Via Tolosana, hier Camino Aragonés genannt, durchquert recht einsam steiniges Gelände – ein Kontrast nach den langen Abschnitten ländlicher Stille auf der anderen Seite der Pyrenäen. Nur wenige landschaftliche und architektonische Merkmale sind besonders erwähnenswert, doch eine ganz erstaunliche Ausnahme ist das Kloster S. Juan de la Peña. Für Wanderer bedeutet der Besuch des Klosters einen langen, heißen, anstrengenden Abstecher von der Hauptstraße, aber jeder schmerzende Muskel wird bei der Ankunft sofort vergessen sein. S. Juan liegt einzigartig, teilweise geschützt unter einem wabenartig strukturierten Felsüberhang. Das Kloster hatte als ein Symbol des Christentums in den schlimmsten Zeiten der muslimischen Besetzung politische wie geistige Bedeutung. Es wurde von den Königen und Adligen

Unten: Unweit der Zitadelle liegt der Puente-de-San-Miguel, eine bemerkenswerte einbogige mittelalterliche Brücke, die Pilger sicher über die reißenden Wasser des Aragón brachte. Die Brücke wurde grundlegend restauriert, doch hätte man beim Verfugen ein wenig sorgfältiger arbeiten sollen!

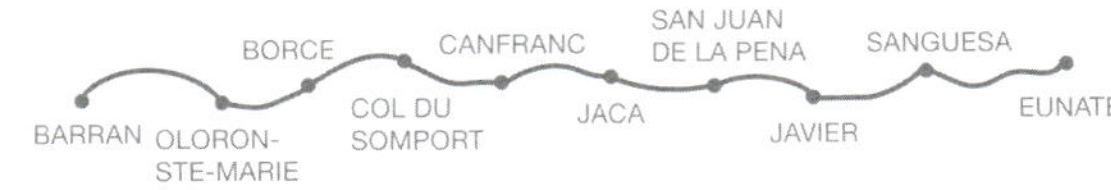

Oben links: Obgleich Teile der Kathedrale S. Pedro über die Jahrhunderte verändert wurden, sind viele der originalen romanischen Kapitelle um das Südportal unversehrt erhalten.

Oben Mitte: Auf dem ungewöhnlichen Tympanon des Hauptportals werden alte Chi-Rho-Monogramme von Löwen, Schlangen und einem Basilisken flankiert.

Oben rechts: 1063 an der Stelle einer früheren Gründung erbaut, gilt die Kathedrale S. Pedro als eines der wichtigsten religiösen Denkmäler der Pyrenäen.

von Aragón und Navarra zum Pantheon bestimmt und war das von der Außenwelt abgeschirmte Zentrum, von dem aus die frühen Etappen der Reconquista geplant wurden.

Tatsächlich gibt es ein oberes und ein unteres Kloster. Das obere wurde gebaut und bezogen, nachdem ein Brand das andere im 16. Jahrhundert schwer beschädigt hatte. Dieser ursprüngliche Komplex enthält beachtenswerte Elemente, die auf das 10. Jahrhundert zurückgehen. Ältester Teil, eine grob gearbeitete Krypta, ist einer der seltenen, erhaltenen mozarabischen Bauten dieser Region. Das Pantheon befindet sich in einem oberen Stockwerk, das auf die Terrasse mit dem Kreuzgang führt. Seine Säulen und Kapitelle stehen nicht nur im Freien unter einem gewaltigen Felsüberhang, sondern weisen auch einige der detailliertesten und ergreifendsten Darstellungen von Szenen aus dem Alten Testament und dem Leben Christi auf.

Wieder auf der Hauptstraße, weisen Schilder die Pilger zum Südrand des Embalse de Yesa, eines großen Reservoirs, das 1959 durch die Stauung des Aragón geschaffen wurde. Zahlreiche Dörfer mussten dafür aufgegeben werden und liegen noch, teilweise verfallen, an seinen Ufern, doch scheint man einige derzeit zu restaurieren. Das ganze Ereignis verursachte große Verbitterung und noch heute kann man den Zorn über die Art, wie das Tal entweiht wurde, an den bitteren Graffiti auf den Mauern der zerfallenden Häuser ablesen.

Ein anderer überlegenswerter Abstecher – weit weniger anstrengend als nach S. Juan – ist ein Besuch in Sos del Rey Católico, wo Ferdinand der Katholische 1452 geboren wurde. Das ganze Dorf ist ein stimmungsvolles Schatzkästchen mit gepflasterten Gassen, dunklen Durchgängen, einer Kirche mit Fresken des 14. Jahrhunderts in der Krypta und einem Bergfried, der eine Vogelschau auf die spektakuläre Umgebung erlaubt. Dazu kommen der elegante Palacio de los Sada, in dem der Monarch geboren wurde, der Spanien einte, und für alle, die weder in Eile noch knapp bei Kasse sind, ein luxuriöses Parador-Hotel.

Die Landschaft um den Embalse wechselt zwischen fruchtbarem Ackerland und Gestrüppflächen, die sich allen Versuchen der Kultivierung zu widersetzen scheinen. Ebenso beständig sind die hohen schroffen Felsen um den nördlichen Rand des gefluteten Tals.

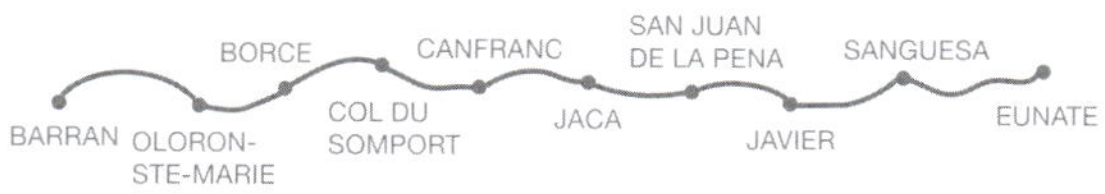

Diese strenge Kulisse bildet einen besonders passenden Rahmen für die monumentale Festungskirche und Burg Javier, wo 1506 San Francisco Javier geboren ist, der mit Ignacio de Loyola Gründungsmitglied der Gesellschaft Jesu (Jesuiten) war. Aus der Ferne sieht die Burg beeindruckender aus, als aus der Nähe, da der größte Teil der Anlage aus einem ruinösen Zustand zu einem Jesuitenkolleg und Wallfahrtsort restauriert wurde. Es gibt Führungen durch die Räume der Burg, von denen heute viele ein Museum sakraler Kunst sind und eine wunderbare Sammlung von Erinnerungen und Geschenken aus drei Jahrhunderten missionarischer Tätigkeit im fernen Osten präsentieren.

Ein für die Pilgerreise wichtigeres Bauwerk befindet sich in Sangüesa. Diese Stadt lag ursprünglich hoch in den Bergen und war geschützt vor den Mauren, bis die Wallfahrt richtig in Schwung kam und die Invasoren weiter nach Süden gedrängt wurden. Dann wurde sie an einen Übergang an den Ufern des Aragón verlegt und blühte als Handelszentrum und wichtiger Rastplatz am Pilgerweg auf, nachdem sie 1122 von Alfonso I. einen *Fuero* (Sonderrecht) erhalten hatte. Die Kirche Santa María la Real besitzt

Ganz oben: Das Kloster S. Juan de Peña wurde unter dem Überhang eines roten Sandsteinfelsens gebaut und enthält im Kreuzgang einige sehr schöne Kapitelle aus dem 12. Jahrhundert. Bemerkenswert ist die Qualität der Darstellung von Szenen wie der Auferweckung des Lazarus und des Engels, der Josef befiehlt, mit Jesus und Maria nach Ägypten zu fliehen.

Oben: Die monumentale Festungskirche und Burg Javier, Geburtsort von San Francisco Javier, dem Schutzheiligen von Navarra.

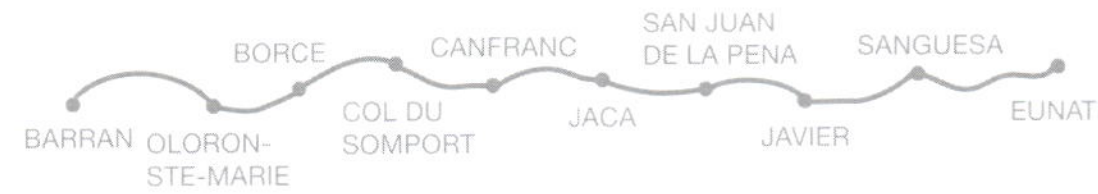

Links und unten: Das Portal von Sta. María la Real in Sangüesa wird von einer Vielzahl romanischer Skulpturen geschmückt. Obwohl die Fassade als Ganzes beeindruckt, springen einzelne Details, wie der erhängte Judas, besonders ins Auge.

eines der vielschichtigsten romanischen Portale mit fast zu vielen verwirrenden Details auf begrenztem Raum, um es richtig zu würdigen.

Auf den nächsten etwa 25 ziemlich anstrengenden Kilometern muss man den steilen Anstieg zum Alto-de-Olaz bewältigen. Vor der Ankunft in Puente la Reina kann man einen letzten architektonischen Schatz genießen, der gleichzeitig den Höhepunkt des Marsches von Arles darstellt. Inmitten von Feldern steht in einsamer Pracht die achteckige romanische Kapelle Sta. María de Eunate. Sie ist einer jener wunderbaren Bauten, deren Ursprung und Zweck geheimnisumwoben sind – es scheint viele Antworten zu geben, von denen jede richtig und falsch sein könnte. Mit dem achteckigen Grundriss könnte es eine Templerkirche sein, was die Konsolenskulpturen – Gestalten mit Turban und afrikanischen Zügen – vermuten lassen. Jedoch haben Ausgrabungen auch mehrere mit Jakobsmuscheln bestattete Leichen freigelegt. War Sta. María vielleicht nichts anderes als eine Grabkapelle und ein Bestattungsort für Pilger? Die frei stehende Arkade (oder Kreuzgang?) ist ein weiteres seltsam unerklärliches Merkmal. Obgleich heute Wind und Wetter ausgesetzt, dürfte sie früher überdacht gewesen sein, um Schutz zu bieten.

Nach weiteren drei Kilometern ist man in Puente la Reina, dem Ort, wo alle vier französischen Routen sich endlich zum Camino Francés vereinigen.

Rechts und gegenüber: Die abgelegene, achteckige Kapelle Sta. María de Eunate aus dem 12. Jahrhundert bildet einen optisch überwältigenden Höhepunkt der langen und oft anstrengenden Route von Arles her.

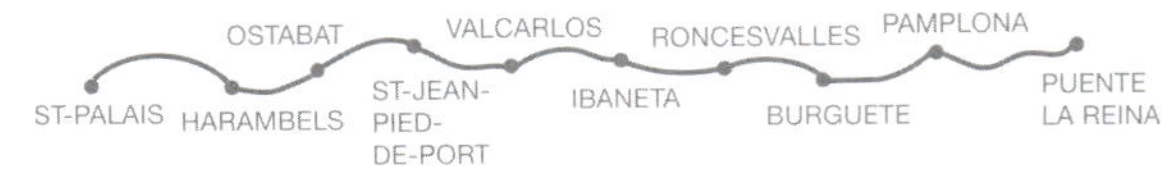

6

DURCH DIE PYRENÄEN NACH PUENTE LA REINA

Gegenüber: Die Buntglasfenster im ehemaligen Kapitelsaal des Klosters von Roncesvalles zeigen den Sieg von König Sancho VII. über die Mauren in der Schlacht von Las Navas de Tolosa im Jahr 1212.

Wo die französische Ebene zur spanischen Grenze hin an Weite immer mehr abnimmt und die Kette der Pyrenäen beginnt, sich am Horizont als gezackte Linie abzuzeichnen, nähern sich immer mehr die von Paris, Vézelay und Le Puy kommenden Pilgerwege. Die geografische Grenze des Gebirgszuges, der Frankreich von Spanien trennt, wirkt aus der Ferne noch harmlos, aber nicht anders dürfte auch eine Besteigung des Everest scheinen, wenn man ihn aus großer Ferne betrachtet. Glücklicherweise schuf die Natur für die Reisenden etliche Pässe zwischen den mächtigen, steil aufragenden Gipfeln der Pyrenäen. Neben dem Somport-Pass, den vor allem Pilger benutzen, die von und nach Arles reisen, führen die anderen Wege nach Spanien über den 40 Kilometer westlich gelegenen Pass von Puerto de Ibañeta.

Die Autobahn A 64, die die Atlantik- mit der Mittelmeerküste verbindet, verläuft fast parallel zu den Pyrenäen und könnte als eine zweite, inoffizielle Grenze gelten. Die sanft gewellten Weideflächen und fruchtbaren Äcker, die südlich der Autobahn bis an den Fuß der Pyrenäen reichen, sind baskisches Land. Es gehört zwar verwaltungsmäßig zu Frankreich, Kultur, Mentalität, Sitten, Gastronomie und Kleidung der Einwohner dieses Landstrichs haben aber weitaus mehr gemeinsam mit jenen, die jenseits der Pyrenäen auf spanischem Gebiet leben.

St. Palais, ein aufstrebendes Städtchen im Herzen des französischen Baskenlandes, unterscheidet sich heute kaum von ähnlichen Orten dieser Region. Einst spielte es aber eine wichtige Rolle als Zwischenstation auf dem Pilgerweg nach Santiago, dem eine Abteilung des örtlichen Museums gewidmet ist. Die bedeutendste Stätte findet sich jedoch etwa drei Kilometer südlich der Stadt zwischen Gehöften und einer Häusergruppe, die Teil des Weilers Hiriburia sind. Hier vereinigen sich die drei französischen Pilgerwege – die Via Turonensis, die Via Lemovicensis und die Via Podiensis. Daran erinnert der »Gibraltar« genannte Gedenkstein, eine diskusförmige Nachbildung eines mittelalterlichen Pilgergrabsteins.

Es ist ein ergreifendes Gefühl, wenn man auf dem Sockel dieses Mahnmals sitzt, inmitten völliger Stille, die nur durch das Kläffen eines Bauernhofhundes unterbrochen wird, und an die Scharen von Pilgern denkt, die hier auf diesem Pfad vor so vielen Jahrhunderten vorbeizogen. Auf dem Gedenkstein sind mehrere Orte genannt, darunter Ostabat-Asmé, das zur Blütezeit des Pilgerwesens wohl eine ausgebaute Infrastruktur mit Spitälern, Herbergen und Gasthäusern besaß, in denen bis zu 5000 Pilger untergebracht und versorgt werden konnten. Zur Reisezeit muss es hier recht chaotisch zugegangen sein mit Tausenden von Gläubigen aus aller Herren Länder, von denen

jeder demselben Ziel entgegenstrebte – nicht anders als heute auf einem internationalen Flughafen, wenn bei Flugausfällen die Reisenden in allen Sprachen versuchen, Auskünfte über den Weg zu ihrem Reiseziel zu erhalten.

Auch heute, im 21. Jahrhundert, nimmt der Sprachenwirrwarr wieder zu, denn die Zahl derjenigen, die nach Santiago aufbrechen, wächst von Jahr zu Jahr. Auch wenn die Bauwerke jener fernen Zeit allesamt längst verschwunden sind, Ostabat empfängt die Besucher herzlich und stellt ihnen Schlafunterkünfte zur Verfügung – und läuft wohl kaum Gefahr, dem Massentourismus zu verfallen.

Getreu dem Grundsatz, mehr Menschen bedeuteten auch mehr Sicherheit und seien daher auch besser vor Wegelagerern und Überfällen geschützt, sind die meisten Pilger wohl in mehr oder weniger großen Gruppen gereist. In Anbetracht des Zweckes ihrer Reise dürften nur die wenigsten Wert auf äußere Zeichen von Wohlstand gelegt haben und diese auch kaum mitgeführt haben.

Oben: Vor dem Eingang zu einem Bauerngehöft und in unmittelbarer Nachbarschaft zu einigen moderneren Häusern steht auf einer winzigen Grünfläche die Stele von Gibraltar, die diskusförmige Nachbildung eines mittelalterlichen Pilgergrabsteins. Der Gedenkstein markiert die Stelle, an der sich drei Pilgerrouten vereinigen.

Oben rechts: Die letzten Meter der Via Podiensis von Le Puy folgen einem unbefestigten Landweg, bis dieser mit den anderen beiden französischen Pilgerrouten beim Weiler Hiriburia, unweit von St. Palais, zusammentrifft.

Rechts: Auch wenn einige Pilger den Stein von Gibraltar auf geteerten Wegen erreicht haben, müssen alle auf einem ausgetretenen Landweg weiterwandern, der nach einem Anstieg zur Chapelle de Soyarza führt. Sie ist bei Pilgern ein beliebter Rastplatz, von dem aus sich bei Schönwetter ein herrlicher Ausblick auf die Berge bietet.

Nachdem sich die Pilger gestärkt hatten, ihre Wunden und Krankheiten in den Spitälern durch die Mönche behandelt waren und sie in einer Messe ihre seelischen Kräfte regeneriert hatten, blickten sie von Ostabats leicht erhöhter Lage zur fernen Gebirgskette und machten sich auf den Weg. Durch eine überraschend flache Landschaft mit winzigen Weilern und Dörfern wie Aphat-Ospital – dessen Name heute an seine einstige Rolle auf dem Pilgerweg erinnert – näherten sie sich den Pyrenäen.

St-Jean-Pied-de-Port (wörtlich: »Heiliger Johannes am Fuß des Passes«), die ehemalige Hauptstadt von Basse-Navarre, hat seine einstige Bedeutung als Zwischenstation für nicht-spanische Pilger bis auf den heutigen Tag beibehalten. Trotz ihres Aufstiegs zum Touristenzentrum besitzt die mittelalterliche Altstadt mit ihren roten Sandsteingebäuden und den kopfsteingepflasterten, verwinkelten Gassen noch ihren einstigen Charme. Wer das wahre Gesicht des Ortes kennen lernen möchte, sollte jedoch außerhalb der Hauptsaison anreisen, wenn viele der Souvenirläden

Oben rechts: Im entlegenen Weiler Harambels stand einst ein Pilgerhospital. Es gibt noch eine idyllische Kapelle, die sich allerdings in Privatbesitz befindet und nur selten geöffnet ist.

Unten und rechts: Ostabat, im Mittelalter noch eine bedeutende Zwischenstation für die Jakobspilger, ist heute ein stiller, verschlafener Ort mit einer einzigen Kirche.

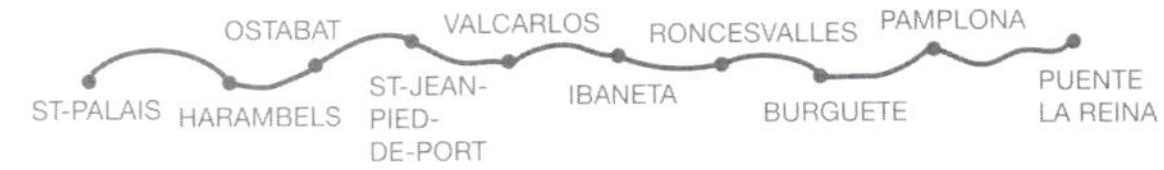

Rechts: Im Vorland der Pyrenäen gelegen, war Saint-Jean-Pied-de-Port – und blieb bis heute – ein wichtiger Ort, an dem sich die Pilger sammelten. Den Ort überragt eine mächtige Festung, die von Vauban im 17. Jahrhundert ausgebaut wurde und von deren Mauern man einen herrlichen Ausblick auf die Stadt und die Ausläufer der Pyrenäen genießt.

Unten: Im Mittelalter wurde in Saint-Jean-Pied-de-Port streng auf die Einhaltung von Ordnung und Gesetz geachtet. Wer es wagte, gutgläubige Pilger übers Ohr zu hauen, fand sich schnell im düsteren Gefängnis wieder.

geschlossen sind und die Stadt nicht mehr von Touristenscharen belagert wird. Den ältesten Teil von St. Jean beherrschen die wuchtigen Mauern der Festung und die beiden Stadttore Porte Saint Jacques und Porte d'Espagne, durch die die Pilger den Ort betraten oder verließen. Im 13. Jahrhundert von König Sancho VII. (1194–1234) errichtet, trotzte die Festung den Angriffen der Mauren und des spanischen Heeres.

Pilger auf dem Weg nach Roncesvalles können in St-Jean-Pied-de-Port zwischen zwei Routen wählen, um nach Spanien zu gelangen: die Route Napoleon über den Col de Bentarte oder den modernen, geteerten Weg, der sich durch Buchenwälder zum Grenzort Valcarlos hochwindet. Beide sind ähnlich lang, auch wenn die 26 Kilometer des Gebirgspfades den Wanderern doppelt so lange erscheinen, vor allem wenn sie das Pech haben, von starkem Wind und dem oft plötzlich einsetzenden Schlechtwetter begleitet zu werden. Die Route Napoleon trägt zwar den Namen des französischen Kaisers, der hier mit seinem Heer vorbeizog, Napoleon war jedoch sicherlich nicht der Erste, der diesen Pass im Westen der Pyrenäen benutzte, sondern er folgte den Spuren von Pilgern, Kaufleuten und Soldaten früherer Jahrhunderte.

Rechts: Gesäumt von ehrwürdigen Steinhäusern, windet sich die mit Kopfstein gepflasterte Rue de la Citadelle steil bergauf. In viele der Fassaden ist ein roter Sandstein eingelassen, der auf die Erbauung im 16. Jahrhundert hinweist. An anderen findet sich eine Jakobsmuschel, die sie als Pensionen für die Pilger auf dem Weg nach Santiago de Compostela ausweist.

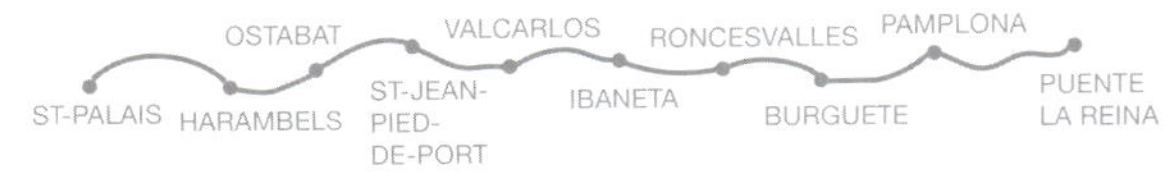

Ganz oben: Die Route Napoleon verläuft zunächst durch üppiges Weideland, bevor sie in unwirtlicheres Gelände aufsteigt.

Oben: Eine an einem Pfahl befestigte Jakobsmuschel dient als Orientierungshilfe und bestätigt, dass man nicht vom Pilgerweg abgekommen ist.

Pilger, die aus ganz Europa nach Santiago aufbrachen, wanderten weitgehend auf den bestehenden römischen Straßen, wie etwa der Via Traiana, die sogar das ganze Mittelalter über noch benutzt wurde. Ursprünglich wohl als Verbindung zwischen dem französischen Hafen Bordeaux und den wichtigen Goldbergwerken westlich von Leon bei Astorga gedacht, nahm die Via Traiana sicherlich die Mehrheit der Pilger auf, die zum Schrein des Heiligen Jakob zogen oder von dort zurückkehrten. Vermutlich folgen nur die wenigsten der heutigen Wallfahrer derselben Strecke auch wieder zurück. Die bequemen Flugreisen lassen heute nur allzu oft vergessen, dass die Pilger des Mittelalters diese beschwerliche Route auch auf dem Rückweg in Kauf nehmen mussten.

Wer von St-Jean-Pied-du-Port die Wallfahrt über die Route Napoleon fortsetzen will, aber körperlich nicht besonders fit ist, für den wird der erste Abschnitt zugleich der schwierigste körperliche und geistige Test, denn der geteerte Weg windet sich steil und stetig immer höher. Stellenweise flacht die Steigung zwar etwas ab, doch ist der Aufstieg zur spanischen Grenze nicht der richtige Ort, um zu entdecken, dass die neuen Wanderschuhe doch nicht so gut passen wie bei der Anprobe im Schuhgeschäft. Mit zunehmender Höhe wird die Mühsal des Aufstiegs immer öfter mit überwältigenden Panoramaaussichten auf das bergige Vorland entschädigt, während sich alle paar hundert Meter die Landschaft verändert und sich bislang verborgene Täler den Blicken öffnen.

Obwohl der Weg stellenweise kahl und ungeschützt ist, waren es gerade diese Eigenschaften, weshalb ihn Pilger und andere Reisende bevorzugten. Auf diese Weise waren sie besser geschützt vor möglichen Wegelagerern, denen sich kein natürliches Versteck bot, um die ahnungslosen Reisenden zu überraschen. Dies traf jedoch nicht auf die Route zu, die von Arneguy auf französischer Seite nach Valcarlos in Spanien führt. Zugunsten dieses Weges sprachen, dass er sanfter anstieg und vor allem vor Schlechtwetter besser schützte. Aber in den oft raueren Zeiten des Mittelalters bestand die Gefahr, dass die Pilger, die dieser Talroute folgten, nicht ungeschoren mit ihren wenigen Habseligkeiten in Roncevalles ankamen.

Auf der Teerstraße geht es durch Valcarlos weiter bergauf nach Puerto de Ibañeta, wo man auf den Weg stößt, der vom Col de Bentarte hinabführt. Eine kleine, grasbewachsene Fläche und ein Parkplatz markieren die höchste Stelle der Passstraße, die hier bis auf 1300 Meter ansteigt. Die Straße säumen eine moderne

Oben: Das Rolandsdenkmal auf dem höchsten Punkt des Puerto de Ibañeta erinnert an den heldenhaften Widerstand von Roland, der als Anführer der Nachhut von Karl dem Großen am 15.8.778 in der Schlacht von Roncesvalles den Tod fand.

Kapelle und eine wettergebleichte Hütte, während einige Dutzend Meter abseits auf einer kleinen Anhöhe ein Sockel aus zwei Steinplatten ein Mahnmal aus grob behauenem Stein trägt. Es erinnert an Roland, um dessen Tod im Tal Roncesvalles eine der bekanntesten Legenden entstand. Zwar hat die Rolandssage einen geschichtlichen Hintergrund, doch im Rolandslied, dem *Chanson de Roland*, wird der Tod des Helden zu einem Beispiel von ritterlichem Heldentum und Opferbereitschaft.

Karl der Große unternahm in seinem Bestreben, seine Herrschaft über das gesamte Abendland auszudehnen, auch Feldzüge gegen die Mauren. Nachdem er gegen diese einen glänzenden Sieg errungen hatte, kam es auf seinem Weg zurück nach Frankreich am 15. August 778 zu jenem denkwürdigen Ereignis, das im Mittelpunkt des Rolandsliedes steht. Roland, Graf der Bretonischen Mark, deckte den Rückzug des Heeres von Karl dem Großen, als er mit seiner Nachhut im Tal von Roncesvalles in einen Hinterhalt geriet und im Kampf gegen die Basken fiel. Dies war die Rache der Navarresen dafür, dass Karl der Große zuvor Pamplona geplündert hatte. Wo genau diese

Oben rechts: Der Ort Valcarlos erstreckt sich entlang der Straße, die St-Jean-Pied-de-Port mit Roncesvalles verbindet, und ist der erste Ort in Spanien auf dem Jakobsweg. Seit dem Wegfall der Grenzkontrollen verschwand in Valcarlos auch die für eine Grenzstadt typische Atmosphäre.

Rechts: Die Aussicht auf die Hügel und Bergkämme, zwischen denen die Route Napoleon verläuft, lässt erkennen, dass man sie nur bei Schönwetter begehen sollte, denn schnell wechselnde Witterungsverhältnisse können eine Wanderung auf der Route Napoleon zu einem gefährlichen Unternehmen machen.

Unten: In Roncesvalles entstand das älteste große Pilgerhospital auf dem spanischen Abschnitt des Jakobswegs. Es ersetzte ein älteres Kloster und Hospital, die auf dem höher gelegenen Ibañeta-Pass errichtet worden waren. Der Bischof von Pamplona, Sancho de Larrosa, legte 1127 den Grundstein der neuen Stiftskirche, aber erst 1219 konnte der gotische Bau der Real Colegiata eingeweiht werden.

Schlacht stattfand, ist nicht bekannt, es dürfte aber in der Gegend um Valcarlos gewesen sein – der Namensteil »carlos« bezieht sich auf Karl den Großen – oder in einem der benachbarten Täler.

Das Jahrhunderte später entstandene Heldenepos verklärte dieses Ereignis. Die baskischen Gegner Rolands erscheinen darin als sarazenische Heiden, und Roland lehnt es ab, in sein mächtiges Horn »Olifant« zu stoßen, um Karls Hilfe herbeizurufen. Erst als alle seine Männer erschlagen sind, bläst er, selbst tödlich verwundet, ins Horn, doch kommt jede Hilfe zu spät. Zumindest wird ihm und seinen Kriegern eine christliche Beisetzung zuteil. Roland wurde so für all jene, die an den Kreuzzügen und an der spanischen Reconquista teilnahmen, zum nachahmenswerten, tugendhaften Vorbild eines christlichen Ritters. Wo auch immer das Ereignis stattfand, die Berichte über den Tod Rolands förderten das Pilgerwesen entlang dieses Passes nach Roncesvalles.

Auf der Passhöhe standen ursprünglich ein Kloster, ein Pilgerhospital und eine Kapelle. Wegen der rauen Witterungsverhältnisse, die hier über weite Teile des Jahres herrschen und die Gebäude schnell schädigen, wurden diese um 1132 in das tiefer gelegene, geschütztere Roncesvalles verlegt. Das Augustinerkloster und die umliegenden Häuser, die heute zu Roncesvalles gehören, präsentieren sich als eindruckvoller Baukomplex aus hell glänzendem Sandstein. Die mächtige Kollegiatskirche Sta. Maria, eine der frühesten und schönsten gotischen Bauwerke Spaniens, wurde an der Stelle eines älteren Gotteshauses errichtet und 1219 durch Sancho VII., König von Navarra, eingeweiht. Den ursprünglich romanischen Klosterbau zerstörte im frühen 17. Jahrhundert ein ungewöhnlich heftiger Schneesturm, der das Dach zum Einsturz brachte.

Erhalten blieb der überraschend hohe, vornehme Kapitelsaal, die spätere Kapelle S. Augustin, in der König Sancho VII. und dessen Gemahlin Clemencia beigesetzt sind. Den aus hellem Sandstein gefertigten Sarkophag des Königs schmückt eine bemerkenswerte, angeblich lebensgroße Skulptur des Monarchen, die rund 2,25 Meter misst! An sonnigen Tagen wird das Innere der Kapelle in warmes Licht getaucht, das durch ein riesiges, modernes Buntglasfenster eindringt, welches Sanchos größten militärischen Triumph zeigt: seinen Sieg bei Las Navas de Tolosa im Jahr 1212. Sein Heer war Teil einer größeren christlichen Streitmacht, und der Sieg über die muslimischen Mauren bedeutete einen Meilenstein in der spanischen

Reconquista. Die im Mausoleum von Sancho VII. ausgestellten Ketten brachte der König als Trophäe aus der Schlacht mit: Der maurische Heerführer, Kalif Mohammed al Nasir, hatte sein Lager mit aneinander geketteten christlichen Sklaven umgeben, die ihn als lebender Schild schützen sollten. Sancho VII. aber gelang es, diese Kette zu durchbrechen und seinen Gegner zu besiegen.

Zum Komplex von Roncesvalles gehört auch die kleine Kirche Santiago, deren romanische Wände ein gotisches Gewölbe tragen und die im 17. Jahrhundert neu erbaut wurde. Ihre Glocke stammt aus der Kapelle von Ibañeta und sollte mit ihrem Geläut den Pilgern den Weg durch den dichten Nebel und die tief hängenden Wolken weisen, welche die Passstraße oft einhüllten.

In unmittelbarer Nähe zur Kirche steht das älteste noch erhaltene Bauwerk von Roncesvalles: die Kapelle Sancti Spiritus, auch als »Silo de Carlomagno« bekannt. Ihr Äußeres erfuhr im Laufe der Zeit mehrere Veränderungen. Die aus dem 12. Jahrhundert stammende Gräberhalle barg die Gebeine von Pilgern, die hier auf dem Weg nach Santiago gestorben waren. Der Legende nach sollen hier auch die Ritter Karls des Großen beigesetzt sein, die zusammen mit Roland den Tod in der Schlacht von Roncesvalles fanden. Die von den Augustinern gegründete Pilgerherberge war die erste ihrer Art entlang dem Camino Francés und verdankte ihre Blüte den Landschenkungen und anderen Spenden, mit denen sie von großzügigen Gönnern bedacht wurde. Wer über die Schwelle dieser Herberge schritt, dem wurden beste körperliche Fürsorge und seelischer Beistand zuteil. Die Pilger, die hier auf ihrem beschwerlichen Weg eine wohlverdiente Rast einlegten, werden sicherlich ein Lob- und Dankeslied angestimmt haben. Am Ortsausgang von Roncesvalles steht ein Pilgerkreuz aus dem 14. Jahrhundert in der Art, wie es einem auf dem weiteren Verlauf des Jakobswegs durch Spanien noch häufig begegnen wird.

Die Straße windet sich gemächlich bis Burguete, einem stillen, schmucken und blitzsauberen Dorf, von dem auch der Schriftsteller Ernest Hemingway schwärmte. Er logierte hier im Hostal Burguete, das ihm Anregung bot für den 1926 erschienenen Roman »Fiesta«, in dessen Mittelpunkt das Fest in Pamplona mit seinem Stiertreiben am Tag des heiligen Fermin steht. Das Hotel stellt seinen Bezug zu Hemingway nicht sonderlich zur Schau, auch wenn es einige Erin-

Oben: Der Sarkophag des 1234 verstorbenen Königs von Navarra, Sancho VII., befindet sich im ehemaligen Kapitelsaal des Klosters von Roncesvalles. Der Monarch war ein bedeutender Förderer des Pilgerwesens und kämpfte mehrfach gegen die Mauren.

Rechts: Die winzige Kirche Santiago diente bis ins 13. Jahrhundert als Pfarrkirche und steht in unmittelbarer Nähe zur Kapelle Sancti Spiritus, dem ältesten Baudenkmal von Roncesvalles, die auch als »Silo de Charlemagne« bekannt ist.

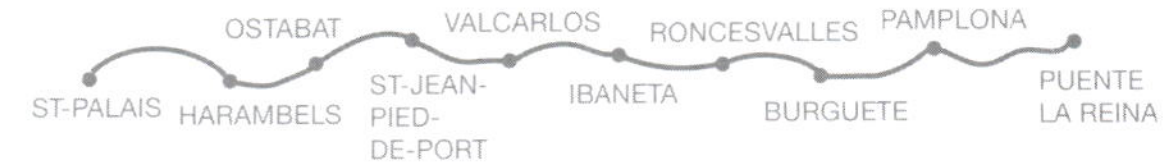

nerungsstücke an ihn besitzt, darunter das Klavier, an dem einer der Romanhelden spielte und das heute in einer Ecke des Speiseraums schlummert.

Von den tiefer liegenden Hängen des Puerto de Ibañeta an säumen Buchenbestände und Haine die Pilgerroute. Auch wenn Bäume nicht gerade ideale Weggefährten sind, so erweisen sie sich dennoch als überaus willkommene Begleiter, wobei die Buchen zu jeder Jahreszeit zweifellos die angenehmsten sind. Ihre schlanke Silhouette wirkt wie das Werk eines Bildhauers, und die Farben ihres Laubes erfreuen vom Frühling bis in den Herbst das Auge. Auf ihrem Abstieg von dem über 700 Jahre alten Dorf El Espinal zum Pass Metzkiritz durchwandern die Pilger die vermutlich letzten Buchenwälder auf ihrem weiteren Weg quer durch Spanien bis Santiago.

Die von Frankreich kommende Pilgerstraße verläuft nun einige Kilometer lang parallel zum Fluss Arga und mündet dann in die äußere Ringstraße, die um Pamplona herumführt. Angesichts des dichten Verkehrsstroms entlang endloser Hochhaussiedlungen, die sich sternförmig vom Stadtzentrum erstrecken, fällt es dem Besucher schwer, hier historische Zeugnisse des mittelalterlichen Pilgerwesens zu entdecken.

Pamplonas strategisch wichtige Lage nutzten bereits die Basken, die sich hier als Erste niederließen. Im Jahr 75 vor Christus errichteten die Römer an derselben Stelle ein befestigtes Lager, das der römische Feldherr Gnaeus Pompeius Magnus keineswegs bescheiden Pompaelo nannte. Nach Überquerung der Pyrenäen war Pamplona im Mittelalter für die Pilger die erste große Zwischenstation entlang dem Jakobsweg. Hier rasteten sie, versorgten sich mit Proviant für den weiteren Weg oder sie erkundeten – gewissermaßen als erste Touristen – das ihnen fremde Spanien. Das Pilgerethos erwies sich für die Pilger ebenso wie für die Stadtbevölkerung als vorteilhaft: Erstere waren auf die Großzügigkeit und Hilfsbereitschaft der Bewohner Pamplonas angewiesen. Diese waren ihrerseits überzeugt, dass ihnen ihr Großmut und ihre Barmherzigkeit sowohl in diesem Leben als auch nach ihrem Tod im Jenseits Ruhm und Ehre einbringen würden.

Oben: Unmittelbar am Ortsausgang von Roncevalles begegnet dem Wanderer ein im 14. Jahrhundert errichtetes Pilgerkreuz, das erste der zahlreichen Pilgerkreuze, die den weiteren Jakobsweg säumen.

Rechts: Burguete, knapp drei Kilometer entfernt von Roncesvalles, verdankte seine Entwicklung im Mittelalter dem Pilgerwesen. Nicht zufällig waren es gerade die Schuster und Schuhmacher, die am meisten vom wachsenden Pilgerstrom profitierten.

Rechts: Der Abstieg nach Pamplona führt immer wieder durch dichte Buchenwälder, die zu jeder Jahreszeit das Auge des Wanderers erfreuen.

Pamplona unterschied sich von anderen Städten und größeren Dörfern entlang dem Pilgerweg, die ihre Blüte dem Pilgerwesen verdankten. Anstatt einer Hauptstraße, entlang der sich das ganze Treiben abspielte, besaß Pamplona mehrere Bezirke, die im Mittelalter von unterschiedlichen ethnischen oder religiösen Gemeinschaften besiedelt waren. So gab es ein Basken-, ein Juden- und ein Franzosenviertel sowie ein viertes, in dem sich das gesamte Leben um das Pilgerwesen dreht. Offensichtlich wurden damals andere religiöse Überzeugungen oder eine andere ethnische Zugehörigkeit nicht toleriert, da sich jedes der Viertel mit hohen Mauern (*barrios*) umgab. Konflikte, Kämpfe, Brandlegungen und Vernichtung von Eigentum waren etwas Alltägliches. Sie erklären vielleicht auch, weshalb diese uralte Stadt bis heute nur so wenige Zeugnisse ihrer Vergangenheit bewahren konnte.

Die ursprünglich romanische Kathedrale zerfiel 1390 – wenn auch nicht durch menschliche Gewalteinwirkung – und nur wenige Jahre später wurde mit dem Bau der gotischen Kathedrale begonnen, die heute noch steht. Zwar beeindruckt die Kirche auch aus der Ferne, es sind aber die Details, die in Erinnerung bleiben. Vor allem der Kreuzgang und die kunstvoll gestalteten Alabastersarkophage von König Karl III. und dessen Gemahlin Leonor de Castilla können hier beeindrucken. Auch die anderen Kirchen in der Altstadt sind sehenswert, doch scheinen viele unter den damaligen stadtinternen Konflikten gelitten zu haben und wurden später teilweise in einem anderen als dem Originalstil befestigt oder umgebaut.

Mit Pamplona (baskisch Iruñea bzw. Iruña) untrennbar verbunden sind der Stierlauf und die Fiesta. Die alljährlichen Sanfermines dauern vom 6. Juli bis 14. Juli und finden zu Ehren des Schutzpatrons von Pamplona, Firmin dem Älteren von Amiens, statt. Dazu wird San Fermín aus seiner Kapelle in der Kirche San Lorenzo in einer farbenprächtigen Prozession an die Kirche San Cernín vorbei zum Dom und dann wieder zur Kirche San Lorenzo überführt. Als Pilger oder gewöhnlicher Reisender sollte man die Stadt dann jedoch möglichst meiden, denn für Unterkünfte wird in diesem Zeitraum das Dreifache verlangt, wenn die meisten Zimmer nicht bereits schon Monate im Voraus ausgebucht sind.

Rechts: Von der einstigen strategischen Bedeutung der Stadt Pamplona zeugen noch die Überreste der mächtigen Wehranlagen. Sie stammen überwiegend aus dem 16. Jahrhundert, obwohl die sternförmige Festung erst hundert Jahre später unter dem französischen Militärbaumeister Vauban fertig gestellt wurde.

Unten rechts: Die heutige gotische Kathedrale, mit deren Bau 1390 begonnen wurde, ersetzt eine ältere romanische Kirche aus dem frühen 12. Jahrhundert. Die klassizistisch strenge Fassade sowie die beiden 50 Meter hohen Türme entstanden 1783 und bilden einen wirkungsvollen Kontrast zum zierlichen gotischen Inneren.

Gegenüber: Pamplona bei Sonnenuntergang mit den beiden Türmen der Kathedrale

Unten: Eine moderne Bronzestatue markiert die Stelle, an der sich die vier französischen Pilgerrouten vereinigen.

Weltweit bekannter ist der Stierlauf, der *encierro*, bei dem morgens um Punkt acht Uhr sechs Kampfstiere durch die engen Gassen zu der weniger als einen Kilometer entfernten Stierkampfarena der Stadt getrieben werden. Junge Männer sehen es dabei als besondere Mutprobe an, eine möglichst lange Strecke neben einem der Stiere herzulaufen, ohne zu Schaden zu kommen. So wie es sensationshungrige Zuschauer gibt, die die Formel-1-Rennen in Erwartung eines spektakulären Crashs verfolgen, so versammeln sich zahlreiche Schaulustige entlang den Straßen, um zu sehen, wie die Männer von den erregten Stieren auf die Hörner genommen werden. Der amerikanische Schriftsteller Ernest Hemingway aber war von Pamplona nicht zuletzt wegen dieser Stierläufe fasziniert und hat der Stadt in seinem Roman *Fiesta* ein Denkmal gesetzt.

Die drei französischen Pilgerrouten, die sich vor St. Palais vereinen, treffen am Stadtrand von Puente la Reina mit dem von Arles kommenden Pilgerweg zusammen und bilden nunmehr ein Quartett. Diese

Oben: Die Iglesia del Crucifijo in Puente-la-Reina war ursprünglich eine im 12. Jahrhundert vom Templerorden errichtete romanische Kirche mit einem angegliederten Hospiz für die Jakobspilger.

Stelle wird durch die Bronzestatue eines recht schwungvoll und frisch wirkenden heiligen Jakob markiert, die hier im Heiligen Jahr 1965 aufgestellt wurde. Angesichts ihrer exponierten Lage inmitten einer viel befahrenen Kreuzung ist es bemerkenswert, dass sie bis heute unversehrt blieb.

Puente la Reina zählt unzweifelhaft zu den stimmungsvollsten Orten, die man entlang dem Camino Francés durchwandert. Die Stadt erhielt ihren Namen von der sechsbogigen romanischen und sehr elegant wirkenden Brücke. Diese wurde im 11. Jahrhundert im Auftrag von Doña Mayor, der Gemahlin von Sancho III., dem König von Navarra, errichtet, um den Pilgern die Überquerung des Rio Arga zu erleichtern. Mit den Pilgerscharen wuchs auch die Stadt, die sich beidseitig der Ufer immer weiter ausbreitete. Obwohl sich die Stadt in moderner Zeit weiter entwickelt hat, ist die Altstadt mit der historischen Hauptstraße, der Calle Mayor, erhalten geblieben. Sie wird zu beiden Seiten von Adelspalästen aus dem 15. und 16. Jahrhundert gesäumt, von denen jeder das Familienwappen seines einstigen Besitzers trägt.

An einem Ende führt die Calle Mayor zur Iglesia del Crucifijo, die einst vom Templerorden gegründet wurde. Die Kirche verbindet ein romanisches Portal mit dem danebenliegenden Kloster, das an der Stelle eines Samariterhospizes errichtet wurde. Der Klosterkomplex zählt nicht nur dank seiner Kirche zu den sehenswertesten Bauwerken von Puente la Reina. Auch sein Brunnen, an dem sich die Pilger waschen konnten, und die Pilgerherberge, die an die fast 900-jährige Tradition des Pilgerwesens erinnert, vervollständigen den Eindruck des Komplexes.

Der Rückweg auf der Calle Mayor zu Brücke und Fluss wird nur ein einziges Mal von der Hauptstraße gekreuzt. Obwohl das Warenangebot der Läden sowie die Bars und Restaurants die traditionsreiche Straße heute anders aussehen lassen, kann sich der Reisende immer noch ein Bild davon machen, wie ein Pilgerzentrum einst ausgesehen haben muss.

Ein vornehmer barocker Turm, der die dicht gedrängten Bürgerhäuser überragt, täuscht über das wahre Alter der Kirche Santiago hinweg: Sie wurde ursprünglich im frühen 12. Jahrhundert im romanischen Stil erbaut, im 15. Jahrhundert erfolgte aber ihr Umbau im Stil der Gotik. An den romanischen Bau erinnert das Portal mit prachtvollen Skulpturen. Für Pilger besonders ergreifend ist die aus dem 14. Jahr-

hundert stammende Holzstatue des Santiago Pelegrino mit Stab und Muschel im Innenraum: Sie zeigt einen für den Pilgerweg bereiten Heiligen, von dem eine besondere Ausstrahlung ausgeht.

Das letzte besuchenswerte Gotteshaus an der Calle Mayor ist die im 13. Jahrhundert erbaute, romanische Pfarrkirche S. Pedro. Im Inneren fällt die barocke, reich geschnitzte Altartafel auf, wie man sie so oft in spanischen Kirchen bewundern kann. Aus ästhetischer Sicht mag man es bedauern, dass die Flussufer zu beiden Seiten der Brücke aus der Zeit von Doña Mayor verbaut wurden, denn dieses architektonische Kleinod hätte eine vornehme Isoliertheit verdient. Nachdem die Menschen aber nun einmal ein Dach über dem Kopf brauchen, kann man sich unschwer vorstellen, welche herrliche Aussicht sich den Anwohnern allmorgendlich bietet, wenn sie die Fensterläden öffnen, und ihr Blick auf die anmutige Brücke mit ihren sechs Bogen fällt. Die schönste Aussicht auf dieses Baudenkmal bietet sich von der modernen Brücke der Hauptverkehrsstraße aus. Und für all jene, die nach Estella und Burgos aufbrechen wollen, kann es wohl keinen stimmungsvolleren Start geben als diese uralte Brücke.

Oben rechts: Der Name der Stadt (»Königinbrücke«) geht auf die elegante, sechsbogige, romanische Brücke zurück, die im 11. Jahrhundert auf Anordnung von Doña Mayor, der Gemahlin des navarresischen Königs Sancho III. erbaut wurde, um den Pilgern die Überquerung des Flusses Arga zu erleichtern.

Oben links: Die Calle Mayor in Puente la Reina verläuft schnurgerade von der Iglesia del Crucifijo bis zur berühmten Brücke über den Arga. Die Stadt veranschaulicht besonders deutlich, wie im Mittelalter ein Ort ausgesehen haben muss, der seine gesamte Entwicklung und Blüte dem Pilgerwesen verdankte.

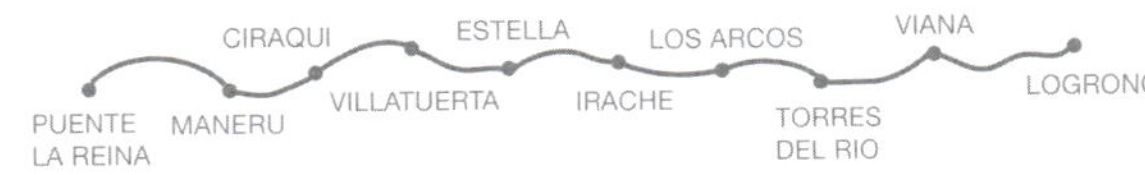

7

VON PUENTE LA REINA NACH BURGOS

Unten: Das Wegkreuz außerhalb von Mañeru stammt aus dem 16. Jahrhundert, sein Stil dürfte sich von dem Vorgänger kaum unterscheiden.

Unten rechts: Die klassizistische, im späten 18. Jahrhundert erbaute Kirche San Pedro in Mañeru ersetzt ein älteres frühgotisches Gotteshaus, das ursprünglich dem Ritterlichen Orden des St. Johannis vom Spital zu Jerusalem (Johanniterorden) gehörte.

Der rund 180 Kilometer lange Abschnitt zwischen Puente la Reina und Burgos führt durch einige der malerischsten Landschaften des Jakobswegs überhaupt. Gleichzeitig bewahren zahlreiche Städte und Dörfer, die ihre Entwicklung dem Pilgerwesen verdanken, bemerkenswerte Denkmäler sakraler Baukunst aus unterschiedlichsten Epochen.

Der erste Ort, den man nach Verlassen von Puente la Reina erreicht, ist Mañeru, das ein kunstvolles Wegkreuz aus dem 16. Jahrhundert ankündigt. Der Ort ist für seine stattlichen Adelsresidenzen bekannt, die aus dem 16. Jahrhundert oder später stammen und deren Fassaden mit den Familienwappen der einstigen Besitzer geschmückt sind. Auch Mañerus Geschichte ist eng mit dem Pilgerwesen verbunden: Es befand sich einst im Besitz der Ordensgemeinschaft der Hospitaliter, die als Ritterlicher Orden des St. Johannis vom Spital zu Jerusalem (Johanniterorden) als Kennzeichen das schwarz-weiße Malteserkreuz hatten, welches von den Angehörigen bis auf den heutigen Tag getragen wird. Mitte des 15. Jahrhunderts gründete der Orden in Puente la Reina sein eigenes Pilgerhospital, dem er später seine Liegenschaften aus Mañeru vermachte und das auf diese Weise die Früchte der hier betriebenen Landwirtschaft ernten konnte.

Hinter Mañeru durchquert die Landstraße offenes Gelände, und bald schon zeichnen sich auf einer Anhöhe die ersten weiß getünchten Häuser des Dorfes Cirauqui ab, das man eher in südlicheren Regionen Spaniens erwarten würde. Der Gegensatz zwischen den aus der Ferne im Licht schimmernden Gebäuden und der Stimmung im Ort selbst könnte größer nicht sein, da man im Dorf sofort von einer düsteren Stimmung eingefangen wird.

Es empfiehlt sich, Cirauqui zu Fuß zu erkunden. Denn obwohl man auch geparkten Autos begegnet, erschweren die oft engen Gassen ein Vorankommen auf vier Rädern. Es scheint, dass das Dorf seit dem 9. Jahrhundert in jeder Phase seiner Entwicklung um eine Kirche bereichert wurde. Die älteste ist S. Roman, ein romanischer Bau, der im 17. Jahrhundert umge-

Oben: Der Name Cirauqui bedeutet auf Baskisch »Vipernest«, womit die sonnigen Stellen und schattigen Erdspalten gemeint sein könnten, die den Vipern ideale Lebensbedingungen bieten. Einer anderen verbreiteten Deutung zufolge könnten mit den »Vipern« auch Straßenräuber gemeint sein, die Pilger angriffen und hier ihr Versteck gehabt haben könnten.

Folgende Doppelseite: Der Camino Francés, wie dieser Abschnitt des Jakobswegs heißt, unweit von Villatuerta.

staltet und erweitert wurde und sowohl im Inneren wie außen sehenswerte architektonische Details besitzt. Den Blickfang bildet jedoch das unweit vom Hauptportal gelegene Mahnmal, das an den Spanischen Bürgerkrieg erinnert. Derartige Denkmäler findet man seit Francos Tod im Jahr 1975 immer seltener, was man mangelnder Pietät den Gefallenen gegenüber zuschreiben kann. Die toten Franco-Anhänger zu ehren, könnte im modernen Spanien aber auch als Beleidigung der Demokratie gedeutet werden.

Von Cirauqui führen eine instand gesetzte römische Straße und eine Brücke aus jener Zeit den Wanderer ins nahe gelegene Dorf Lorca. Zwischen diesen beiden Siedlungen müssen die Pilger im Mittelalter auch durch jenen Ort gekommen sein, der im »Pilgerführer« beschrieben wird. Darin wird erwähnt, das Wasser des Flusses Salado sei für Menschen und Pferde gleichermaßen giftig, und die Ortseinwohner säßen am Flussufer und schärften dort ihre Messer, um die verendeten Pferde der Pilger zu häuten. Der Verfasser verschweigt allerdings, ob dasselbe Los auch die Besitzer der Pferde erwartete, die das Zeitliche segnete, nachdem sie das angeblich giftige Wasser des Flusses getrunken hatten!

Hinter Lorca öffnen sich sanft gewellte Felder, in deren Mitte das Dorf Villatuerta liegt. Dessen Wahrzeichen ist die romanische Kirche Anunciación de Nuestra Señora mit ihrem Wehrturm. Wie so oft sind auf dieser Etappe des Jakobswegs schattige Abschnitte nur selten anzutreffen, aber wer zur geeigneten Zeit aufbricht, erlebt eine der malerischsten Landschaften und ein bauliches Kleinod – die Stadt Estella.

Estella entwickelte sich als Siedlung schon lange, bevor die Wallfahrt nach Santiago bestand, doch Umsicht und Geschäftssinn des navarresischen Königs Sancho Ramirez ließen es sich im späten 11. Jahrhundert zu einem bedeutenden Rastplatz für die Jakobspilger entwickeln. Bis dahin hatte Estella abseits des Pilgerwegs gelegen, und die Pilger hatten das vom Rio Ega geschaffene enge Tal gemieden, von dem sie meinten, es sei von Räubern bewohnt. Ein Wandel trat erst ein, als der König dem Ort Marktrechte und andere Privilegien verlieh und die Ansiedlung von Juden und Franken förderte, die ähnlich wie in Pamplona in jeweils eigenen Stadtvierteln wohnten, aber gut miteinander auszukommen schienen. In der Stadt wurde ein regelmäßiger Wochenmarkt eingeführt und bereits Mitte des 13. Jahrhunderts hielt man hier alljährlich eine Herbstmesse ab, sodass Estella neben Burgos und Medina del Campo zu den bedeutendsten Zentren jener Zeit zählte.

Gewöhnlich lassen Größe und Art der weltlichen und sakralen Bauten Rückschlüsse auf den einstigen Rang und Wohlstand eines Ortes zu. Im Fall von

Oben: Die romanische Kirche Anunciación de Nuestra Señora ist das Wahrzeichen von Villatuerta. Die Stadt besitzt auch andere, wenngleich weniger auffällige Attraktionen, darunter reiche Zeugnisse aus römischer Zeit.

Rechts: Der Palacio de los-Reyes de Navarra (auch Palacio-de-los-Duques de Granada de-Ega bekannt) ist ein seltenes Beispiel für romanische Architektur bei einem Profanbau. Trotz seines Namens gibt es keinen Beleg dafür, dass dieser Palast als Herrscherresidenz gedient haben könnte.

Gegenüber: Von den bequem zu erreichenden Anhöhen von Estella aus genießt der Besucher eine reizvolle Rundumsicht auf die Stadt.

Estella trifft beides zu. In den älteren Vierteln führen die schmalen Gassen zu baulichen Kleinoden in romanischem und gotischem Stil. Der Durchgangsverkehr fließt durch einen in den Fels gehauenen Tunnel, und von einem leicht zugänglichen Aussichtspunkt vor der Einfahrt in den Tunnel genießt man eine herrliche Aussicht auf die Stadt. Direkt gegenüber der Hauptstraße fällt der Blick auf Estellas Wahrzeichen: die Spitzbogenbrücke Puente de la Cárcel, die in ihrer jetzigen Form 1973 wiederaufgebaut wurde, gut 100 Jahre, nachdem die ursprünglich romanische Brücke in den Karlistenkriegen zerstört worden war.

Vom besagten Aussichtspunkt aus bleiben Estellas schönste Sakralbauten leider verborgen: die imposante, wie eine Festung wirkende Zisterzienserkirche S. Pedro de la Rúa, die sich auf einem kleinen Hügel erhebt und auf die ganze Stadt hinabblickt, besitzt etliche sehenswerte Details, am bedeutendsten jedoch ist der romanische Kreuzgang. Die kunstvoll gearbeiteten Kapitelle bestechen durch ihren Figuren- und Szenenreichtum und erinnern an den Kreuzgang im französischen Moissac an der Route von Le-Puy-en-Velay. Anders als Letzterer wurde der Kreuzgang der Kirche S. Pedro mit Ausnahme von zwei Säulengängen vollständig zerstört. Man vermutet, die Verteidigung der Region sei im Jahr 1572 auf Pamplona übergegangen, die oberhalb der Kirche gelegene Festung Zalatambor aufgelassen und dabei gesprengt worden, wobei riesige Brocken Mauerwerk auf das Kloster stürzten.

Eine lange Treppenflucht führt hinauf zum Haupteingang von S. Pedro de la Rúa, das sich gegenüber einem anderen Kleinod weltlicher Baukunst des 12. Jahrhunderts befindet, dem Palacio de los Reyes de Navarra (Palast der Könige von Navarra). Der auch als Palacio de los Duques de Granada de Ega (Palast der Herzöge von Granada de Ega) bekannte und ursprünglich eingeschossige Bau wurde später um ein Stockwerk erweitert. Bemerkenswert sind die reich geschmückten Kapitelle der Säulen an der Fassade, die unter anderem auch eine Szene aus dem Rolandslied illustrieren, in der Roland den Ferragut, eine Art maurischen Goliath, bekämpft (und natürlich besiegt). Die romanische Kirche San Miguel und die gotische Kirche Sto. Sepulcro weisen kunstvoll skulptierte Portale auf, deren bildhauerische Ausstattung mit Szenen des Alten und des Neuen Testaments zu den Meisterwerken navarresischer Skulptur zählt.

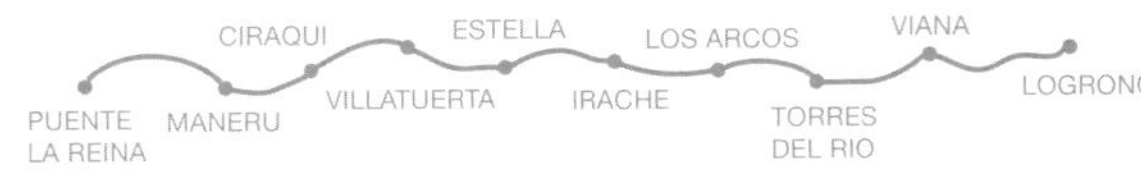

Die nächste Station ist das unweit gelegene Kloster Irache. Es ist zwar seit 1985 geschlossen, bietet aber dank der Großzügigkeit der Bodegas Irache (Weinkellerei Irache) eine Besonderheit – einen Weinbrunnen zur Stärkung der Pilger. Die Weinkellerei genießt internationalen Ruf und pflegt mit dieser Rotweinzapfanlage eine jahrhundertealte klösterliche Tradition. Die älteste Erwähnung des Benediktinerklosters stammt von 985, man vermutet jedoch, dass es an dieser Stelle schon 200 Jahre zuvor ein Kloster gab. Irache spielte eine Schlüsselrolle in der Pilgergeschichte, da hier 100 Jahre vor Roncevalles das erste Pilgerhospital Navarras gegründet wurde. Sein Bau wurde von König Garcia von Nájera veranlasst, der ebenso wie seine Nachfolger das Kloster mit zahlreichen Schenkungen wie Landbesitz und Klostereinrichtungen bedachte. Dank seines Reichtums stieg Irache zu einem der bedeutendsten Klöster des Königreichs Navarra auf. Ausdruck des erreichten Wohlstands sind die ungewöhnlich großen und reich ausgestatteten Gebäude, die zum Klosterkomplex gehören und deren Baustil vom romanischen des 12. Jahrhunderts (die Klosterkirche) bis zum plateresken des 16. Jahrhunderts (der Kreuzgang) reicht. Irache entwickelte sich zwischen dem frühen 17. und dem 19. Jahrhundert auch zu einem namhaften Universitätszentrum. Die Zukunft von Irache als architektonisches Kleinod scheint gesichert dank der Einrichtung eines Völkerkunde- und Kunstmuseums.

Die Weinberge in der Umgebung von Irache sind ein früher Hinweis darauf, dass der Camino sich Rioja, Spaniens berühmtestem Weinbaugebiet, nähert, wenn auch hier, im Osten der Region, die Weingärten noch nicht das Landschaftsbild bestimmen. Flächen, auf denen man einst nur Weizen, Sonnenblumen und Spargel anbaute, werden heute durch Rebflächen belebt und sorgen für landschaftliche Abwechslung. Sobald aber die sengende Sommerhitze vorbei ist, und der Oktober naht, überzieht eine einheitliche Ockerfarbe die sanft gewellten Hügel.

In der flirrenden Hitze taucht gleich einer Fata Morgana Los Arcos am Horizont auf. Je mehr man sich der Stadt nähert, umso deutlicher tritt das Wahrzeichen dieser uralten Siedlung hervor: der mächtige, im Renaissancestil erbaute Glockenturm der Kirche Sta. Maria de Los Arcos. Los Arcos kam zwar seine Lage am Jakobswegs zugute, die Nähe zur kastilischen Grenze machte es aber auch zu einem umkämpften Ziel, denn es wurde in die Konflikte der sich bekriegenden nordspanischen Königreiche hineingezogen. Nachdem Los Arcos 1175 die Rechte für einen Wochenmarkt erhal-

Oben links: Den Ostteil von Estella überragt die Kirche S. Miguel, die erstmals im 12. Jahrhundert erwähnt wird. Äußerst beachtenswert ist das Nordportal, dessen herrliche bildhauerischen Ausstattung zu den erlesensten Zeugnissen romanischer Bildhauerkunst zählt.

Oben rechts: Auch das gotische Portal der Kirche Sto. Sepulcro von Estella beeindruckt durch den reichen Bilderschmuck. Die Kirche ist seit dem späten 19. Jahrhundert geschlossen und wird langsam von Brombeergesträuch überwuchert. Besonders reich verziert ist das Portal mit dem Tympanon, auf dem das Leiden Christi dargestellt ist.

Oben: Das Kloster von Irache erhebt sich inmitten von Weingärten, die einst von Mönchen bewirtschaftet wurden.

Links: Die einstige klösterliche Tradition wird auch heute von einer modernen Weinkellerei in Irache beibehalten. Zur Stärkung der Pilger fließt neben einem Brunnen mit Trinkwasser aus einem zweiten Hahn kostenlos Rotwein.

ten hatte, begann der Aufstieg der Stadt, die ihren Wohlstand vor allem Einkünften aus Handel und Zöllen verdankte. Davon zeugen noch heute die stattlichen Residenzen, die die Straßen säumen, sowie die überaus üppige Innenausschmückung der Kirche.

Sta. Maria de Los Arcos erfuhr im Laufe der Jahrhunderte zahlreiche Erweiterungen in unterschiedlichen Baustilen. Keiner von ihnen dominiert, auffallend ist jedoch die überreiche barocke Ausschmückung. Es gibt kaum einen Quadratmeter, der nicht mit Leder überzogen, vergoldet oder bemalt wäre, und obwohl die einzelnen Dekorationselemente höchste Kunstfertigkeit erkennen lassen, wirkt das Gesamtbild überladen. An jeder Wand prangt mindestens ein reich verzierter Retabel (Altaraufsatz) und es scheint, als habe jeder wohlhabende Stifter versucht, die Schenkungen seiner Vorfahren oder der konkurrierenden Geschäftsleute zu übertrumpfen.

Von Los Arcos verläuft die Straße schnurgerade bis zu den Dörfern Sansol und Torres del Rio, wobei Letzteres vor allem für seine ungewöhnliche romanische Kirche bekannt ist. Man vermutet bei diesem achteckigen, von einer Totenleuchte überragten Bau, dass es sich um eine Kirche der Tempelritter handle, die im Stil der Grabeskirche von Jerusalem nachempfunden

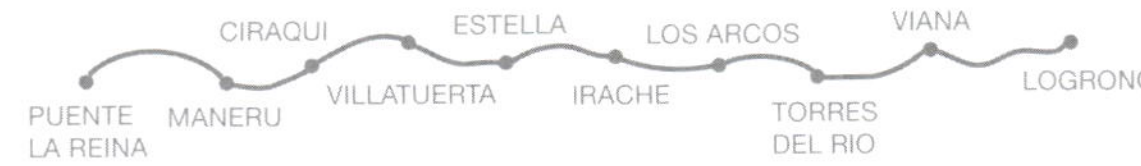

Ganz oben: Los Arcos war einst ein Ort von strategischer Bedeutung, heute wirkt er etwas verlassen inmitten sanft gewellter Hügel.

Oben und rechts: Das Innere der Kirche Santa Maria de los Arcos beeindruckt durch seinen überwältigenden Reichtum an Ausstattung und Ausschmückung im spanischen Barockstil und besitzt ein besonders kunstvoll gestaltetes Chorgestühl.

ist. Andererseits legt die Totenleuchte nahe, dass der Bau als Grabkapelle konzipiert war. Die einzelnen Seiten der Kirche sind in drei jeweils von Säulen flankierte Stockwerke aufgeteilt, deren Ausgewogenheit und Symmetrie beeindrucken. Den Bau krönt eine Kuppel, die im Inneren von einem Kreuzrippengewölbe getragen wird, während die Innenausschmückung eine harmonische Synthese islamischer und byzantinischer Kunst erkennen lässt. Urkunden des frühen 12. Jahrhunderts belegen, dass sich das Dorf damals »im Besitz« des Klosters von Irache befand und dass erst 200 Jahre später die Dorfbewohner die nötigen Mittel aufbrachten, um sich freizukaufen.

Die Umgebung von Torres präsentiert sich recht zerklüftet, und es überrascht, eine so alte Siedlung am Grund einer vom Río Linares gebildeten Schlucht und nicht auf einer strategisch sichereren Anhöhe vorzufinden. Der Aufstieg von Torres auf die Passhöhe hinauf ist beschwerlich, doch oben angelangt werden die keuchenden Pilger für ihre Mühe durch herrliche Ausblicke auf die Umgebung belohnt. Von einem der spektakulären Aussichtspunkte schweift der Blick über die Rioja-Region mit der weiten Ebro-Ebene (von der sich der Name der Iberischen Halbinsel herleitet) bis zur fernen Gebirgskette der Sierra de la Demanda im Südwesten.

Links: Die überwiegend im gotischen Stil erbaute Kirche Sta. Maria de la Asunción im malerischen Städtchen Viana besitzt ein schönes Renaissanceportal mit zahlreichen Reliefs, darunter der Szene von der Geburt Christi. Viana wurde 1219 von König Sancho VII. gegründet, der mehrere isolierte Siedlungen durch eine Wehrmauer vereinte.

Oben: Die achteckige romanische Kirche Sto. Sepulcro in Torres del Río überrascht den Besucher mit einem Kreuzrippengewölbe, einer der vielen architektonischen Besonderheiten, die den Camino zu solch einem künstlerischen Vergnügen machen.

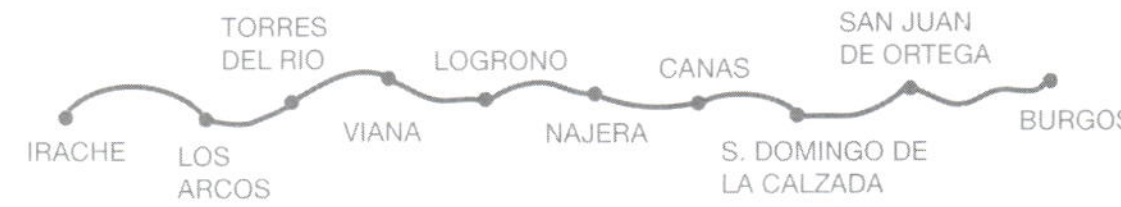

Die nächste größere Zwischenstation ist Logroño, die Hauptstadt der Provinz Rioja. Pilger haben es zum Glück nicht weit bis ins Zentrum der Stadt, da hier keine Gewerbegebiete oder triste Vororte zu passieren sind. Nach Überquerung der im 19. Jahrhundert erbauten Eisenbrücke über den Ebro, die anstelle älterer Vorläufer errichtet wurde, erreicht man unvermittelt die Altstadt von Logroño. Ein weithin sichtbares Wahrzeichen sind die barocken Zwillingstürme der Kirche Sta. Maria la Redonda. Für die Jakobspilger wesentlich bedeutsamer ist aber die Kirche Santiago el Real. Ihr jetziger Bau entstand im 15. und 16. Jahrhundert, die freigelegten Überreste einer viel älteren Krypta könnten aber aus der Frühzeit des Pilgerwesens stammen. Hauptattraktion ist im Inneren die Monumentalskulptur des Santiago als Reiter und Maurenschlächter (»Matamoros«), der eine Schar von Mauren überrennt.

Insgesamt enttäuscht Logroño, das langweilig und seelenlos wirkt und am besten aus der Ferne, von der nach Westen führenden Straße nach Nájera aus, betrachtet werden sollte. Ob man an der Hauptverkehrsstraße oder auf einer jener Pilgerrouten entlanggeht, die den Pilger von der Tristesse der Stadt wegführen, das Landschaftsbild wird von den weiten Weinbergen beherrscht. Die besten Rotweine Riojas werden aus der Traubensorte Tempranillo gekeltert, die von Weinkennern hoch geschätzt werden. Der Weinbau blickt hier zwar auf eine uralte Tradition zurück, der Durchbruch der Rioja-Weine kam aber erst im späten 19. Jahrhundert, als sich erfahrene Winzer aus Bordeaux hier niederließen, nachdem Reblausbefall einen Großteil der französischen Rebflächen vernichtet hatte.

Im weiteren Verlauf präsentiert sich die Landschaft als fruchtbare, vom Ebro und dessen Zuflüssen genährte Ebene. Sie wird von der Sierra de la Demanda beziehungsweise dem kantabrischen Gebirge begrenzt, die mit jedem westwärts zurückgelegten Kilometer näherrücken. Seinen nächsten Halt sollte man in Nájera einlegen, das eine wichtige Rolle in der Entwicklung des Pilgerwesens und in der Geschichte von Navarra gespielt hat. Nachdem Christen im frühen 10. Jahrhundert die Region zurückerobert hatten, verlegte König Sancho III. (1004–35), auch der Große genannt, seinen Hof nach Nájera und ließ hier die ersten christlichen Münzen der Reconquista prägen.

Sancho III. war mehr als ein lokaler Machthaber. Er ging ein Bündnis mit dem Herzogtum Gascogne ein und knüpfte in der Folge auch Beziehungen zum Kloster von Cluny, das die Wallfahrt nach Santiago de Compostela nachhaltig unterstützte. Der Monarch wurde zu einem überzeugten Anhänger dieser Pilgerbewegung und nutzte seine Position dazu, die Straße zwischen der Gascogne und León auszubauen, ja verlegte sogar ihren Verlauf nach Nájera. Ihm folgte auf den Thron sein ältester Sohn Garcia, der bis 1054 regierte und sowohl als Garcia V. als auch als Garcia III. bekannt ist: Er war der fünfte navarresische König dieses Namens, aber der dritte mit Namen Garcia aus der Dynastie Jiménez.

Garcia gründete das bedeutende Kloster Sta. Maria la Real an der Stelle einer Grotte, wo er angeblich eine Statue der Jungfrau Maria gefunden hatte. Dies könnte auch erklären, weshalb die Kirche und das Kloster, das zur Grablege der Könige von Navarra und Kastilien wurde, sich so eng an den roten Fels schmiegen, der über Nájera aufragt. Vom romanischen Gotteshaus aus dem 11. Jahrhundert sind nur Reste erhalten, die in den gotischen Klosterkomplex aus dem 15. und 16. Jahrhunderts eingefügt wurden. Unter den Königsgräbern

Links: Im Inneren der Kirche Santiago el Real von Logroño befindet sich in einer Nische das Reiterstandbild des heiligen Jakob in seiner Gestalt als »Matamoros«. Vermutlich stellt es das legendäre Auftauchen des Heiligen in der Schlacht von Clavijo (9. Jahrhundert) dar und verdeutlicht das Schicksal, das die maurischen Feinde ereilte, die unter die Hufe des Rosses gerieten.

Gegenüber: Logroño, die Hauptstadt der Provinz La Rioja, ist heute ein pulsierender moderner Industriestandort. Dennoch finden sich noch Zeugnisse aus seiner Vergangenheit, vor allem in den engen Gassen um die Kirche Sta. Maria la Redonda. Sie wurde im 15. Jahrhundert erbaut, aber Mitte des 18. Jahrhunderts erweitert. 1742 entstanden auch die beiden schlanken Barocktürme und die Westfassade mit reichem Reliefschmuck.

SASTRERIA
PALACIOS
SEÑORA - CABALLERO

Oben: Nájera zählt mit Recht zu den Höhepunkten der Strecke von Puente la Reina nach Burgos. Der einstige Sitz der Könige von Navarra und Kastilien erhebt sich im Schutz roter Sandsteinfelsen und besitzt mit dem romanischen Kloster Sta. Maria la Real eine besondere Attraktion. Im frühen 15. Jahrhundert erhielt dieses die gotische Kirche, später weitere Anbauten. Besonders sehenswert sind der barocke Altaraufsatz aus dem 17. Jahrhundert sowie die in Trompe-l'œil-Technik gemalte Kuppel.

des 10. bis 13. Jahrhunderts fällt vor allem das von Doña Blanca von Navarra auf. Im Jahr 1135 geboren, heiratete sie 1151 Sancho von Kastilien, starb aber schon fünf Jahre später bei der Geburt eines Kindes. Der Deckel ihres Sarkophags, den kunstvolle romanische Reliefs verzieren, wurde später an einer zugänglicheren Stelle aufgestellt, um besser bewundert werden zu können.

Die Grabstätten mögen sehenswert sein, sie werden aber vom großartigen, im Jahr 1528 fertiggestellten Kreuzgang übertroffen. Hauptattraktion sind die filigranen Bildhauerarbeiten in den Bogengängen, die eine unerschöpfliche Vielfalt immer neuer Muster aufweisen. Die handwerkliche Leistung ist umso be-achtlicher, wenn man bedenkt, dass diese Kunstwerke aus je einem einzigen Steinblock herausgearbeitet wurden, und dass ein falscher Schlag mit dem Meißel genügte, um die gesamte Arbeit zunichte zu machen. Wenn die Sonnenstrahlen in einem bestimmten Winkel einfallen, projizieren sich die filigranen Strukturen auf die Mauern des Klosters und bieten ein eindrucksvolles Schattenspiel, das der Besucher an einem brütendheißen Augustnachmittag in dieser Umgebung besonders genießt.

Pilger von einst und heute sind es gewohnt, zeitraubende Abstecher von der Hauptroute zum Altar irgendeines weniger bekannten Heiligen oder einer religiösen Stätte zu unternehmen. Dies gilt auch für die Kurzwallfahrt von Nájera zu den Zwillingsklöstern Suso und Yuso in S. Millán de la Cogolla. Der heilige Millán lebte als Hirte im 5. und 6. Jahrhundert. Nach einer Gottesvision zog er sich in die Einsamkeit der Berge zurück, wo er in einer Höhle lebte und sich Gebet und Buße widmete. Er soll von dort oben viele Wunder vollbracht haben und starb 574 im Alter von 100 Jahren. Von den Gläubigen hoch verehrt, wurde er in dem im 10. Jahrhundert errichteten Kloster Suso beigesetzt. Dessen Kirche ist tatsächlich etwas ganz Besonderes: Das Hauptschiff ist direkt an den Felsen angebaut und mit ihm durch Höhlen, die als Kapellen dienen, verbunden. In einer der Höhlen befand sich die Grabstätte des heiligen Millán, bis dessen Überreste 1053 in das weiter unten gelegene, von König Garcia III. erbaute Kloster Yuso überführt wurden. Vom 16. bis 18. Jahrhundert wurde Yuso im Herrera-Stil neu gebaut und mehrmals erweitert.

Wenn auch nicht so spektakulär, so doch erheblich kürzer ist der Abstecher, der vom Hauptpilgerweg nach Santo Domingo de la Calzada und Burgos nach Cañas und dessen Zisterzienserkonvent Santa Maria führt. An der großen, im 13. Jahrhundert erbauten

Oben links: Der überreich mit romanischen Reliefs verzierte Deckel des Sarkophags von Doña Blanca von Navarra ist die Hauptattraktion im Pantheon der Könige in Sta. Maria la Real.

Oben rechts: Der Kreuzgang des Klosters Sta. Maria la Real mit seinen erlesenen filigranen Bildhauerarbeiten zählt zu den herausragenden Beispielen des maurisch beeinflussten Kunsthandwerks.

Rechts: Der großartige, 1528 fertig gestellte Claustro de los Caballeros (»Kreuzgang der Ritter«) ist für die Pilger der perfekte Rahmen, um ungestört und in völliger Stille meditieren zu können.

Kirche fallen ihre weißen Alabasterfenster auf, die einen effektvollen Kontrast zum dunkleren Mauerwerk bilden. Von innen her zeigt sich, dass diese Fenster den Innenraum äußerst wirkungsvoll in ein mildes, weiches Licht tauchen. Das Kloster ist eine Gründung des Grafen von Haro aus dem Jahr 1170, dessen Tochter Urraca Lopez de Harro (1170–1262) hier Äbtissin wurde. Ihre Grabstätte befindet sich in der Mitte des Kapitelsaals und beeindruckt durch erlesene Bildhauerarbeit.

Die dicht bewachsene, sumpfige Niederung entlang dem Rio Oja muss ein recht schwieriger und nicht ungefährlicher Abschnitt für die Pilger auf dem Weg nach Santiago gewesen sein. Sie lieferten jedoch den Stoff für eine der eindrucksvollsten Geschichten des Pilgerwesens, denn die nächste wichtige Pilgerstation nach Nájera verdankt ihre Entstehung den schier übermenschlichen Mühen eines einzigen Menschen, nämlich des Hirten Domingo Garcia. Domingo gab sein früheres Dasein auf und widmete sich fortan dem Wohlergehen der Pilger. Er rodete das Dickicht, baute eine Brücke über den Oja und legte eine erhöhte Straße durch den Sumpf an. Ihm zu Ehren erhielt die entstehende Siedlung den Namen Sto. Domingo de la Calzada, der »Heiliger Dominik vom Fahrdamm« bedeutet.

Oben: Das aus dem 13. Jahrhundert stammende Kloster Sta. Maria in Cañas wurde Mitte des 20. Jahrhunderts umfassend restauriert. Durch die Alabasterfenster einfallendes Licht schafft hier eine besondere Atmosphäre.

Rechts: Von besonderer Kunstfertigkeit zeugt auch der Steinsarkophag der Äbtissin, der in der Mitte des Kapitelsaals aufgestellt ist.

Gegenüber links: Sto. Domingo de la Calzada trägt den Namen seines Gründers, des heiligen Dominik. Dessen Statue steht in einer Nische der von ihm gegründeten Herberge, die heute ein luxuriöser Parador ist.

Gegenüber rechts: Zu den vielen Sehenswürdigkeiten der Kathedrale von Sto. Domingo de la Calzada zählt auch der schlanke barocke Glockenturm, der im Jahr 1762 vom Architekten Martin de Beratúa neben der Kirche errichtet wurde.

Außerdem errichtete er zunächst am Fluss eine einfache Hütte, in der er die Pilger mit Speise und Trank versorgte. Als sich die Siedlung stetig weiterentwickelte, erbaute er unweit der heutigen Kathedrale eine besser ausgestattete Herberge.
Die Zeiten haben sich allerdings von Grund auf geändert, denn jene Pilgerherberge wurde zwar wiederaufgebaut und bietet den Reisenden auch heute Unterkunft, doch ist sie ein luxuriöser Parador. Unmittelbar gegenüber dem Haupteingang zum Hotel erhebt sich neben der Kathedrale der 69 Meter hohe, schlanke Barockturm aus dem 18. Jahrhundert. Die Kirche wurde im 12. Jahrhundert erweitert, um das Grab des heiligen Domingo aufnehmen zu können. Als die Stadt 1232 Bischofssitz wurde, erhob man die Kirche zur Kathedrale.

Besucher, die nichts über die Geschichte Sto. Domingos wissen, werden beim Besuch der Kathedrale sicherlich ihren Ohren nicht trauen, wenn sie im Inneren des Gotteshauses plötzlich Gegacker von Hühnern hören. Sie täuschen sich aber nicht: In einem Käfig an der Wand des westlichen Querschiffs leben eine Henne und ein junger Hahn. Sie erinnern an ein Wunder, das sich hier zugetragen haben soll. Der Überlieferung nach rastete eine Familie mit ihrem Sohn auf dem Weg nach Santiago in einer Herberge. Nachdem der Sohn sich gegen die

Oben: Ein Hühnerkäfig ist nicht unbedingt das, was Gläubige in einer Kathedrale anzutreffen erwarten, doch gibt es für ihn und seine lebenden Bewohner eine angeblich wahre Erklärung.

Gegenüber: Die von Kiefernwäldern bedeckten Hügel der Montes de Oca sind für die Pilger von heute dank der besseren Wegausschilderung eine weitaus kleinere Herausforderung als für ihre Vorgänger im Mittelalter.

Annäherungsversuche einer jungen Magd gewehrt hatte, rächte diese sich, indem sie ihm einen Silberkelch in den Pilgerbeutel steckte und den jungen Mann wegen Diebstahls anzeigte. Der Unglückliche wurde gefasst, im Schnellverfahren verurteilt und gehängt. Seinen leblosen Körper ließ man zur Abschreckung am Galgen baumeln. Seine trauernden Eltern setzten jedoch ihren Weg nach Santiago fort. Ihre Heimreise führte sie wieder nach Sto. Domingo, wo ihr Sohn immer noch am Galgen hing – und sie zu ihrer Verblüffung jedoch herzlich begrüßte. Als sie dem Stadtoberen diese bizarre Geschichte erzählten, erwiderte dieser ironisch, ihr Sohn sei sicherlich so lebendig wie die gebratenen Hähnchen auf dem Tisch, die er im Begriff war zu verzehren. Kaum waren diese Worte gesprochen, da wuchsen den Hähnchen Federn und sie flogen gackernd von der Tafel weg.

Auf dem Weiterweg hat der Reisende ausgiebig Zeit, über das Absurde einer solchen Mär und die Macht des Reliquien- und Wunderkults im Mittelalter nachzudenken, aber auch darüber, wie leicht sich selbst rationale Denker von der allgemeinen Euphorie solcher Legenden mitreißen lassen.

Der Camino führt unaufhaltsam weiter durch Dörfer und Kleinstädte, die weit älter sind als der Jakobsweg, allerdings mit wachsender Pilgerzahl zu Wohlstand gelangten. Villafranca Montes de Oca ist der letzte Ort, bevor die Pilger von einst die schwierige Aufgabe meistern mussten, einen sicheren Pass durch die Montes de Oca zu finden. Dieser Höhenzug war von dichten Wäldern überzogen – für die Reisenden ein echter Albtraum, da diese die Orientierung erschwerten. Viele Pilger wurden entweder Opfer einheimischer Schurken oder kamen vom Weg ab und verhungerten. Heute genießen die Pilger den Luxus gut markierter Wege, die ein Vorankommen selbst bei ungünstigsten Witterungsverhältnissen ermöglichen.

Die von Nadelwäldern geprägte Landschaft geht jenseits der Montes de Oca allmählich in die kastilische Meseta um Burgos über – weite, zumeist baumlose Flächen, auf denen Getreide wächst, die Pilger jedoch unbarmherzig der sengenden Hitze aussetzen. Ein winziger und dennoch nennenswerter Ort ist S. Juan de Ortega, benannt nach Juan Velazquez, einem Jünger des heiligen Dominik. Auch er fühlte sich dazu berufen, den Gläubigen das Durchqueren dieser unwirtlichen Landschaft zu erleichtern; so rodete er das Ödland um Oca vom wuchernden Gestrüpp und errichtete dort ein Pilgerhospital. Sein Wirken wurde schließlich belohnt: Der König übernahm die Schutzherrschaft über seine Gründung. Juan starb 1163 und wurde in einem kunstvoll verzierten romanischen Sarkophag beigesetzt. Dieser befindet sich heute in der Klosterkirche, die er erbauen half.

Dank der Legenden um die Wunder, die er vollbrachte, gilt Juan als Schutzpatron der Kinder und kinderlosen Frauen. Es heißt, ein Schwarm weißer Bienen sei herausgeflogen, als sein Grab (aus welchen Gründen auch immer) einst geöffnet wurde. Diese wurden seltsamerweise als Seelen ungeborener Kinder identifiziert, die in seiner Obhut darauf gewartet haben sollen, in die Leiber gläubiger Frauen zu gelangen. Selbst die kinderlose Königin Isabella die Katholische betete an seinem Grab, worauf sie recht bald einen Sohn und eine Tochter gebar, die zu Ehren dieses Heiligen die Namen Juan und Juana trugen.

Schließlich erreicht man die geschichtsträchtige Stadt Burgos. Als einziges sakrales Bauwerk des Landes wurde die gotische Kathedrale – die drittgrößte Kathe-

drale Spaniens nach denen in Toledo und Sevilla – zum UNESCO-Welterbe erklärt. Graf Diego Rodriguez Porcelos hatte Burgos im Jahr 884 gegründet, indem er mehrere kleine, verstreute Siedlungen (spanisch *burgos*) zu einer befestigten Stadt vereinte. Von 1037 bis zum Fall von Granada im Jahr 1492, als der Königshof nach Valladolid verlegt wurde, war Burgos die Hauptstadt der vereinigten Königreiche von Kastilien und Leon.
Trotz seiner exponierten Lage auf einem fast 900 Meter hohen Plateau entwickelte sich Burgos im Mittelalter zu einem blühenden Handelszentrum. Der Wohlstand und die zahlreichen Gönner, die hier lebten, zogen namhafte Baumeister, Bildhauer und andere Künstler an. Ihr Einfluss zeigt sich in den unterschiedlichsten Gestaltungsformen des gotischen Stils, der die meisten der stattlichen Bauwerke prägt. Burgos besitzt eine Vielzahl sehenswerter Kunst- und Bauwerke – mehr als jede andere Stadt entlang dem Jakobsweg, und kein Besucher entgeht seinem Reiz.

Bischof Maurizio und Ferdinand III. waren die bedeutendsten Persönlichkeiten, die der Grundsteinlegung der Kathedrale beiwohnten. Beide spielten eine entscheidende Rolle bei der Planung und der ersten Bauphase: Der Bischof hatte bereits lange vorher nachdrücklich für ein neues Gotteshaus plädiert, das den vorhandenen romanischen Bau ersetzen sollte, und beim zutiefst frommen Ferdinand ein offenes Ohr gefunden. Beide waren vielgereiste Männer. Den Bischof hatten die neuen, gotischen Kirchen Frankreichs beeindruckt, die er auf seiner Reise zum Konzil von Konstanz in Frankreich und Deutschland besucht hatte. Ferdinand III. dagegen hatte durch seine Ehe mit Prinzessin Beatrix, der Tochter des deutschen Königs Philipp von Schwaben, Beziehungen zum Kulturkreis nördlich der Alpen.

Der optische Eindruck und das Gefühl von Ehrfurcht, welche die Kathedrale erzeugt, werden noch durch ihre die Umgebung dominierende Lage auf einer Anhöhe betont. Wenn das Gotteshaus noch heute, im 21. Jahrhundert, inmitten einer hochmodernen urbanen Landschaft durch seine Größe und Gestalt beeindruckt, so kann man sich unschwer vorstellen, wie es im Mittelalter auf den Betrachter gewirkt haben muss, als die meisten Bauten höchstens zweigeschossig waren. Im späten 20. Jahrhundert wurde das gesamte Gebäude im Außenbereich umfassend restauriert und gereinigt,

Gegenüber: S. Juan de Ortega liegt an der Westflanke der Montes de Oca und umfasste einst nur eine Kirche, ein kleines Kloster und ein Pilgerhospital. Dank großzügiger Stifter erfuhr der Ort vom späten Mittelalter an bis ins 16. Jahrhundert eine Blütezeit. Mit dem nachlassenden Interesse am Pilgerwesen setzte auch dessen Niedergang ein. Heute empfängt der Ort wieder Pilger, doch sind die Unterkunftsmöglichkeiten immer noch eher bescheiden.

Rechts: Aus dem 12. Jahrhundert stammt das Grab des Klostergründers Juan, dessen Reliefs einen typisch romanischen Bilderschmuck aufweisen. Sie zeigen unter anderem die Majestas Domini umgeben von den vier Tetramorphos – schwebenden Engeln, die darauf warten, eine Seele in den Himmel zu heben – und einer beeindruckenden Menge Trauernder.

Oben: Santovenia ist von endlosen Weizenfeldern umgeben – ein typisches Bild, je mehr sich der Jakobweg der Meseta nähert.

Gegenüber: Burgos besitzt eine der eindrucksvollsten Kathedralen Spaniens, doch beherrscht diese nicht das Stadtbild, wenn man sich Burgos von Osten her nähert. Über das wenig freundliche Wetter von Burgos äußern sich dessen Einwohner nur knapp: »Neun Monate Winter und drei Monate Hölle!«

sodass heute der hellfarbene Stein fast zu makellos wirkt. Doch erst so, befreit von den jahrhundertealten Ablagerungen, kommt die meisterhafte Bildhauerarbeit richtig zur Geltung.

Im Inneren der Kathedrale umfängt den Besucher dagegen die düstere Stimmung, die man von sakralen Bauwerken dieses Alters und dieser Würde erwartet. Anders als bei einer Vielzahl anderer Kirchen aus dieser Zeit, kann das Hauptschiff der Kathedrale von Burgos nicht durch seine Weite beeindrucken, da es – wie auch Kreuzgang und Chor – durch eine Vielzahl von Kapellen unterteilt ist. Diese »Kirchen innerhalb der Kirche« weisen unterschiedlichste Stilrichtungen auf. Vor allem aber enthalten sie wertvolle Zeugnisse aus Gotik und Renaissance. Das gesamte Innere der Kathedrale ist prächtig geschmückt und mit Kunstschätzen reich ausgestattet.

Eine der Hauptattraktionen der Kirche ist die mächtige Kuppel, die in 54 Meter Höhe im Mudéjarstil, jener Mischung aus islamischen und abendländischen Gestaltungselementen, über der Vierung erbaut wurde. Unter dem 1567 vollendeten Kuppelgewölbe befindet sich das Grabmal des spanischen Nationalhelden Rodrigo Díaz (El Cid, 1043–1093) und seiner Gemahlin Doña Jimena. Ursprünglich hatte man sie in dem zehn Kilometer entfernten Kloster S. Pedro de Cardena beigesetzt, ihre Überreste wurden aber 1921 nach Burgos überführt.

So wie um den Franken Roland ein Sagenkreis und ein Heldenlied entstanden, so spann sich im Mittelalter auch um den Helden El Cid eine Fülle an Legenden und Geschichten, die verschiedene Aspekte seines Lebens mal mehr, mal weniger entfernt von der historischen Wahrheit darstellen. Unbestritten ist aber, dass der kastilische Ritter El Cid während der Zeit der Reconquista eine wichtige Rolle im Kampf gegen die Mauren spielte, auch wenn er sich zeitweise sogar mit ihnen verbündet hatte.

Burgos bietet nicht nur sehenswerte Kirchen. Auch für die körperlichen Bedürfnisse der Pilger wurde hier in zahlreichen Herbergen und Pilgerhospitälern gesorgt, die in der Stadt selbst und in umliegenden Klöstern auf königlichen Erlass hin oder von kirchlichen Ordensgemeinschaften, militärischen Orden, Zünften und wohlhabenden Privatleuten gegründet wurden – sicherlich nicht immer nur aus altruistischen Gründen. Viele Pilger, die nach Santiago unterwegs waren, hatten nie zuvor ihren Heimatort verlassen und dürften daher viel leichter den Gefahren einer Pilgerreise zum Opfer gefallen sein als heutige Pilger, die durch Burgos wandern.

Unten: Die Casa del Cordón legt wie nur wenige profane Bauten Zeugnis ab vom historischen Erbe der Stadt Burgos. Zwischen 1482 und 1492 für Pedro Fernandez de Velasco, den Oberbefehlshaber des kastilischen Heeres (Condestable de Castilla), erbaut, verdankt sie ihren Namen dem steinernen Kordon, der die Gürtelschnur der Franziskanermönche darstellt und das Portal umrahmt. Der einstige Besitzer wurde in der äußerst üppig ausgeschmückten Kapelle der Kathedrale beigesetzt. In der Casa del Cordón hielten sich häufig Mitglieder der königlichen Familie auf. Hier empfingen die katholischen Könige Ferdinand III. und Isabella im Jahr 1497 auch Christoph Kolumbus nach seiner zweiten Seereise.

Rechts: Die Kathedrale von Burgos wirkt aus der Nähe so unermesslich, dass das Auge eher Details zu erfassen vermag als die Gesamtansicht – besonders wenn die Sonne nicht vom richtigen Standort aus scheint, um ein gutes Foto zu machen.

Gegenüber, links oben: Juan de Vallejo vollendete im Jahr 1567 die mächtige Kuppel in der Vierung der Kathedrale von Burgos. Man muss König Philipp II. zustimmen, der meinte, sie sei »eher das Werk von Engeln als von Menschenhand«.

Gegenüber, rechts oben: Die Kapelle des Condestables ist die größte und prächtigste aller Kapellen der Kathedrale von Burgos und besitzt eine achteckige durchbrochene Kuppel auf quadratischem Grundriss. Riesige Wappenschilder des berühmten Künstlers Diego de Siloe schmücken die Wände der Kapelle. Vor dem üppig verzierten Altaraufsatz befinden sich die Grabmale des Condestables und seiner Gemahlin.

Gegenüber unten: Das Chorgestühl besteht aus 103 Stühlen aus Nussholz, die mit Intarsien aus Buchsbaum verziert sind und als Meisterwerk von Felipe de Vigarny gelten. Die Holzschnitzereien zeigen Szenen des Alten und Neuen Testaments und wirken so frisch, als seien sie gerade erst fertiggestellt worden.

8

VON BURGOS NACH LEÓN

Gegenüber: Pilger wandern nach einem frühen Aufbruch von der Unterkunft im Kloster San Antonio auf Castrojeriz zu. Bald nach Sonnenaufgang unterwegs zu sein, lässt einen nicht nur einen Großteil des Tagesmarsches bewältigen, bevor die Hitze zu stark wird, sondern erhöht die Wahrscheinlichkeit, einen freien Platz in der nächsten Herberge zu erhalten.

Wenn Besucher, gleich welches Transportmittel sie benutzen, die westlichen Außenbezirke von Burgos verlassen, kommen sie an einem der großartigsten Denkmäler vorbei, das an die Gastfreundschaft gegenüber Pilgern erinnert: dem Hospital del Rey. Von Alfonso VIII. dem Edlen im Jahr 1195 gegründet, wurde die Anlage im 16. und 17. Jahrhundert beträchtlich erweitert. An die damalige Dynastie der Habsburger erinnert das Wappen mit dem Doppeladler, das noch über dem monumentalen Eingangsportal zu sehen ist. Trotz dieses Gepränges sind die bescheidenen Ursprünge durchaus nicht vergessen, denn eine Statue des heiligen Jakob steht in einer zentralen Nische. Ein Teil der Kirche aus dem 13. Jahrhundert ist in den heutigen Eingangsbereich einbezogen, doch da das Hospital jetzt Teil der Universität von Burgos ist, kann man wohl nicht so viel erkunden.

Historische Dokumente belegen, dass Alfons X., der spätere König von Kastilien und León, deutlich festlegte, wie Schutz suchende Reisende bei der Ankunft zu behandeln seien. Er bestimmte, dass niemand abgewiesen werden sollte und dass alle, die hier ausruhten, die mittelalterliche Entsprechung eines 24-Stunden-Zimmerservices genießen sollten. Männer und Frauen, die ernstlich krank waren, sollten alles Nötige zu essen und zu trinken bekommen und gepflegt werden, bis sie sich erholten oder starben. Für diejenigen, die einer Krankheit erlagen, war ein Friedhof direkt vor dem Haupteingang des Hospizes eingerichtet. Man betritt ihn durch ein seltsam geformtes Portal, das auch zur Ermita de San Amaro führt, die nach einem französischen Pilger benannt ist, der sein Leben dem Hospiz widmete. Andere Pilger, die über ihre Reisen im 15. und 17. Jahrhundert berichteten, priesen die Einrichtung mit begeisterten Worten, denn die Mönche gaben ihnen Speisen, »bis sie gesättigt waren«, und »der Ort war so groß, er war selbst wie eine Stadt«.

Nach dem Aufbruch vom Hospital del Rey bleibt Burgos schnell zurück, und weiteres gnadenloses Gelände muss in dem typisch extremen Klima der Meseta, das jahreszeitlich zwischen unangenehm heiß und bitterkalt schwankt, durchquert werden. Der erste bemerkenswerte Ort nach Burgos mit bedeutenden Bezügen zur Pilgerreise ist Tardajos, die ehemalige römische Stadt Augustobriga. Im 9. Jahrhundert war ihre Burg nur eines der Glieder einer Kette ähnlicher Festungen, deren Rolle jeweils zwischen defensiv und offensiv schwankte, während der lange Kampf zur Rückeroberung (Reconquista) des von den Mauren besetzten Landes hin und her wogte und mal die eine, mal die andere Seite im Vorteil war. Tardajos Geschichte ist eng verbunden mit der Wallfahrt. Es besitzt drei Kirchen, ein Kloster und ein Hospital, hat aber die meisten dieser alten Einrichtungen verloren

und ist kein besonders ansprechender Ort zum Verweilen.

Über lange Streckenabschnitte erreichen echte Pilger und solche, die mit dem Auto reisen (keine geistige Erlösung, aber auch keine Blasen), in relativ enger Nachbarschaft das nächste Gotteshaus, Dorf oder Denkmal. Auf vielen Etappen verläuft jedoch der Camino auf alten Wegen in direkter Linie über Land, während der Autofahrer einen beträchtlichen Umweg in Kauf nehmen muss, um am selben Ziel anzukommen. So ein Abschnitt – Luftlinie 30 Kilometer – zwischen Tardajos und Castrojeriz und führt durch eine dünn besiedelte Gegend, weshalb sich Pilger ausreichend mit Proviant eindecken müssen. Von Vorteil für die Pilger ist, dass sie auf ihrer einsamen Wanderung über die Felder ständig von einem Bachlauf begleitet werden, dessen Wasser magische Heilkräfte besitzen soll. Pilger, die ihre Füße darin baden, sollen angeblich den Rest ihrer Reise ohne weitere Probleme bewältigen können.

Fußwanderer erreichen schließlich Hontanas, das aus dem Nichts aufzutauchen scheint, obwohl es ein großes Dorf ist, und das selbst am heißesten Sommertag noch ausgeprägt düster wirkt. Historisch, architektonisch und medizinisch weitaus interessanter sind die Ruinen von S. Antón, die ein Stück hinter Hontanas liegen, man erkennt sie an einem spektakulären Bogen, der die schmale Landstraße überspannt. Obgleich insgesamt ziemlich verfallen, wurden Gebäude der Klosteranlage restauriert und bis heute als Pilgerunterkunft genutzt. Da immer mehr Menschen Gefallen am Camino finden und jede Nacht eine Bleibe benötigen, ist jede zusätzliche Unterkunftsmöglichkeit willkommen. Bleibt nur zu hoffen, dass niemand, der unter dem Dach von S. Antón schläft, irgendeines der Leiden bekommt, auf deren Behandlung dieser besondere Mönchsorden spezialisiert war.

Die Krankheit »Antoniusfeuer« wurde nach dem unangenehm brennenden Gefühl benannt, das Opfer verspürten, die vermutlich an einer Vergiftung durch Mutterkorn litten. Diese Erkrankung wurde durch den Verzehr von Gerstenbrot verursacht, das mit von Mutterkorn-Pilz befallener Gerste gebacken war. Verzichteten die Patienten auf Gerste und tranken mehr Wein, erholten sie sich mit großer Wahrschein-

Oben links: Die Eingangsfassade des Hospital del Rey in Burgos täuscht durch ihren kunstvoll platereskten Stil über den Ursprung als Pilgerhospiz hinweg.

Oben rechts: Die Tür zur Ermita San Amaro führte früher zum Friedhof des Hospizes.

Links: Ein einsames Kreuz am Wegrand bezeichnet eine entlegene Straßenkreuzung auf dem Weg nach Hontanas.

Gegenüber: Die öde, aber fruchtbare Meseta westlich von Burgos ist ein scheinbar endloses Weizenmeer.

Gegenüber: Riesige Sonnenblumenfelder sind eine willkommene Ablenkung von den eintönigen Getreideflächen, die den Pilger kilometerlang begleiten.

Rechts: Hontanas erreicht man nach einem ziemlich mühsamen Marsch über offenes Land. Die Größe der Kirche Inmaculada Concepción aus dem 14. Jahrhundert lässt die Häuser mit ihren Ziegeldächern winzig erscheinen.

Rechts: Zu den Resten des Klosters S. Antón gehört ein herrlicher Bogen, der die Straße überspannt. Mittelalterliche Pilger, die zu spät ankamen, um Einlass zu finden, konnten darunter Schutz suchen, obwohl er vermutlich kaum Wind und Wetter abzuhalten vermochte.

lichkeit völlig. Auch kräftige körperliche Betätigung wurde als Teil der Kur empfohlen – und was konnte da besser sein als eine schöne lange Pilgerreise?

Für alle, die keinen Zugang zu einer so sachkundigen Diagnose hatten, waren die Aussichten schlecht, und die Durchblutungsstörungen führten häufig zu Hirnschäden oder zu Wundbrand und Tod. Die Krankheit, offenbar erstmals im 10. Jahrhundert erwähnt, nahm später in manchen Teilen Europas epidemische Ausmaße an. Auf deren Höhepunkt der Ausbreitung war der Antoniusorden für über 350 Hospitäler verantwortlich. Das hiesige Haus wurde 1146 mit finanzieller Unterstützung durch Alfonso VII. gegründet, nachdem der Orden selbst um 1093 entstanden war.

Einige gemächliche Kilometer von S. Antón entfernt liegt Castrojeriz, ein Dorf am Fuß eines Hügels, auf dem die verlassene Ruine einer mittelalterlichen Burg steht. Obwohl die Meseta durchaus nicht eben ist, ragt dieses Vorgebirge hoch über die Umgebung auf – eine perfekte Verteidigungslage, die nach archäologischen Zeugnissen zumindest seit der Zeit der Keltiberer

befestigt war. Die Römer nutzten die Stätte, um die Straße zu ihren Goldminen in Astorga zu schützen, und Castrojeriz florierte später im Schutz der Burg als Rastplatz am Pilgerweg.

Während der Blütezeit der Pilgerreise war die Stadt reich genug, um fünf Kirchen und sieben Hospize zu unterhalten. Nähert man sich Castrojeriz, liegt eines der nachhaltigsten Bilder der ganzen Route vor Augen: die malerische Silhouette aus Hügel und Burg, die von der eleganten ehemaligen Stiftskirche Sta. Maria del Manzano perfekt ergänzt wird. Diese verdankt angeblich ihre Existenz einem der vielen Wunder Santiagos, das die Flammen der Begeisterung für die Pilgerreise schürte. Einen greifbaren Beweis für diese Geschichte sieht man in dem Stein mit einem Hufabdruck vor der Vordertür. Maria soll hier Jakob in einem Apfelbaum erschienen sein, sodass er, überwältigt von der Vision, mit solcher Wucht auf sein Pferd sprang, dass der Abdruck entstand.

Die Asphaltstraße und der Pilgerpfad trennen sich hinter Castrojeriz und vereinigen sich erst wieder direkt vor dem Puente Fitero über den Río Pisuerga, der die Grenze zwischen den Provinzen Burgos und Palencia markiert. Eine gewerbliche Baumpflanzung bei der Brücke betont, was für ein kostbares Gut Wasser in dieser ausgedörrten Landschaft ist. Der mäandrierende Fluss ist an den Zwillingslinien üppiger Vegetation entlang seinen Ufern leicht zu erkennen. Nicht mehr als einen Meter neben dem Grün zeigt das Land bereits wieder seinen ausgedörrten Urzustand.

Nach Überquerung einer Brücke, die Alfonso VI. im 11. Jahrhundert in Auftrag gegeben hatte, um den Pilgern die Überquerung zu erleichtern, kommt man an einem Gebäudetyp vorbei, den man auf dem Camino noch öfter antreffen wird: *Palomares* (Taubenschläge). Diese werden häufiger, wenn man sich dem Dorf Boadilla del Camino nähert, sie scheinen aber seltsamerweise eine Besonderheit nur dieser Gegend zu sein. Die Vögel bekämpften Pflanzenschädlinge, erzeugten natürlichen Dünger und dienten vor allem als Nahrungsquelle. Die Taubenhäuser waren also keineswegs nur Dekoration. Boadilla existierte nachweislich bereits lange vor der Blütezeit der Pilgerreise. Es ist nicht sicher, ob der Zusatz »del Camino« eine tiefere Bedeutung hat, oder ob er sich einfach auf die Lage des Dorfes an der Straße zwischen Castrojeriz und Frómista bezieht.

Am Eingang von Frómista überquert man einen anderen größeren Wasserlauf, der, anders als der Pisuerga, mittelalterlichen Pilgern keine Probleme gemacht haben dürfte. Der Canal de Castilla wurde 1828 offiziell eröffnet, nachdem 70 Jahre lang an diesem

Ganz oben: Das Wegkreuz auf seinem hohen Sockel markiert den Eingang nach Castrojeriz.

Oben: Das Wegkreuz in Castrillo de Matajudíos dient wie viele andere als Wegweiser und Objekt der Andacht.

Rechts: Über die Jahrhunderte wurde die elfbogige Brücke über den Río Pisuerga mehrmals umgebaut.

Gegenüber: Inmitten einer ansonsten ausgedörrten und öden Umgebung erscheint die gut bewässerte Baumpflanzung an der Brücke über den Río Pisuerga verblüffend grün.

Folgende Doppelseite: Taubenschläge aus luftgetrockneten Lehmziegeln nahe Boadilla del Camino.

Links: Die spätgotische Kirche La Asunción in Olmillos de Sasamón besitzt drei Schiffe von gleicher Höhe. Sie liegt nicht direkt am Fußweg zwischen Castrojeriz und Frómista, lohnt aber einen Abstecher für diejenigen, die den Camino mit dem Auto erkunden.

Unten: Der Canal de Castillo in Frómista erlaubte die Bewässerung der Region und bot die Nutzung der Wasserkraft. Vor Einführung der Eisenbahn bot er die Möglichkeit, Waren und Rohmaterial zu transportieren.

Gegenüber links: Der romanische Fries um S. Martín in Frómista zeigt einen Furcht einflößenden Aufmarsch von Tierwesen.

Gegenüber rechts: Obgleich stark restauriert, ist die Kirche S. Martín eines der beeindruckendsten Beispiele romanischer Architektur an der gesamten spanischen Route.

Mammutprojekt zur Erschließung der Meseta gebaut worden war. Frómista liegt mitten im Weizenanbaugebiet, und die Möglichkeit, schwere Weizen- und Mehlladungen nun mit Lastkähnen befördern zu können, gab der Wirtschaft der Region großen Auftrieb. Das Wasser von zahlreichen Schleusentoren wurde auch zur Energiegewinnung für örtliche Industrien genutzt. Im Jahr 1855 waren allein im Distrikt Frómista eine Mühle, zwei Mehlfabriken und eine Walkmühle für die Filzherstellung Nutznießer des Systems.

Bevor das Projekt jedoch in vollem Umfang nutzbar war, überrollte die industrielle Entwicklung wie eine Planierraupe Westeuropa und machte durch Einführung der Eisenbahn den Kanal als Transportweg überflüssig. Allerdings erfüllt der Kanal noch eine wichtige Funktion für die Bewässerung. Eine Reihe von Miniaquädukten auf erhöhten Pfählen strahlt in alle Richtungen von ihm aus. Dadurch können die Bauern Kulturen anbauen, die unter den normalen klimatischen Bedingungen nicht gedeihen würden.

So beeindruckend der Kanal auch sein mag, die meisten Pilger und Touristen verknüpfen mit dem Namen Frómista die romanische Kirche S. Martín. Das herrliche Bauwerk aus dem 11. Jahrhundert gehörte zu einem Benediktinerkloster, das seit langem verschwunden ist, die Kirche blieb zum Glück erhalten und gilt als eines der bedeutendsten Denkmäler der gesamten romanischen Tradition Spaniens. Das fast makellose Äußere straft ihr Alter Lügen – es wurde zwischen 1896 und 1904 einer übereifrigen Restaurierung unterzogen. Es fällt schwer, ein Gebäude, das aussieht, als wäre es vor wenigen Wochen erst enthüllt worden, mit der historischen Tatsache zu vereinbaren, dass es von 1066 stammt. Man muss einfach versuchen, das überaus saubere Mauerwerk und die wiederhergestellten Skulpturen zu ignorieren. Entwurf, Architektur und Hand-

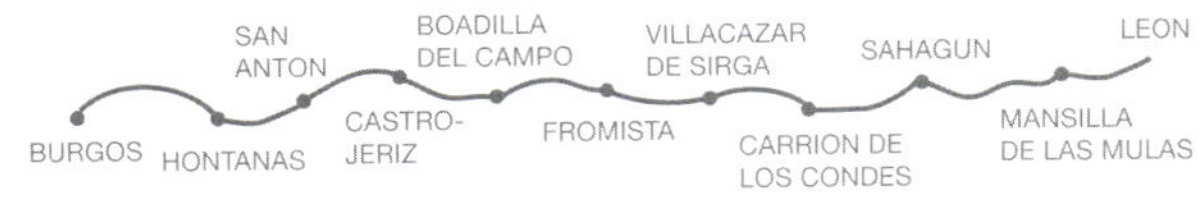

Oben: Pilgern, die auf der schnurgeraden, heißen und staubigen Straße nach Villalcázar de Sirga trotten, muss das großartige Bauwerk der Sta. María la Blanca wie eine Fata Morgana erscheinen, die mit jedem weiteren Schritt zurückweicht. Vor Jahrhunderten dürften Pilger vor einem noch imposanteren Schauspiel gestanden haben, denn die monumentale Kirche von heute ist – man mag es kaum glauben – nur ein Fragment des Originals.

Gegenüber: Das mächtige Portal der Kirche Sta. Maria la Blanca ziert ein ungewöhnlicher zweireihiger Fries aus dem späten 13. Jahrhundert, der in der oberen Reihe die Majestas Domini und darunter die Weiße Jungfrau auf ihrem Thron zeigt.

werkskunst sind nicht weniger wirkungsvoll, als wenn die Kirche in baufälligem Zustand wäre.

Pilger, welche die Pyrenäen über den Somport-Pass überquert haben, bemerken vielleicht mehr als eine flüchtige Ähnlichkeit zwischen S. Martín und der Kathedrale von Jaca nahe an der französischen Grenze in der Region Aragón. Die Architekten von Jaca hatten den Auftrag, die Abteikirche von Frómista zu schaffen, und beschlossen, für ihre Gönnerin, Doña Mayor, die Witwe von Sancho III. von Navarra, eine verkleinerte Kopie der Kathedrale zu errichten. Die Zwillingstürme sind zwar die Besonderheit von Frómista, doch die klare Trennung zwischen den Dachebenen und die achteckige Kuppel über der Vierung verweisen auf die zuerst im Bau von Jaca verwendeten Pläne.

Viele Skulpturen des Außenfrieses von S. Martín scheinen den dunkleren Nischen der Fantasie des Bildhauers entsprungen zu sein, und einige der dargestellten Kreaturen sind weder Tier noch Mensch. Der Ton der Skulpturen im Innern ist milder, und die Thematik der Kapitelle neigt mehr zur Natur als zu den allegorischen Bibelillustrationen, die man oft in romanischen Kirchen antrifft. Vielleicht liegt das daran, dass Frómista ein gutes Stück früher entstand als viele vergleichbare Kirchen und die visuellen Bezüge der Bildhauer der keltischen oder sogar heidnischen Kunst noch näher waren.

Eines der anschaulicheren Themen, die auf romanischen und gotischen Tympana abgehandelt wurden, sind menschliche Seelen im Fegefeuer in einem Zustand vorübergehenden Leidens oder der Sühne. Viele Pilger, die Frómista verließen, erreichten wahrscheinlich diesen qualvollen Zustand auf der nächsten Etappe ihrer Reise, dem Weg nach Carrión de los Condes. Heute ist hier ein offizieller Weg angelegt, der parallel zur Hauptstraße verläuft und den eine scheinbar endlose Folge von Betonpollern markiert, die mit Jakobsmuscheln verziert sind. Die 20 Kilometer über eine gesichtslose Hochebene zwischen den zwei Städten können wirklich sehr anstrengend sein, wenn nur rhythmisches Knirschen von Stiefeln auf Kies oder vorbeifahrende Autos den Marsch begleiten. Eine andere, ausgeschilderte Route folgt teilweise dem Lauf eines nahen Flusses. In jedem Fall wird in diesem Abschnitt auf seine Entschlossenheit geprüft, wer die Pilgerreise in den heißeren Monaten von Mai bis September macht. Vorübergehend erholen kann man sich bei der Ankunft in Villalcázar de Sirga, auch einfach Villasirga genannt, das sich aus der Ferne durch die große Kirche Sta. María la Blanca ankündigt.

Der Kontrast zwischen dieser Kirche und den gedrungenen Linien von S. Martín in Frómista könnte nicht ausgeprägter sein, vor allem wenn man bedenkt, dass trotz der monumentalen Größe der erhaltene Teil von Sta. María nur ein Bruchstück der ursprünglichen Kirche und der befestigten Anlage ist. Die weitreichenden Auswirkungen des Erdbebens, das 1755 Lissabon zerstörte, sowie die im Krieg Spaniens gegen Frankreich ein halbes Jahrhundert später erlittenen Schäden zerstörten einen Großteil der Stätte. Villalcázars Ringmauer, Türme und Tore, das Pilgerhospiz, der befestigte Kirchturm, weitläufige Klosterbauten und die Quartiere der Ritter wurden ein Opfer der Natur oder des Schießpulvers. Der Westteil der Kirche überstand zunächst das Erdbeben, stürzte aber schließlich Ende des 19. Jahrhunderts ein.

Ein mächtiges Portal aus dem 13. Jahrhundert führt in die erhaltenen Teile der Kirche, die auch nach der Entweihung durch Krieg und Naturgewalt noch viele architektonische und künstlerische Schätze birgt. Die beeindruckendsten Stücke sind die kunstvoll skulptierten, mehrfarbigen Steinsarkophage von Felipe, dem Bruder König Alfonsos X., und seiner zweiten Frau, Leonor Ruiz de Castro. Die Bilder auf den Gräbern gleichen einer Dokumentation über die Bestattungsriten, die für Angehörige einer bestimmten Gesellschaftsschicht in jener Epoche gültig waren.

Villalcázar de Sirga lag ursprünglich nicht am Camino, da gute Hospize bereits wenige Kilometer weiter nördlich eingerichtet waren. Aber dies änderte sich, als sich Gerüchte über Wunder der »Virgen Blanca« ausbreiteten, und bald war die Kirche eine eigenständige Pilgerstätte. Dieser besondere Marienkult wurde anscheinend vom kastilischen König Alfonso X. dem Weisen (1252–84) gefördert, von dessen Hof eine Sammlung von Liedern und Gedichten stammte, in denen Heilungen und wunderbare Dinge beschrieben sind, die in Villalcázar stattgefunden haben sollen. Mittelalterliche Pilger brauchten keine weitere Ermunterung als Gerüchte von Wundern, um einen Ort regelmäßig zu besuchen, und wie Motten zog es sie zur Flamme der Virgen Blanca.

Man kann durchaus ein paar Stunden in der Kirche und ihrer Umgebung verbringen, bevor man sich auf die Straße nach Carrión de los Condes begibt. Mit Villalcázar im Rücken sind zwei Drittel des Tagesmarsches geschafft. Jedoch gibt es auf dieser Straße weder Schatten noch Erholung von einer leeren Landschaft. Daher ist auch die Ankunft in Carrión eine riesige

SAN ANTON
BOADILLA DEL CAMPO
VILLACAZAR DE SIRGA
SAHAGUN
LEON
BURGOS
HONTANAS
CASTRO-JERIZ
FROMISTA
CARRION DE LOS CONDES
MANSILLA DE LAS MULAS

Oben links: Das Portal von Sta. María del Camino aus dem 12. Jahrhundert schildert die Anbetung, die Erscheinung des Herrn (mit den drei Weisen und Herodes) und – ein wenig unpassend in der Sammlung – die Geschichte von Samson und dem Löwen aus dem Alten Testament.

Oben: Die Kapitelle am Portal der Hauptfassade der Kirche Santiago sind sehr schön ausgeführt, aber leider stellenweise erodiert und entstellt.

Gegenüber: Nicht viel regt sich während der Siesta in Carrión de los Condes. Die Hufeisen des Pferdes, das an der großen, aber unbedeutenden Kirche Nuestra Señora de Belén vorbeigeführt wird, hallen durch die ausgestorbenen Straßen wie Donnerschläge.

Erleichterung. Weitere Mühsal bringt die nächste Etappe, doch Carrión de los Condes ist eine willkommene, wenn auch vorübergehende Oase für eine geistige und körperliche Ruhepause. Die Stadt blühte im Mittelalter als landwirtschaftliches Zentrum auf und gewann noch mehr Reichtum, als die Pilgerreise größere kommerzielle Möglichkeiten für lokale Unternehmer schuf. Carrión hatte eine geschätzte Einwohnerzahl zwischen 10 000 und 12 000, viel mehr als heute, und besaß auf dem Höhepunkt der Pilgerreisen gleichzeitig mehr als ein Dutzend Pilgerhospize.

Das nach dem dortigen Fluss benannte Carrión ist typisch für viele Gemeinden in ganz Spanien, obgleich sich vielleicht nicht viele auf eine Legende berufen können, nach der die Einwohner ihren maurischen Oberherren 100 Jungfrauen als Tribut überlassen mussten. Es gibt verschiedene Versionen der Geschichte, aber alle stimmen darin überein, dass eine durch christliches Gebet herbeigerufene Stierherde die Mauren vertrieb. An die Legende erinnern romanische Kapitelle am wunderbar stimmungsvoll gestalteten Südportal der Kirche Sta. María del Camino. Obwohl ihr Portal viel jüngeren Datums ist, richtet sich aber die Aufmerksamkeit auf die Jakobskirche. Ihre Fassade ist der einzige erhaltene Teil des ursprünglichen Bauwerks aus dem 12. Jahrhundert, der Rest wurde

während der französisch-spanischen Kriege des 19. Jahrhunderts durch Brand zerstört.

Noch ein öder, trostloser Marsch über mehr als 40 Kilometer durch weitgehend menschenleeres Land erwartet die Pilger, wenn sie von Carrión nach Sahagún aufbrechen, der nächsten bedeutenden Siedlung am Weg. Allmählich tauchen häufiger Bäume auf, aber ihr Erscheinen scheint kaum mehr als eine symbolische Geste zu sein. Fliegen und geflügelte Stechinsekten scheinen hier wilder zu summen und zu sirren, zweifellos aus Zorn über ihr Missgeschick, in eine Umgebung verfrachtet worden zu sein, in der sie sich nur an den entblößten Armen oder Beinen eines gelegentlich vorbeikommenden Pilgers laben können. Noch ein speziell angelegtes Stück Weg markiert die letzten Kilometer bis Sahagún, dessen erste Eindrücke kaum die seelische Verfassung eines erschöpften Pilgers wiederherstellen können. Der Weg in die Stadt führt über eine staubige, langweilige Straße an Industrieanlagen vorbei. Diese eintönige Umgebung verrät sicherlich nicht, dass Sahagún einmal als einer der reichsten Orte in der Gegend galt und um die Mitte des 12. Jahrhundert jährlich drei Wochen lang Markt und Jahrmarkt war. Es entwickelte sich auch schnell zu einem mächtigen religiösen Zentrum, nachdem König Alfonso VI. Benediktiner aus Cluny gebeten hatte, das Kloster S. Facundo – daher der Name Sahagún – zu leiten, das benannt ist nach einem heimischen Märtyrer des 4. Jahrhunderts.

Der weitreichende Einfluss der Kluniazenser garantierte, dass ihr Haus in Sahagún an Bedeutung gewann. Mitte des 14. Jahrhunderts wurde ihre Schule zur Universität und die Abtei durch private Schenkungen und Einkünfte von fast 100 anderen Einrichtungen und Ländereien in ganz Spanien reich. Obwohl spanischen Klöstern nicht das gleiche Schicksal von Seiten der Krone zuteil wurde wie den englischen, die durch Heinrich VIII. aufgelöst worden waren, führten ihre großen Reichtümer sicherlich zu Missgunst bei König und Adel. Ein konkreter Hinweis auf Sahagúns vergangene Bedeutung ist ein aufwändiger Bogen aus dem 17. Jahrhundert, der einzige wunderbare Rest der ursprünglichen Fassade der Abteikirche. Er überspannt die Straße, die an dem vorbeiführt, was einmal eine weitläufige Klosteranlage war. Lediglich ein paar andere Ruinenreste und ein Posten der Guardia Civil mit einer hässlichen Sturmtür sind als erbärmliche Reste einer glänzenden Vergangenheit erhalten.

Oben: Der prächtige Bogen S. Benito, der heute eine Straße in Sahagún überspannt, war die Fassade der Klosterkirche S. Facundo aus dem 17. Jahrhundert, ein Zeugnis des Reichtums und der Macht dieser kluniazensischen Gründung.

Gegenüber: Die enge Durchfahrtsstraße Calle del Arco in Sahagún führt hinunter zur Backsteinkirche S. Lorenzo aus dem frühen 13. Jahrhundert

Folgende Doppelseiten: Blendarkaden aus Hufeisenbogen umgeben die Apsis von S. Lorenzo in Sahagún.

Zum Glück ist das Bild an anderen Orten in der Stadt wesentlich interessanter. Sahagún wird sicherlich mit Recht für seine Mudéjar-Architektur gerühmt. Die Mudéjar-Tradition stammt aus der Zeit der Reconquista, als maurische Architekten und Handwerker begannen, islamische Traditionen in romanische und gotische christliche Kirchen zu integrieren. Das augenfälligste Erkennungsmerkmal ist die Verwendung von Backstein als Baumaterial wie als Gestaltungselement.

Zwei der Hauptmerkmale der romanischen Backsteinkirchen im Mudéjar-Stil sind Blendarkaden mit Hufeisenbogen um die Apsiden und hohe Glockentürme, die aufwändige geometrische Muster und zahllose offene Bogen aufweisen. Beredt zeigen diese Merkmale die Kirchen S. Lorenzo und S. Tirso. Der elegante Turm der Ersteren besitzt vier Stockwerke, jedes mit Öffnungen in unterschiedlicher Größe. Abgesehen vom ästhetischen Potenzial des Backsteins hinsichtlich Farbe und Muster gab seine Leichtigkeit im Vergleich zu Stein den Baumeistern größeren Spielraum. Da keine schweren Steingewölbe zu stützen waren, weisen Mudéjar-Kirchen selten hässliches tragendes Strebewerk auf.

Für Autotouristen auf dem Camino, die sich nur die Rosinen herauspicken wollen, sind Burgos und Santiago de Compostela heute praktisch ohne Unterbrechung durch Autobahn oder Schnellstraße verbunden. Bunte und anschauliche Schilder weisen auf Ausfahrten zu wichtigen Stätten hin, aber nach Verlassen der Autobahn gibt es keinerlei Wegweiser und Entfernungsangaben! Für Pilger, die Sahagún mit eigener Kraft verlassen, ist die Autobahn A 231 auf weiten Strecken der letzten Etappe nach León der unvermeidliche Begleiter. Neben dem bestehenden Pilgerweg wurde noch ein weiterer, zwei Meter breiter »Pfad des Fegefeuers« angelegt, der seinerseits von der Autobahn begleitet wird, sodass stellenweise alle drei parallel laufen.

Wer zum Wandern mehr Einsamkeit wünscht, kann einen alten römischen Weg wählen, der einst Teil der Via Traiana war, die schon aus den Pyrenäen bekannt ist. Doch selbst auf dieser antiken Landstraße wird man manchmal vom Anblick und der Luftverschmutzung ihrer Nachfolgerin belästigt. Aber nach so vielen Kilometern durch trostloses Ödland werden sich die Pilger wenigstens über den Anblick des Kantabrischen Gebirges freuen, dessen lange Kette einen immer größeren Teil des Horizonts einnimmt.

Oben: In Mansilla de las Mulas stellt ein rührend primitives Kreuz Maria mit Kind dar. Es steht am Flussübergang bei den Resten der alten römischen Stadtmauer.

Unten: Wie viele andere Straßenbrücken römischen Ursprungs am Camino ist der Puente Castro bei León viele Male umgebaut und modernisiert worden.

Alle Straßen, antike oder moderne, führen ins Zentrum von León und zur vornehmsten aller spanischen gotischen Kathedralen. Da León als römische Festung für die VII. Legion gebaut wurde, ist es nur passend, auf dem Weg in die Stadt den Río Bernesga auf dem Puente Castro zu überqueren, eine römische Brücke, die unzählige Male umgebaut und modernisiert wurde. Wer motorisiert unterwegs ist, sollte das Auto hier stehen zu lassen und zu Fuß ins Zentrum zu gehen, da auch in León Parken ein Albtraum ist. Außerdem führt dieser Weg direkt in das mittelalterliche León, wo das Erlebnis weitaus weniger von Ringstraßen, lebensgefährlichen Verkehrskreiseln und frisch in die Höhe geschossenen Mietshäusern getrübt wird.

In Leóns altem Stadtzentrum gibt es viele architektonische Meisterwerke zu bewundern, nicht zuletzt die herrlich stimmungsvolle romanische Basilika S. Isidoro, die innerhalb der römischen Festungswälle gebaut wurde. Ihr größter Schatz ist die königliche Grabkammer in der westlichen inneren Vorhalle, die Grablegen von Königen und Königinnen, Prinzen und anderen Adligen enthält. Sie wurden in der Gesellschaft von fast vollkommen erhaltenen Fresken aus dem 12. Jahrhundert und einer Reihe skulptierter Kapitelle von gleicher Pracht und Schönheit zur letzten Ruhe gebettet.

Die Zwillingstürme der Kathedrale sind von weitem zu sehen, doch sobald man in die engen Straßen eingetaucht ist, verschwinden diese Wahrzeichen, und die Orientierung kann erschwert sein. Touristen ohne Stadtplan oder Reiseführer brauchen jedoch nur den gelben Schildern des Caminos zu folgen, um sicher zur Plaza de la Regla und Leóns gotischem Meisterwerk zu gelangen. Aus den dunklen Gassen aufzutauchen und plötzlich vor der strahlend hellen Fassade der Kathedrale zu stehen, ist eines der großartigsten Erlebnisse auf der ganzen Reise, aber es kann einen Moment dauern, bis die Augen sich an das blendende Licht gewöhnt haben. Diese ist die vierte Kirche an dieser Stelle, an der sich einst die römischen Bäder befanden, ein Erbe, das vielleicht zu den Stabilitätsproblemen beigetragen hat, die der Kathedrale über die Jahrhunderte zu schaffen machten.

Der Bau der Kathedrale begann 1205 und war, mit von Jahrzehnt zu Jahrzehnt schwankendem Fortschritt der Arbeiten, bis zum Beginn des 14. Jahrhunderts so gut wie vollendet. Die bemerkenswerte Leistung wurde weitgehend durch die umfassende Unterstützung und Finanzierung durch die spanischen Könige und die Päpste möglich, wobei Letztere den am Projekt Beteiligten großzügige Ablässe gewährten. In reiner französischer Gotik entworfen und mit einem hohen Schiff und großen Glasfenstern, ist die Kathedrale im Wesentlichen eine leicht verkleinerte Kopie der von Reims.

Man betritt sie gewöhnlich durch das weit zurückgesetzte und reich skulptierte Portal, über dem sich die

Rechts: Viele der engen Straßen und Durchgänge von Leóns mittelalterlicher Altstadt münden auf die Plaza de la Regla mit der herrlichen gotischen Kathedrale. Als römische Garnisonsstadt gegründet, blühte León später als wichtiges Zentrum des Wollhandels auf. Die heutigen Cafés, Bars und Restaurants, an denen Pilger auf dem Weg zur Kathedrale vorbeikommen, waren einst die geschäftigen Läden und Werkstätten einer wohlhabenden Kaufmannsgemeinde.

westliche Fensterrose befindet, deren Glas zum ältesten in León zählt. Geht man weiter in das Schiff hinein, ist der Eindruck von Licht, Raum und Farbe überwältigend. Verteilt auf 125 Fenster und knapp halb so viele kleinere Öffnungen, reicht die Gesamtfläche des Glases an etwa 1700 Quadratmeter heran. Die Bildinhalte der Fenster folgen einer logischen Steigerung: Natur, Wissenschaft und Kunst nehmen die unteren Ebenen ein, verschiedene Gesellschaftsschichten von Bauern bis zum Adel sind in der Mitte dargestellt, und die oberen Ränge bleiben Propheten, Heiligen und der gesamten Palette religiöser Themen vorbehalten.

Es ist unmöglich, Leóns Kathedrale bei einem einzigen Besuch gerecht zu werden, da das einfallende Licht zu verschiedenen Tageszeiten neue Aspekte hervorhebt, die vielleicht zuvor im Schatten verborgen lagen. León ist ganz sicher kein Ort, den man durcheilt, und man kann nur Mitleid haben mit den Besuchern, die auf einer kurzen Stippvisite so eifrig hinter dem Fremdenführer herlaufen, dass ihre Augen kaum Gelegenheit haben, die herrliche und bewegende Umgebung zu würdigen. Santiago de Compostela mögen Pilger zu Fuß schwerer erreichen können, aber wann sie dorthin aufbrechen, ist weder vom Fahrplan noch der Uhrzeit abhängig.

Ganz oben: Das reich skulptierte Tympanon des Mittelportals in der Westfassade der Kathedrale von León zeigt ein besonders lebendiges Jüngstes Gericht. Die Auserwählten stehen und plaudern glücklich miteinander, während die für unzulänglich befundenen Seelen einen besonders unangenehmen Preis für frühere Vergehen bezahlen müssen.

Oben: Die Kathedrale von León besitzt den höchsten Anteil an Glasfenstern von allen spanischen Kathedralen – ein architektonischer Balanceakt, der zahlreiche bauliche Probleme hinsichtlich der Tragfähigkeit der Wände verursachte.

Die Wirkung so vieler Buntglasfenster in einem einzigen begrenzten Raum ist atemberaubend, zudem fällt sie je nach Sonnenstand ganz anders aus.

Rechts: Die Plaza de la Regla in León ist gerade groß genug, um einen Gesamteindruck von der vornehm und anmutig wirkenden Kathedrale zu bekommen. Als vierter Kirchenbau an dieser Stelle würde er nach dem Vorbild der Kathedrale von Reims in französischer Gotik entworfen, was durch die Anzahl der Schiffe wie auch durch die drei Hauptportale betont wird.

9

VON LEÓN NACH SANTIAGO DE COMPOSTELA

Von León verläuft der Weiterweg über ebenes Gelände, doch Pilger, die sich daran gewöhnt haben, einfach Tag für Tag einen Fuß vor den anderen zu setzen, werden von den Bergen von León und Galicien bald wieder ernsthafter auf Entschlossenheit und Ausdauer geprüft. Pilger mit dem Ziel Santiago de Compostela, die bis hierher gekommen sind – gleich ob auf einer Wallfahrt im 12. oder im 21. Jahrhundert –, werden entweder einen Zustand höchster körperlicher Leistungsfähigkeit erreicht haben oder am Rande des Zusammenbruchs sein und keine Steigungen mehr bewältigen können! Die ersten Kilometer sind recht angenehm, wenn man auch immer noch mit der ärgerlich nahen N 120 und der neuen, parallel dazu verlaufenden Autobahn zu kämpfen hat. Ständiger Verkehrslärm gehört zum Alltag vieler Menschen, aber für den, der den wahren Geist der Pilgerreise sucht, stellt er eine unwillkommene und ablenkende Störung dar.

Alternativen zur ausgeschilderten Route gibt es fast immer, aber oft hat es Nachteile, wenn man seinen eigenen Weg auf Reit- und Feldwegen finden möchte. Pilgerstäbe dienen nicht nur als Gehhilfe – sie müssen manchmal auch benutzt werden, um Hunde abzuschrecken. Wer abseits durch Dörfer und Bauernhöfe wandert, wird unweigerlich irgendwann eine aufregende Begegnung mit einem Hund haben. Manche Hunde sind abgerichtet, ihr Territorium durch lautes Bellen zu schützen, das aufhört, sobald der potenzielle Eindringling vorüber ist. Andere nehmen ihre Verteidigerrolle ernster und gehen gleich nach dem »Erstschlagprinzip« vor.

Außerdem riskieren Pilger, die ihre persönliche Reiseroute entwerfen, das architektonische Vermächtnis des Camino zum Teil zu verpassen, denn die seit Jahrhunderten begangenen Wege führen an den schönsten Kirchen und wichtigen Denkmalen vorbei. Schade ist nur, dass gerade diese Wege mit der Zeit von Fußwegen zu Beton- und Asphaltschnellstraßen aufgerüstet wurden. Der Höhepunkt der ersten Tagesetappe von León, die spektakuläre gotische Brücke in Hospital de Órbigo, ist Teil der alten Straße und zum Glück nur für Fußgänger und Radfahrer geöffnet. Das »Hospital« im Namen bezieht sich auf das Pilgerhospiz, das die Ritter vom Orden St. Johannis vom Spital zu Jerusalem gründeten, von dem jedoch keine Spuren mehr zu finden sind.

Eine wuchtige Bogenbrücke überquert den schnell fließenden Órbigo und setzt sich mit kleineren Bogen bis zur Stadt fort. Insgesamt 20 Bogen tragen die Straße über 200 Meter weit sicher über den Fluss und tief liegende Felder, die bei Hochwasser oft überschwemmt werden. Einige der weniger exponierten Bogen sind noch die ursprünglichen aus dem 13. Jahrhundert, aber andere wurden inzwischen ersetzt. Die

Gegenüber: Gewundene Straßen und Wege führen zu der abgelegenen keltischen Siedlung O Cebreiro.

Unten: Über 20 Bogen bringt der mittelalterliche Puente de Órbigo die Pilger in die Stadt. Brücke und Ort sind nach dem Hospiz benannt, das den Rittern vom Orden St. Johannis vom Spital zu Jerusalem (heute kurz Johanniterorden) gehörte. Hospital de Órbigo war ein wichtiger Rastplatz an der Straße westlich von León, aber alle Spuren jener mittelalterlichen Gastlichkeit sind längst verschwunden. Ein modernes Hotel und seine grelle Leuchtreklame verunstalten heute die Szenerie.

meisten beschädigte reißendes Wasser, zwei wurden jedoch 1809 bei dem vergeblichen Versuch, Napoleons nachsetzende Truppen aufzuhalten, von General John Moores englischer Armee gesprengt. Ein großes Verdienst gebührt denen, die bei der Restaurierung die Reparaturen und Erneuerungen so einfühlsam und geschickt ausführen ließen!

Was heutige Reisende bestimmt nicht erleben, wenn sie das alte Pflaster betreten, sind der Anblick und die Klänge von Turnieren und Umzügen, wie sie im Juli 1434 um die Brücke stattfanden: Suero de Quiñones, ein ortsansässiger Ritter, musste im Zusammenhang mit einer gescheiterten Liebesaffäre seine Ehre verteidigen und forderte alle nach Santiago pilgernden Edelleute auf, sich mit ihm in ritterlichem Kampf zu messen. Die Erlaubnis zum Turnier wurde von König Juan II. erteilt und galt für die zwei Wochen vor Santiagos Festtag am 25. Juli. Da das betreffende Jahr ein Heiliges Jahr war, drängten sich auf der Brücke Pilger und andere Zuschauer, die die bunten Zelte, Banner und ausgelegten Turnierlisten auf der nahe gelegenen Wiese betrachteten. Geschichten wie diese müssen einen guten Ausgang haben, da niemand sich eines großmäuligen Ritters erinnern würde, der am ersten Tag seines eigenen Turniers abgeworfen wird! Es gab tatsächlich ein glückliches Ende für Quiñones: Alle Herausforderer wurden gebührend besiegt, und in der sonderbaren Weise, wie der Kodex des mittelalterlichen Ritterstands funktionierte, befreite der Sieg ihn von den Fesseln der Liebe. Mit einer theatralischen Geste konnte er das Eisenband ablegen, das er als Symbol des unglücklichen Zustands um den Hals getragen hatte.

Wenn möglich, sollte man in der Morgen- oder Abenddämmerung über die Órbigo-Brücke wandern, wenn das Licht gerade ausreicht, um die unmittelbare Umgebung zu erkennen, aber nicht alles in Sichtweite beleuchtet. Direkt vor Sonnenaufgang schimmern die in Jahrhunderten abgewetzten Pflastersteine weich vor dem heller werdenden Himmel und lassen Vergangenheit und Gegenwart seltsam ineinander fließen. Wenn die Sonne steigt und die Stadt deutlich hervor-

Rechts: Für die Einwohner ist die Brücke ein idealer Ort, um sich nach mediterraner Tradition in der Kühle des frühen Abends mit Freunden und der Familie zu treffen. Während der Sommermonate fällt der Wasserspiegel des Órbigo und legt Sandbänke unter der Brücke frei, die sich gut für Picknicks und Grillpartys eignen.

Oben: Astorgas historische Bauwerke umfassen restaurierte römische Mauern, einen von Antonio Gaudí entworfenen Bischofspalast und eine gewaltige Kathedrale aus rotem Sandstein, die zusammen ein ästhetisch spannendes Ensemble bilden.

tritt, lässt die ernüchternde Wirkung des modernen Städtebaus diese Illusion jedoch zerbrechen. Weder Hospital de Órbigo noch die Dörfer, die westlich am Camino folgen, bieten viel an Kirchen oder anderen Bauten, die den Wanderer den Schritt verlangsamen lassen, bis er an der Stadtmauer von Astorga steht.

Lange bevor der Pilgerverkehr die Wirtschaft und den Rang stärkte, war Astorga eine wichtige blühende Siedlung. Es liegt am Fuß der Berge von León, in deren mineralienreichen Vorbergen Gold und andere Metalle gefördert wurden. Und es liegt am Schnittpunkt der Ost-West-Verbindung Via Traiana und der Via de la Plata, die von Andalusien nach Norden verläuft. Letztere war eine alte Handels- und Nachschubstraße zwischen dem Norden und Süden Spaniens und spielte eine ähnlich wichtige Rolle für Pilger wie für Mozaraber und Christen aus maurisch besetzten Gebieten, Nordafrika und anderen Mittelmeerländern. Via de la Plata wird oft romantisch mit »Straße des Silbers« übersetzt, doch leitet sich der Name eigentlich viel weniger aufregend von einem arabischen Wort für eine breite Straße ab.

Weil Astorga der letzte bedeutende größere Ort unmittelbar vor der harten Gebirgsetappe nach Ponferrada war, wurde es ein wichtiger Rastplatz mit über 20 Hospizen für die Pilger. Viele der Herbergen wurden nicht von Mönchsorden, sondern von örtlichen Handwerksgilden und anderen Organisationen bewirtschaftet. Auf dem Höhepunkt der Pilgerreisen war das Gastgewerbe offenbar einträglich. Als vom 16. Jahrhundert an das Pilgerwesen jedoch zurückging, stand eine Menge von Schlaf- und Speisesälen der wohltätigen Einrichtungen leer. Deshalb einigte man sich darauf, die Hospiztüren für alle anderen Bedürftigen zu öffnen, etwa für die Obdachlosen der Stadt, die auf den Straßen schliefen. Dieses uneigennützige Angebot wurde zwangsläufig von manchen Wanderarbeitern missbraucht, die nun ihre Notlage nicht mehr durch Arbeit zu verbessern suchten, sondern einfach von einem Ort für freie Kost und Logis zum nächsten pendelten.

Astorga erstreckt sich heute mit den unvermeidlichen Neubauvierteln hinaus in die umliegende Ebene. Wer aber den Weg durch den engen Eingang zur Stadt hinauf findet, wird mit dem Anblick eines einzigartigen architektonischen Ensembles belohnt. Die Zwillingstürme der Kathedrale ragen über einen restaurierten Abschnitt der Stadtmauer hinaus, und zwischen diese beiden traditionellen Elemente einer alten Festungsstadt setzte Antonio Gaudí (1852–1926) ein fantastisches neugotisches Gebäude – eine Pastiche eines mittel- alterlichen Palastes aus weißem Granit in seinem unnachahmlichen Jugendstil.

Spaniens ländlicher Nordwesten hatte bis dahin nicht zu Gaudís Schaffensgebiet gehört. Auf die Bitte seines Freundes, des 1889 zum Erzbischof von Astorga ernannten Juan Bautista Grau Vallespinós, einen Bischofspalast für ihn zu erbauen, entwarf Gaudí das Gebäude. Als die Einheimischen sahen, was für ein Bauwerk sie mit ihren Steuern und Spenden finanzierten, war der Ärger groß, und der Architekt musste sich aus Selbstschutzgründen bedeckt halten. Die Lage wurde durch den Tod von Gaudís Gönner noch erschwert. Nach jahrelangem Stillstand vollendete Luis de Guereta den Bau schließlich 1913 nach dem ursprünglichen Plan Gaudís. Das Gebäude kontrastiert ästhetisch perfekt mit der Kathedrale aus hellrotem Sandstein, welche den Hintergrund beherrscht, wobei die Geometrie von Gaudís Werk die architektonisch hybride Nachbarin wunderbar ergänzt.

Im Jahr 1471 wurde der Bau der Kathedrale als Ersatz für eine 1069 geweihte romanische Kirche und eine spätere Version aus der Mitte des 13. Jahrhunderts begonnen. Das östliche Ende und das Hauptschiff sind im Wesentlichen spätgotisch und zeigen die gewohnten schlanken Säulen und elegante Fächergewölbe, doch sind die Westfassade und die Türme

Rechts: Hoch ragen die bemerkenswertesten Merkmale, Westfassade und Türme, der Kathedrale von Astorga aus dem 17. Jahrhundert über die umliegenden Straßen im ältesten Viertel der Stadt auf. Der Kreuzgang der Kathedrale ist heute Diözesanmuseum, das einen Schatz an Sakralkunst enthält, darunter ein hölzernes Reliquiar aus dem 10. Jahrhundert, ein Geschenk Alfonsos des Großen.

Unten: Äußerst üppig skulptiert sind die Säulen, die das Portal der Kathedrale flankieren.

aus der späteren Renaissance und dem Barock Astorgas Krönung. Es ist schwierig, einen geeigneten Aussichtspunkt zu finden, von dem man das Ensemble als Ganzes sehen kann, da vor der Kathedrale wenig Raum ist. Was sofort ins Auge fällt, ist die unterschiedliche Farbe der in den verschiedenen Bauphasen der Kathedrale verwendeten Steine. Vor allem der Westturm zeigt ein besonders lebhaftes Rot im Unterschied zu den gedämpfteren natürlichen Tönungen am anderen Turm und dem anstoßenden Mauerwerk.

Ein außergewöhnliches Zeugnis für die Verschwendungssucht in Spätrenaissance-Skulpturen ist das Portal. Es repräsentiert besonders deutlich den plateresken Stil, der die dekorativeren Seiten des Genres betonte, in dem in höchst stilisierte Fassaden Skulpturen, Büsten und Kombinationen von Pflanzen- und Tiermotiven integriert werden. Das Tympanon mit Szenen aus dem Leben Christi ist in eine eingezogene Wölbung gesetzt, deren Tiefe noch durch die reich dekorierten Elemente an den Säulen und anstoßenden Feldern, die das Hauptbild umrahmen, hervorgehoben wird.

Wer nach Santiago unterwegs ist, muss die herrlichen Darstellungen der um das Portal der Kathedrale dargestellten Natur bald mit der Realität vertauschen. Wenn er wieder auf der Straße ist, kommen Flora und Fauna auf der nächsten Etappe jedoch nur selten an jene künstlerischen Interpretationen heran. Nach gut 50 Kilometern harten Marsches über die Montes de León erreicht man Ponferrada, von dem die Ausblicke inspirierend sein mögen, die Vegetation am Straßenrand ist es ganz sicher nicht. Für Pilger, die der sengenden Hitze im Sommer entgehen wollen und lieber im Frühjahr oder Herbst reisen, können niedrige Wolken, Nebel und Regen zudem die Sicht beeinträchtigen, ja sogar landwirtschaftliche Einzelheiten völlig verschwinden lassen. In höheren Lagen werden die Wetterbedingungen zunehmend zu einem Risiko, da die Route sich dem Atlantik mit seinem feuchten Klima nähert. Dann bleibt dem Wanderer nichts anderes übrig, als sich auszumalen, wie die Szenerie aussehen könnte.

Der Aufstieg in die Berge von León bis zum höchsten Punkt des ganzen Camino bei 1517 Metern verläuft auf schmalen Straßen oder neu angelegten Pfaden, die den Weg sicherer für Pilger machen. Einige der heruntergekommenen und teilweise verlassenen Dörfer auf dem Weg zum Scheitelpunkt, wie El Ganso und Foncebadón, zeigen neuerdings wieder Anzeichen einer Wiederbelebung. In ganz ähnlicher Weise, wie viele mittelalterliche Gemeinden als direkte Folge der Pilgerreise wuchsen und aufblühten, ernten auch sie jetzt die Früchte des in jüngster Zeit wieder auflebenden Interesses. Einige verfallene Anwesen werden zweifellos zu Ferienhäusern umgebaut werden, andere aber, um den Bedürfnissen heutiger Pilger und der wachsenden Zahl von Touristen in ihrem Gefolge gerecht zu werden.

Den Pass von Foncebadón erreicht man nach einer langen ununterbrochenen Schinderei, begleitet von zahlreichen Schneepfählen mit leuchtenden Spitzen, die daran erinnern, dass der Winter nicht die Zeit für eine Pilgerreise ist! Eine Atempause gewähren ein

Unten: Eigentlich ein religiöses Symbol und von vielen als solches verehrt, wird der hohe Mast des Cruz de Fierro wie eine Art ganzjähriger Weihnachtsbaum behandelt und mit allen möglichen Andenken und Krimskrams verziert.

Ganz unten: An einer Straßeneinmündung außerhalb von El Acebo erinnert ein ergreifendes modernes Denkmal an den Tod eines deutschen Fahrradpilgers im Jahr 1987.

kleines Plateau und das berühmte Wahrzeichen des Cruz de Fierro. Dieses skelettartige Eisenkreuz ragt von einem hohen Mast aus einem riesigen Steinhaufen auf. Die Tradition der Wallfahrt will es, dass jeder einen Stein, der für das Gewicht seiner Sünden steht, als symbolischen Akt der Buße den Berg hinaufträgt. In mancher Hinsicht erinnert der Ort fast an die mit Gebetsfahnen verzierten Stupas, die man im Himalaya antrifft. Bei genauerem Hinsehen haben die am Mast befestigten Dinge nicht ganz den gleichen mystischen Inhalt. Fußballfähnchen, Schlüsselanhänger und kleine Kuscheltiere, die monatelang dem Regen ausgesetzt waren, bilden einen eher kläglichen und verwahrlosten Anblick, und der ganze Platz sieht allmählich etwas geschmacklos aus.

Nach einem leichten Anstieg vom Kreuz weg ist wenige Minuten später der Aufstieg zum Monte Irago geschafft. Die Freude kann jedoch durch die am westlichen Horizont bedrohlich aufragenden galicischen Berge gedämpft werden. Vor dieser nächsten Herausforderung müssen Pilger den langen Abstieg nach Ponferrada und in die fruchtbare Ebene des Bezirks Bierzo hinter sich bringen. El Acebo ist das bemerkenswerteste Dorf am Weg, eine Siedlung römischen Ursprungs mit einer einzigen Straße, die auf dem Grat eines ungeschützten Bergrückens verläuft.

Die schmale Straße wird von einfachen Häusern gesäumt, von denen einige heute rustikale Gästehäuser und zusätzliche Pilgerunterkünfte sind. Die meisten aber scheinen kaum verändert, seit sie gebaut wurden. An den unrestaurierten Häusern sehen die traditionellen Balkone aus, als hätten sie ernste Schlagseite, sie werden aber dennoch offenbar regelmäßig benutzt. Man fragt sich, ob die Tische und Stühle, die auf den meisten zum festen Bestandteil zu gehören scheinen, auf einer Seite gekürzte Beine haben.

Die Rückkehr auf ebenes Gelände in Molinesca mag bei Wanderern eine längere Anpassung erfordern, da Sehnen und Muskel durch die ziemlich steilen An- und Abstiege seit Astorga stark beansprucht wurden. Molinescas Häuser und sein Kirchturm waren seit Jahrhunderten für Pilger ein willkommener Anblick. Sobald die romanische Brücke aus dem 12. Jahrhundert, der Puente de Peregrinos, überquert ist, erscheint die Entfernung nach Santiago plötzlich erheblich geschrumpft zu sein. Die alte Brücke überblickt einen Abschnitt des Río Meruelo, der mit Schleusentoren aufgestaut ist, um für den Sommer ein natürliches Schwimmbad zu schaffen. Dessen Wasser aus den

Oben und rechts: El Acebo ist ein Dorf aus einer anderen Zeit. Obwohl die einzige Straße heute betoniert ist, laufen noch Geflügel und Vieh nach Belieben zwischen den mit traditionellen Balkonen verzierten Häusern umher. Im Mittelalter war die Gemeinde von Abgaben befreit, weil sie sich im Winter um die Schneepfähle des Foncebadón-Passes kümmerte.

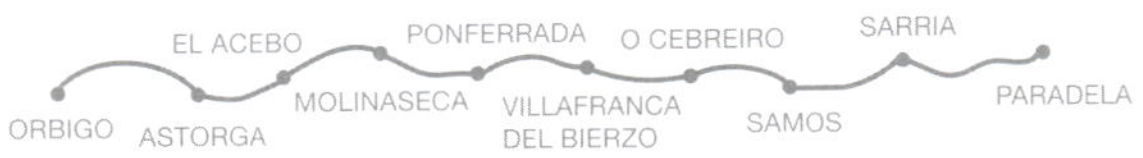

Oben: Molinesca liegt am Fuß der Montes de León. Pilger, die vom höchsten Punkt des Camino hinabsteigen, betreten das Dorf über eine romanische Steinbrücke.

Bergen weist aber selbst an den heißesten Tagen eine Temperatur auf, die auch für die abgehärtetesten Badegäste ein Schock sein muss. Obgleich nur rund acht Kilometer vom Ballungsraum Ponferrada entfernt, ist Molinesca erfrischend frei von hässlichen Neubauten, was man leider nicht von der dicht bebauten Nachbarstadt behaupten kann.

Ponferrada erhielt seinen Namen von einer Pilgerbrücke, die Ende des 11. Jahrhunderts mit Eisen verstärkt erbaut wurde, um einen leichteren Übergang über den Río Sil zu schaffen. Die Stadt ist sehr viel älter als die Blütezeit der Pilgerreise, denn sie war schon lange besiedelt, bevor die Römer sie zu einer größeren Stadt im Herzen eines ihrer lukrativsten Bergbaubezirke machten. Durch den Fels, der fast senkrecht vom Flussufer aufragt, ließ sich Ponferrada leicht verteidigen. Noch heute wird es von den Mauern und Türmen seiner alten Burg beherrscht. Dennoch wechselten sich in der langen Geschichte des Ortes Zerstörung und Wiedergeburt ab. Die Burg, die viele jüngere Anbauten aufweist, wurde vom Templerorden als typisch mittelalterliche Festung erbaut. Eine frühere westgotische Festung war durch maurische Angriffe am Ende des 10. Jahrhunderts fast völlig zerstört worden. Den Templern wurden die Ruinen 1178 mit der Aufforderung überantwortet, eine neue Burg zu errichten, von der aus sie die durch den Bierzo führenden Pilgerrouten verteidigen konnten. Die Arbeiten begannen im zweiten Jahrzehnt des 13. Jahrhunderts, und die Burg war rund 60 Jahre später fertig. Aber die Templer hatten sie nur kurz in Besitz, da der Vatikan den Orden 1312 auflöste.

Bemerkenswert unverdorben besteht der Kern der eigentlichen Stadt im Windschatten der Burg fort, wenngleich die Kräne, die sich anscheinend ohne Unterlass über dem alten Ponferrada drehen, vermuten lassen, dass die Erhaltung der Vergangenheit einen hohen Preis hat. Ein solch anhaltendes Arbeitsprogramm mag für Besucher und Einwohner ärgerlich sein, aber es ist ermutigend zu wissen, dass Regierung und lokale Behörden ihr Erbe um der Sache willen ernst nehmen und nicht nur, um durch den Tourismus Einkünfte zu erzielen. Wird das Erbe gut gepflegt, werden Besucher natürlich von einer Stätte wegen ihrer historischen Werte angezogen, ganz gleich, ob sie »touristenfreundlich« gemacht worden ist.

Altes und »neues« Ponferrada sind durch den Fluss getrennt. Bereits die mittelalterliche Stadt dehnte sich auf das andere Ufer aus, als sie blühte und wuchs. Aber alle Spuren wurden durch die Entwicklung von Industrie und Handel ausgelöscht, als in Ponferrada Mitte des 20. Jahrhunderts mit dem Kohleabbau ein neuer Aufschwung begann. Nach Tagen im Gebirge und auf dem Land scheint sich der Weg durch Ponferradas farblose Vororte endlos hinzuziehen. Zum Glück ist der Zustand ländlicher Stille bald wieder hergestellt, wenn er auch in manchen Abschnitten durch Lärm von der nahen Hauptstraße gestört wird.

Das Bierzo-Becken ist eine reiche und fruchtbare Gegend und berühmt für Wein und Obst. Aber für alle Pilger mit Zeit und Energie ist es auch ein Gebiet, das es wegen seiner Industriearchäologie zu erkunden lohnt. Die römischen Goldminen in Las Médulas, etwa 20 Kilometer westlich von Ponferrada, erinnern stimmungsvoll daran, wie geschickt und findig unsere Vorfahren in der Ausbeutung der Natur waren, obwohl es ihnen an Technik und Ausrüstung mangelte, die für unsere moderne Industrie selbstverständlich sind. Worauf die Römer und andere Kulturen der Antike natürlich zurückgreifen konnten, waren Sklaven. Das Ausmaß der Bergbauarbeiten in Las Médulas ist erstaunlich. Mit Körperkraft wurde ein komplexes Netz von Kanälen und Tunneln angelegt, um den erzhaltigen Boden freizulegen, aus dem dann in riesigen Rinnen das Metall ausgewaschen wurde.

Der Camino verläuft an Feldern mit Obstbäumen vorbei auf die galicischen Berge in Villafranca del Bierzo zu, dem traditionellen Ende der Etappe von Ponferrada und für viele mittelalterliche Pilger, dem

Rechts: Obwohl sie über Jahrhunderte wegen fertig behauener Bausteine geplündert wurde, ist Ponferradas kürzlich restaurierte Templerburg erstaunlich unversehrt. Sie könnte Filmproduzenten aus Hollywood als Kulisse dienen: Man kann sich mühelos Pierce Brosman oder Mel Gibson (in der Rolle des Santiago Matamoros?) vorstellen, wie er auf einem weißen Pferd die Rampe hinabgaloppiert.

Unten: Die galicischen Berge sind die letzte große physische Barriere zwischen den Pilgern und ihrem endgültigen Ziel, Santiago de Compostela.

Rechts und unten: Der Bierzo im Nordwesten der Provinz León war einst berühmt für seine Bodenschätze. Heute werden sein unverwechselbarer Rotwein und sein erstklassiges Obst und Gemüse immer beliebter. Der beste Paprika des Bierzo trägt das anspruchsvolle Herkunftsgütesiegel D. O. (*denominación de origen*) und wird in ganz Spanien vertrieben.

Unten: Die Burg von Villafranca del Bierzo aus dem 15. Jahrhundert ist noch bewohnt und kann nicht besichtigt werden. Das Portal trägt das Wappen der Familie Pimental, deren Angehörige von den katholischen spanischen Monarchen im Jahr 1486 zu Marqueses de Villafranca geadelt wurden.

Gegenüber: Die moderne Pilgerstatue, die an der Brücke über den Río Valcarce in Villafranca del Bierzo steht, kontrastiert mit der jesuitisch beeinflussten Fassade der Stiftskirche S. Nicolás aus dem 17. Jahrhundert. Die Strenge des ursprünglichen Baus wurde durch barocke Dekoration gemildert.

Ende ihrer Reise. Eines der ersten Gebäude, auf das man trifft ist die romanische Kirche Santiago aus dem 12. Jahrhundert. Ihr Portal wurde als Puerta del Perdón bekannt, Tür der Vergebung: Pilger, die zu krank waren, um über die Berge zu wandern, wurden durch sie eingelassen, um die Kommunion zu empfangen, und bekamen den gleichen Ablass, den sie erhalten hätten, wenn sie die ganze Reise nach Santiago gemacht hätten.

Villafranca war schon im 10. Jahrhundert unter seinen Namen bekannt, lange bevor die Pilger kamen und seinen Reichtum mehrten. Seine Lage am Zusammenfluss zweier Flüsse, am Fuß des Cebreiro-Passes sowie am Rand eines fruchtbaren Agrargebietes machte es zu einem bevorzugten Siedlungsraum. Dass auch Ausländer nicht abgewiesen wurden, wenn sie sich hier niederlassen wollten, lässt der Namensbestandteil »franca« vermuten, der einst wohl für Fremde im Allgemeinen stand. Heutige Pilger nehmen es für gegeben an, weltweit mit ihren Familien über E-Mail oder Mobiltelefon kommunizieren zu können. Man stelle sich aber die Lage einer Familie im 12. Jahrhundert vor, deren Ernährer entschieden hatte (oder zur Buße gezwungen war), die Wallfahrt nach Santiago zu unternehmen. War er einmal unterwegs, bestand keinerlei Kontaktmöglichkeit mehr. Er konnte zu einem unbekannten Zeitpunkt unversehrt zurückkehren, er konnte unterwegs aber auch gewaltsam oder durch Krankheit umkommen oder einfach beschließen, ein neues Leben zu beginnen – beispielsweise in Villafranca del Bierzo, wo dem Pilger etwas geboten wurde, was besser war als das, was ihn zu Hause erwartete.

Bedenkt man ihre relativ abgeschiedene Lage, weist die unverhältnismäßig große Zahl vornehmer Adelshäuser in der Stadt darauf hin, dass sie irgendwann in

ihrer Geschichte einflussreiche Verbindungen hatte. Im Spanien des 15. Jahrhunderts gab es keine mächtigeren Beziehungen als jene zu den Monarchen Isabella I. und Ferdinand II., welche die Dynastie der Osorios adelten, indem sie Villafranca zur Markgrafschaft (spanisch *marquesado*) erhoben. Der zweite Marqués, Pedro Álvarez de Toledo (1494–1553), prägte das Erscheinungsbild der Stadt. Für viele Jahre Spaniens Vizekönig in Neapel, importierten er und später auch seine beiden Nachfolger, die ebenfalls Vizekönige von Neapel waren, ihre dort gefasste Vorliebe für italienischen Stil und Luxus in den Bierzo.

Mittelalterliche Pilger, die kräftig genug waren weiterzuwandern, wurden bald von dem langen Anstieg zu der alten Bergsiedlung O Cebreiro gefordert. Die ersten Etappen sind mittlerweile relativ ungefährlich, da der Verkehr auf eine neue Autobahn umgeleitet wird, die mit der alten Straße den etwas beklemmenden Engpass teilt, den der Río Valcarce eingeschnitten hat. Ein langgezogener Anstieg führt schließlich nach Pedrafita, einem öden Stützpunkt, an dem der Aufstieg nach O Cebreiro nun deutlich steiler wird. Die Autobahn führt weiter nach Nordwesten zu ihrem Endpunkt in A Coruña, dem Hafen, den früher britische Pilger nutzen, die lieber die riskante Seefahrt über den Ärmelkanal und die Biskaya wählten, als sich den Härten und Gefahren einer langen Reise über Land auszusetzen. Die Gefahren, denen sich heutige Pilger auf dem Weg von Pedrafita hinauf aussetzen, sind schmerzende Wadenmuskeln, Atemnot, Hypothermie oder schlechtes Wetter – und, wenn der Gipfel erreicht ist, vielleicht ein leichter Schwindel. Die Aussicht von dort oben ist wirklich herrlich, getrübt nur durch den hässlichen Einschnitt der Autobahn in den Hang weit unten. Pilger können sich für mehrere Wege nach O Cebreiro entscheiden, darunter eine hoch gelegene Route für die Sportlichen und Erfahrenen. Quält man sich an der geteerten Straße entlang, kann man nur mit einem Auge die Aussicht genießen: Das andere muss immer nach lebensbedrohenden Autos Ausschau halten, deren Fahrer anscheinend testen wollen, wie gut ihre Wagen eine kurvenreiche Gebirgsstraße bei hohem Tempo bewältigen!

Rechts: Die primitiven *pallozas* aus Stein und Stroh in O Cebreiro ähneln im Stil jenen, die Archäologen in anderen keltischen Siedlungen Europas entdeckt haben. Die Hütten bestanden in der Regel aus einem Raum für Menschen und einem für Tiere, jedoch mit nur einer Tür.

Eine Gruppe primitiver keltischer Hütten, die *pallozas*, liefert den Beweis, dass O Cebreiro beträchtlich älter als die Wallfahrt nach Santiago ist. Die sorgfältig rekonstruierten Behausungen aus Stein und Stroh sind eine wichtige Quelle für die ethnografische Forschung. Wahrscheinlich blieben sie erhalten, weil O Cebreiro am Camino traditionell eine wichtige Zuflucht für Pilger wie Touristen war. Der früheste schriftliche Hinweis auf das Hospiz, das von französischen Benediktinern aus dem Kloster S. Giraldo d'Aurillac geleitet wurde, stammt von 1072, als Alfonso VI. ihre Rechte und Privilegien bestätigte. Geschenke und Stiftungen sicherten damals die Zukunft von Hospital und Kirche. Die vorromanische Kirche Sta. Maria la Real ist eine der ältesten am Camino Francés, aber außer dem Taufbecken existieren nach einer Restaurierung in den 1960er Jahren keine Spuren mehr von der ersten Kirche oder ihrer mittelalterlichen Nachfolgerin.

Erhalten sind dagegen der Kelch und die Patene, die angeblich bei einem Wunder im 14. Jahrhundert eine Hauptrolle spielten. Ein Priester soll während eines schweren Schneesturms in einer leeren Kirche die Messe gelesen haben, als trotz des Unwetters ein frommer Bauer hereintaumelte. Als der Priester ihn schalt, Leib und Leben für einen Happen Brot und Wein riskiert zu haben, sollen jene plötzlich richtiges Fleisch und Blut geworden sein, und eine Marienstatue auf dem Altar soll den Kopf geneigt haben, um besser zu sehen. Mit Wundern verbundene Reliquien sorgten für Einkünfte. Im Fall von O Cebreiro scheint

Unten: Die Abteikirche S. Julián des Benediktinerklosters in Samos schmückt eine imposante und vornehme Fassade aus dem 18. Jahrhundert, deren architektonischer Glanzpunkt der Treppenaufgang aus dem Jahr 1779 ist.

es ein seltsamer Zufall, dass die Monarchen sich über den armseligen Zustand des Ortes äußerten, als sie 1486 auf dem Weg nach Santiago waren, und genau ein Jahr später das Wunder von Papst Innozenz VIII. offiziell anerkannt wurde!

Das abgelegene O Cebreiro hat sich in den letzten Jahrzehnten zu einem beliebten Touristenort ausgedehnt und verfügt heute über die notwendigen Einrichtungen, um auch den zufälligen Besucher zu versorgen. Der Rauch von Holzfeuern der eng aneinander geschmiegten Häuser und appetitanregende Düfte aus den Restaurants verbinden sich mit dem Klang galicischer Volksmusik aus dem Andenkenladen zu einer munteren Stimmung. Außer an den windstillsten Tagen kann die Euphorie aber im Nu verfliegen, wenn man sich aus dem Schutz der Häuser löst – eine herbe Erinnerung an die große Mühsal, die jene frühen Wegbereiter erduldeten, die in ihrem Streben, das Grab des Apostels zu erreichen, gegen die Elemente ankämpften.

Auf dem Gipfel des Cebreiro-Passes ist das Schlimmste geschafft. Auf und ab folgt die Route nun welligen Hügeln und Kämmen, die selten die Höhe von 1000 Meter unterschreiten. Es lässt sich beschwingt wandern auf dem Weg, der hin und wieder Weiler und kleine Dörfer wie Hospital da Condesa berührt, die fast alle irgendeinen Bezug zur Wallfahrt besitzen. Der Puerto del Poyo (1.337 Meter) ist der höchste Punkt des Weges in Galicien. Danach schlängelt er sich zwischen saftigen Weiden gemächlich hinunter zur Kleinstadt Triacastela (drei Burgen), wo die Pilger sich zwischen zwei Wegen nach Sarria entscheiden müssen. Der direkte Weg ist zwar einige Kilometer kürzer, doch würde man sich dann einen Besuch einer der ältesten Klostergründungen in Westeuropa entgehen lassen.

Der Klosterkomplex Samos wurde im 6. Jahrhundert gegründet. Seine Bewohner folgten den asketischen Lehren der frühen koptischen Mönche, traten aber im 10. Jahrhundert zum Benediktinerorden über, als Mönche aus dem aragonischen S. Juan de la Peña kamen. Zu Beginn der Pilgerreise spielte das Kloster bereits eine so beherrschende Rolle in der Region, dass es Geschenke und Protektion von spanischen Monarchen und Adligen erhielt. Als es im 12. Jahrhundert in das Netzwerk von Cluny einbezogen wurde, erklomm es sogar noch größere Höhen als Zentrum der Bildung. Seine Bibliothek war während des ganzen Mittelalters berühmt und eine unschätzbare Quelle des Wissens, die 1951 jedoch durch

einen verheerenden Brand völlig zerstört wurde. Diese ständige Bedrohung spielte in der Geschichte der Abtei leider immer eine bedeutsame Rolle: 1536 verursachte ein Großbrand solchen Schaden, dass viele der ursprünglichen Gebäude neu gebaut werden mussten. Daher macht das immer noch bewohnte Kloster Samos, obwohl es einem stilgeschichtlichen Leitfaden durch Romanik, Gotik, Renaissance und Barock gleicht, insgesamt den eher strengen Eindruck einer seelenlosen Masse von Bauten.

Die Vorberge der galicischen Berge bleiben endlich zurück, wenn die geschäftige Stadt Sarria erreicht ist. Trotz des modernen Aussehens ist noch ihr mittelalterliches Viertel erhalten, durch das der Pilgerweg ursprünglich führte. Von der Burg, die einst die Gemeinde beherrschte, existiert nur noch ein Turm, aber reiche, mit Wappen verzierte Stadthäuser und mehrere alte Kirchen, Hospitäler und Klöster sind als greifbare Erinnerung an die starke Bindung der Stadt an die Pilgerreise fast unversehrt erhalten.

Pilger, die von Sarria aufbrechen, erfreuen sich an einem idyllischeren Abschnitt, bis sie schließlich das Tal des Miño erreichen, der in den 1950er Jahren zum Belesar-Stausee aufgestaut wurde und so die Wasserkraft für eine aufstrebende Region nutzbar machte. Nähert man sich dem unansehnlichen Viadukt, der die Straße über die Wasserfläche trägt, erkennt man am gegenüberliegenden Ufer Portomarín. Außergewöhnlich an dieser Stadt ist, dass ihre Vorgängerin, die über Jahrhunderte an einer Flussüberquerung lag, heute auf dem Grund des gefluteten Tals ruht. Vom Ostufer betrachtet, fällt der dunkle festungsartige Bau auf, der die vorwiegend weißen modernen Häuser überragt: Portomaríns historische Kreuzfahrerkirche S. Juan (auch als S. Nicolás bekannt). Sie wurde, anders als die benachbarten Gebäude, vor dem Schicksal bewahrt, Anfang der 1960er Jahre in den Fluten unterzugehen. Man baute sie gewissenhaft ab und nummerierte jeden Stein, bevor sie am neuen Ort wieder aufgebaut wurde. Die Kirche nimmt nun den Ehrenplatz dort ein, wo sich die leicht abfallende Hauptstraße von Portomarín an ihrem Ende öffnet.

Bevor der Miño künstlich erweitert wurde, war er ein gewaltiges Hindernis. Die Brücke, über die eine der Hauptstraßen durch Nordspanien führte, besaß deshalb große strategische Bedeutung und wurde folglich in den zahlreichen Konflikten vor Eröffnung der Pilgerroute mehrmals zerstört. Im 12. Jahrhundert

Links: Ein ergreifend schlichtes Tympanon mit der Majestas Domini schmückt das Nordportal von S. Salvador in Sarria.

wurde eine neue Brücke gebaut und mit Portomarín den Rittern vom Orden St. Johannis vom Spital zu Jerusalem (Johanniterorden) überantwortet. Von ihrem Stützpunkt in der mit Türmchen und Zinnen versehenen Kirche verwalteten die Ritter die Stadt und ihre Hospize, schützten die Brücke und sorgten für einen sicheren Weg durch den umliegenden Bezirk.

Hinauf nach Portomarín zu wandern, ist ein seltsames Erlebnis, denn die Straße ist nicht mit Asphalt oder Beton befestigt, sondern mit kleinen schieferglatten Blöcken. Läden und Bars liegen hinter Arkaden, die, obgleich modern, ein Gefühl von Vergangenem vermitteln. War man erst noch umgeben von schimmerndem Weiß und makellosem Mauerwerk, beherrscht plötzlich die mächtige graue Kirche das Bild. Erste Eindrücke zeigen einen ästhetisch wenig ansprechenden Steinkasten, aber sie werden durch die opulenten romanischen Skulpturen um das Hauptportal in der Westfassade schnell revidiert. Von manchen wurde das Werk Meister Mateo zugeschrieben, dessen Genie die Kathedrale von Santiago so bereichert hat, wahrscheinlicher ist jedoch, dass es die Arbeit von Mitgliedern einer Werkstatt ist, die Mateos Werke bewunderten. Das Portal ähnelt in Stil und Thematik sehr dem Portico de la Gloria in Santiagos Kathedrale und zeigt Christus den Erlöser in einer Mandorla, die umgeben ist von den 24 Ältesten der Apokalypse.

Auf dem leeren Platz vor der Kirche steht die Skulptur eines Pilgers, die im Jahr 2001 von der Xunta de Galicia aufgestellt wurde. Seine glänzenden Granitaugen haben vermutlich unzählige Füße voller Blasen gesehen, die auf seinen Sockelstufen versorgt wurden. Pilger mögen bei der Nachricht zurückschrecken, dass sie weitere 90 Kilometer bis Santiago gehen, humpeln oder kriechen müssen. Wer aber erfolgreich mehr als 650 Kilometer von den Pyrenäen bewältigt hat, kann sich ebenso freuen und den Rest als Kinderspiel betrachten!

Reiseunternehmen, die auf Urlaub in Galicien spezialisiert sind, preisen es als »grünes Spanien«, weisen aber nicht darauf hin, dass das Land so grün ist, weil es so viel regnet! Pilger sind völlig dem Wetter ausgeliefert, das vom Atlantik hereinkommt. Nachdem sie sich bei sengender Hitze über die Meseta gequält haben, waten sie jetzt vielleicht in Regenmänteln durch unaufhörlichen Regen nach Santiago.

Auch wenn die Bedingungen vielleicht nicht die besten zum Wandern sind, sollte man beim Aufbruch von Portomarín sechs zusätzliche Kilometer einplanen und den lohnenden Umweg zur romanischen Klosterkirche in Vilar de Donas machen – obgleich »lohnend« nur zutrifft, wenn man des einigermaßen schwer zu findenden Schlüssels der Kirche habhaft werden kann. Das Innere ist berühmt für eine Reihe stimmungsvoller Fresken des 15. Jahrhunderts, die König Juan II. zur Feier des Heiligen Jahres 1434 in Auftrag gab, und für mehrere Grabmale von Rittern des Santiago-Ordens. Das kleine Familienkloster wurde den Rittern 1184

Oben links: Auch der alte Friedhof im Vordergrund hilft nicht darüber hinweg, dass heute eine Straßenbrücke aus Beton den Blick über das geflutete Miño-Tal verunstaltet, wo sich einst ein historischer Flussübergang befand.

Oben rechs: Ein Wegkreuz vor der romanischen Kirche S. Miguel in Paradela stellt die Kreuzigung und eine Mater Dolorosa dar, ein häufiges Thema auf solchen Denkmälern.

SUPENEDO
CAFE - BAR
VIA
YAÑEZ
VELATORIOS

Gegenüber: Ein typischer galicischer Regentag mit mattem grauem Licht, das einen leichten Glanz auf die Schieferplatten der Straße zaubert und die vorherrschende Dunkelheit in Portomarín ein wenig aufhellt.

Unten: Das Tympanon über der Nordtür von S. Nicolás ist zwar einfacher gestaltet als das Hauptportal der Kirche, doch stellt es die Verkündigung kraftvoll dar: Offenbar entsetzt über die Botschaft streckt Maria dem Engel abwehrend ihre Hände entgegen.

Rechts: Düstere Regenstimmung betont das Abweisende der Festungskirche S. Nicolás. Helles Sonnenlicht und ein blauer Himmel würden von ihrer imposanten Gestalt nur ablenken.

Links: Eine alte Holztür mit wunderbaren, handgeschmiedeten Angeln und dekorativen Metallarbeiten behütet die Grabmale mittelalterlicher Ritter und Fresken in der Kirche El Salvador in Vilar de Donas.

übergeben, und bot ihnen eine perfekte Rückzugsmöglichkeit für Gebet und Meditation sowie einen Stützpunkt, von dem aus sie für einen sicheren Durchzug der Pilger auf dem Camino sorgen konnten. Falls der Zugang zur Kirche mangels Schlüssel doch vereitelt ist: Die alte Tür mit ihren schmiedeeisernen Angeln weist mehrere recht große Astlöcher auf – eine ideale Lösung sind diese nicht, aber der Besucher bekommt wenigstens eine Ahnung von den Kunstwerken.

Die meisten Dörfer und Kleinstädte, die man auf den letzten Etappen der Route durchwandert, erinnern auf verschiedene Weise an die Zeiten der mittelalterlichen Wallfahrt – sei es durch Ortsnamen, Ruinen alter Hospitäler, mittelalterliche Brücken oder vielleicht einfach lange Hauptstraßen, die von mehr Kirchen gesäumt sind, als kleine Landgemeinden eigentlich benötigen. Melide ist eine solche Stadt, die mehrere mittelalterliche Kirchen besitzt. Aber für hungrige Pilger mag ihre regionale Spezialität, der *Pulpo* (Oktopus), interessanter sein. Am späten Morgen kann man praktisch vor jedem Restaurant große Kessel über Gasbrennern sehen. Hier wird das gummiartige Fleisch des Tintenfischs weich gekocht, bevor es der Koch in der Küche in ein appetitliches Gericht verwandelt.

Santiago de Compostela hat heute einen eigenen internationalen Flughafen in Lavacolla, etwa 13 Kilometer vom Stadtzentrum entfernt. Flugzeuge voller Touristen, die sich innerhalb weniger Stunden bequem von zu Hause hierher verfrachten ließen, landen in der Nähe jenes Dorfes, in dem mittelalterliche Pilger sich einer rituellen Reinigung im Dorfbach unterzogen, bevor sie ihre Reise vollendeten. Waschen lässt sich in Lavacolla nicht mehr viel. Der Wasserlauf ist mit Unkraut zugewuchert, und Dornbüsche bedecken die Ufer, sodass jeder, der sich an die alten Reinigungsriten halten möchte, vielleicht bedauert, sich entblößt zu haben – ob das Waschen nun nötig ist oder nicht.

Schließlich versuchten die Pilger, trotz der Erschöpfung, mit kaum gebändigter Euphorie die Hänge des Monte de Gozo (Berg der Freude) hinaufzurennen, um einen ersten Blick auf Santiago de Compostela zu werfen. Die Emotionen in diesem Augenblick, nach Monaten der Mühe, Gefahr und Entbehrung, kann man sich kaum vorstellen. Für viele heutige Pilger wird das Erlebnis wahrscheinlich durch die Stadtentwicklung geschmälert, die den einst makellosen Blick auf die Türme der Kathedrale von Santiago verdorben hat. Für das Heilige Jahr 1993 wurde der Monte de Gozo von der Stadtverwaltung erschlossen und es wurden Einrichtungen für Tourismus, Freizeit und Konferenzen geschaffen. Heute sieht der gesamte Bereich jedoch zunehmend verwahrlost aus.

Die einzige Entschädigung ist der Hauptaussichtspunkt, wo zwei großartige ausdrucksvolle Bronzestatuen die Freude mittelalterlicher Pilger bei der Ankunft auf dem Monte de Gozo darstellen. Die letzte Etappe der Reise mag immer noch entmutigend aussehen, aber in Wirklichkeit ist der Weg durch die Vororte von Santiago nicht zu schwierig. Alle, die zu Fuß oder mit dem Fahrrad reisen, werden bald in das alte mittelalterliche Viertel eingetaucht sein, das sie zu ihrem Ziel führt – dem Grab des Apostels.

Gegenüber: Monte de Gozo war der letzte Gipfel, den man auf der Pilgerreise erreichen musste: der Ort, der Pilgern den ersten Anblick der Stadt gewährte. Moderne Bronzefiguren vermitteln etwas von der Erleichterung und dem Überschwang in diesem Augenblick.

10

SANTIAGO DE COMPOSTELA

Gegenüber: Ein genialer Entwurf, vollendete Steinplastiken und meisterhafte Handwerkskunst kennzeichnen die auch Obradoiro (»Goldgeschmeide«) genannte Westfassade der Kathedrale von Santiago de Compostela. Sie gilt als die berühmteste Barockfassade Spaniens. An der Spitze des Mittelteils befindet sich die Statue des Santiago Peregrino, während eine Ebene tiefer seine Jünger Theodorus und Athanasius eine Darstellung seines Reliquienschreines flankieren.

Den einst ungehinderten Ausblick vom Monte Gozo auf die fern aufragenden Türme der Kathedrale versperrt heute die urbane Silhouette von Santiago de Compostela. Doch können es sich nur die wenigsten historischen Städte leisten, sich der Zukunft zu verschließen, um das vergangene Erbe zu erhalten. Ob man in Santiago als Pilger oder als Tourist ankommt, der nach Jerusalem und Rom drittgrößte christliche Wallfahrtsort des Mittelalters erfüllt alle Erwartungen. Jedoch lassen das neu erwachte Interesse für Pilgerreisen sowie die verbesserten Verbindungen zu Land und auf dem Luftweg gerade in den Sommermonaten die Stadt aus allen Nähten platzen. Offiziellen Angaben zufolge landeten 2006 auf dem Flughafen von Lavacolla rund zwei Millionen Passagiere. Die Zahl derer, welche die Stadt per Flugzeug verlassen, dürfte etwas höher liegen, weil sich erschöpfte Pilger vermutlich häufig für den bequemeren Heimflug entscheiden. Dennoch bietet sich früh am Morgen und abends die Möglichkeit, das sakrale bauliche Erbe Santiagos in Muße zu entdecken.

Santiago de Compostela erschließt sich dem Besucher am besten zu Fuß. Da die Stadt ihre Entwicklung der Entdeckung des Grabes des Apostels Jakobus des Älteren verdankt, scheint es angemessen, sich ihr auf jener Route zu nähern, der die Wallfahrer schon seit Jahrhunderten folgen und die man unschwer anhand der Straßennamen in den Außenbezirken der Stadt entdeckt. Besonders geeignet hierfür ist die Hauptverkehrsstraße Rua dos Concheiros, wo ankommende Pilger Muschelschalen als Zeichen ihrer erfolgreich abgeschlossenen Wallfahrt kaufen können. Schon im Mittelalter waren die Straßenverkäufer hier bestrebt, Pilgern und Reisenden billigen Tand möglichst teuer zu verkaufen, denn sicherlich gab es anderswo identische Muscheln auch für weniger Geld.

Kommt man dem Herzen der Altstadt näher, spitzen immer häufiger die Türme der Kathedrale hervor, um im nächsten Moment wieder dem Blick zu entschwinden, während die Straßen enger und die Gebäude höher werden. Vom traditionellen Zugang zur Altstadt, der Puerta del Camino, führt der Pilgerweg zur Plaza Immaculada, wo er an der Nordfassade der Kathedrale endet. Im frühen 12. Jahrhundert diente das Nordportal als Haupteingang in die Kathedrale und bestand aus zwei romanischen Portalen mit erlesenem Skulpturenwerk. Leider wurde fast die gesamte ursprüngliche Ausgestaltung zerstört, und die Neugestaltung im 18. Jahrhundert machte den Nordeingang zum ästhetisch am wenigsten anziehenden unter allen Eingängen der Kathedrale. Bruchstücke des Originaltympanons wurden gerettet und in den Südeingang, den Portico de las Platerias, eingesetzt.

Internet
EL LAGAR
DE XELMIREZ
Café
Tramoia

Für jene, die auf dem mehrere hundert Kilometer langen Pilgerweg sicherlich oft an die Grenzen ihrer körperlichen und geistigen Leidensfähigkeit gestoßen sind, muss die Erreichung dieses letzten Ziels überwältigend sein. Vom Nordeingang her ist der Jakobsaltar zwar nur wenige Meter vom Querschiff entfernt, doch sollte der Besucher sich von der einzigen Stelle nähern, von der sich ein überwältigender Blick auf die Kathedrale bietet: zu Füßen der Statue des Santiago Matamoros auf der herrlichen Plaza de Obradoiro (vermutlich von *obra de oro*, Werk aus Gold). Der »Maurentöter« sitzt auf dem Dach des im klassizistischen Stil erbauten Rathauses und blickt über den Platz hinweg auf die Kathedrale. Wer die weitläufige Plaza überquert, sollte den Blick nicht nach links werfen. Ein stimmungsvoller Ausblick, der in Europa seinesgleichen sucht, wird seine Standhaftigkeit belohnen.

Im 18. Jahrhundert vom Architekten Fernando Casas y Novoa geschaffen, ist die der Plaza de Obradoiro zugewandte Westfassade wahrlich ein »Werk aus Gold«. Die Fassade gleicht einem monumentalen, von zwei Türmen einer älteren Periode flankierten Altaraufsatz, den die untergehende Sonne in ein mildes, goldfarbenes Licht taucht.

Vollendet wurde das Meisterwerk 1750 nach 12-jähriger Bauzeit. Während der Blick des Betrachters über diese grandiose symmetrische Fassade wandert, kann man sich kaum vorstellen, dass hier eine bescheidene Kapelle gestanden hatte, die im 9. Jahrhundert über dem Grab des heiligen Jakobs errichtet worden war. König Alfonso III. der Große baute dann 899 an derselben Stelle eine größere Basilika für den zunehmenden Strom von Pilgern, welche die Wunder anzogen, die sich am Grab des Apostels ereignet haben sollen.

Knapp 100 Jahre später, im Jahr 997, stürmten die Mauren unter Almanzor die Stadt und zerstörten die Basilika. Gewarnt vor den sich nähernden Mauren, gelang es den Bewohnern rechtzeitig, die Gebeine des Heiligen an einem sicheren Ort zu verwahren. Aufgrund der Bedrohung durch verschiedenste »Trophäenjäger« mussten die sterblichen Überreste des Apostels in späteren Zeiten noch mehrmals gut versteckt werden – einmal offenbar so gut, dass die genaue Stelle ihres Verbleibs völlig in Vergessenheit geriet!

Trotz der überwältigenden Monumentalität der Kathedrale genügt es, über die breite Freitreppe und durch eine überraschend bescheidene Tür das Innere zu betreten, um sich sofort ins 12. Jahrhundert versetzt

Gegenüber: Die Rúa de Gelmírez, eine der stimmungsvollen Gassen der Altstadt, die von einem der angrenzenden Plätze rund um die Kathedrale ausgeht, steigt steil an und erinnert den Besucher so an die hügelige Lage der Stadt.

Rechts: Fast am Ziel! Sich nach wochenlanger Wanderung in unmittelbarer Nähe der Kathedrale zu befinden, bewegt jeden Pilger. Einige sind den Tränen nahe, andere nähern sich wortlos, jedoch glücklich lächelnd ihrem Ziel. Für alle ist es aber der Höhepunkt dieser sehr persönlichen Erfahrung.

Gegenüber: Die Strahlen der Morgensonne erreichen die Nordseite der Kathedrale mit dem Torre del Reloj, dem 70 Meter hohen Glockenturm, in dem jene Laterne aufbewahrt wird, die einst den Pilgern den Weg wies. Sie wird auch heute noch in den Heiligen Jahren entzündet.

Rechts: Die Skulpturen im Bogen der rechten Tür des Portico de la Gloria zeigen die Erlösten und die Verdammten.

Unten: Den Haupteingang bildete ursprünglich der mit reichem Skulpturenwerk geschmückte, romanische Portico de la Gloria des berühmten Maestro Mateo, der ihn 1188 vollendete.

Unten: Die Kathedrale von Santiago de Compostela ähnelt in ihrem Grundriss den im 11. Jahrhundert entstandenen Pilgerkirchen von Tours, Limoges und Conques. Sie wurde in Form eines lateinischen Kreuzes mit drei Langschiffen, einem Querschiff und einem bogenförmig um den Hauptaltar herumführenden Ambulatorium angelegt. Um die Schiffe liegt ein Kranz meist romanischer Kapellen mit reich geschmückten Altären, Grabmalen und Skulpturen.

Gegenüber: Das Hauptschiff der Kathedrale ist 8,5 Meter breit, 24 Meter hoch und trägt ein Tonnengewölbe. Die eher düstere Atmosphäre in diesem romanisch geprägten Teil der Kathedrale endet jäh vor dem golden und silbern glänzenden Barockaltar.

zu fühlen. Wie eine architektonische Muschelschale fasst die barocke Fassade das romanische Gebäude ein, das sich aus den Ruinen der von Almanzor zerstörten Basilika des 10. Jahrhunderts erhob. Der Gegensatz zwischen dem Äußeren und dem Innenraum könnte größer nicht sein, sobald man durch den dreibogigen, 1188 vollendeten romanischen Portico de la Gloria, den ursprünglichen Eingang in die Kathedrale, das Langhaus betritt. Das dreigliedrige Portal ist ein Werk von Maestro Mateo, dem Hüttenmeister der Kathedrale, und zählt mit seinem Skulpturenwerk zum Großartigsten in der gesamten spanischen Romanik. Bilder können zwar die Kunstfertigkeit der Steinmetze wiedergeben, nicht aber die Atmosphäre vermitteln, die das Portal umgibt und die von dem sich dahinter öffnenden Langhaus ausgeht.

Das Jüngste Gericht ist ein Thema, dem die Pilger auf ihrer Wallfahrt sicherlich auch in den Giebelfeldern anderer Kirchen und Kathedralen entlang dem Jakobsweg begegneten. Das beste Beispiel in Santiago de Compostela anzutreffen, erscheint völlig angemessen. Vor einem Bündelpfeiler in der Mitte des Hauptportals, welcher das Tympanon trägt, thront auf eigener Säule Santiago, der Patron der Kirche, dessen heiteres Antlitz die Gläubigen willkommen zu heißen scheint. Am Fuß der Säule finden sich fünf tiefe Einkerbungen, die entstanden, weil sich zahllose Pilger an ihr mit einer Hand abstützten, als sie niederknieten, um den Sockel der Skulptur zu küssen. Die beiden Seitenportale weisen kein Giebelfeld auf, ihre Archivolten sind aber überreich mit biblischen Szenen verziert. Sobald man den Portico de la Gloria durchschritten hat, umfängt einen die Geräumigkeit von Langhaus und Seitenschiffen, die darauf ausgerichtet waren, Scharen von Pilgern Platz zu bieten.

In wirkungsvollem Kontrast zu der eher düsteren Atmosphäre romanischer Kirchen steht der golden und silbrig schimmernde Altar, der gleich einem Leuchtfeuer die Gläubigen an die Statue des sitzenden Santiago heranführt, die aus dem 13. Jahrhundert stammt und den Mittelpunkt bildet. Mehrere Stufen führen hinter dem Altar in einen winzigen Raum, indem Gläubige das Gewand der Jakobsstatue küssen können. Von hier gelangt man in die Krypta unter dem Hauptaltar, in der sich ein Silberschrein mit den angeblichen Reliquien des Apostels befindet.

Für viele Besucher der Kathedrale ist es unabdingbar mitzuerleben, wenn der *botafumeiro*, ein riesiges silbernes Weihrauchgefäß, wie eine Glocke durch das

Kreuzschiff geschwungen wird. Ursprünglich nur Festtagen, wie etwa dem Namenstag des Heiligen, vorbehalten, scheint der *botafumeiro* heute öfter in Einsatz zu sein. Er hängt von der Kuppel an einem dicken Seil herab, das von mehreren kräftigen Männern so gezogen wird, dass er mit jeder Schwingung einen größeren Bogen beschreibt, bis er schließlich fast die Decke erreicht hat. Das laute Zischen und die Wolken von Weihrauchduft lassen die Zeremonie für jeden Pilger zweifelsohne zu einem unvergesslichen Erlebnis werden. Sie entspricht bestimmt nicht den Sicherheitsvorschriften des 21. Jahrhunderts, doch scheint es im Laufe der Zeit nur äußerst selten zu Zwischenfällen gekommen zu sein. So etwa löste sich im 16. Jahrhundert das Weihrauchgefäß von seiner Befestigung an der Decke und flog mitsamt dem Seil durch ein Fenster nach außen, wo es zwei Pilger erschlug. Ihnen dürften angesichts eines solchen irdischen Endes alle Sünden vergeben worden sein.

Der Südeingang der Kathedrale, die Puerta de las Platerías (»Tor der Silberschmiedearbeiten«) hat ihren Namen von den Gold- und Silberschmieden, die einst auf dem Platz vor dem Eingang ihre Geschmeide ausbreiteten und als Souvenirs an die Pilger verkauften. Leider wurden in die Ausschmückung des Portals Skulpturenfragmente von anderen Teilen der Kathedrale eingesetzt, dennoch bleiben die Plastiken der Tympana, Kapitelle und Bögen äußerst sehenswert. Die Arbeit an diesem Portal war 1103 vollendet. Die Tympana schildern Szenen aus dem Leben Christi. Das linke Giebelfeld zeigt die Versuchung Christi in der Wüste und die büßende Ehebrecherin, während auf dem rechten Tympanon die Geißelung und Dornenkrönung zu sehen sind.

Setzt man außen den Rundgang um die Kathedrale ostwärts fort, erreicht man die weitläufige Plaza de la Quintana, die zu den eindrucksvollsten Plätzen Spaniens überhaupt zählt. Auf dieser Seite befindet sich auch die Puerta Santa, das »Heilige Tor« (auch Puerta de Perdón, »Tor der Verzeihung« genannt), das nur jedes Heilige Compostelanische Jahr – erstmals wieder 2010 und danach erst elf Jahre später – geöffnet wird. Es wurde 1611 geschaffen und ist weitgehend das Werk von Meister Mateo, der die 24 sitzenden Granitfiguren der Apostel, Patriarchen und Propheten gestaltete. Sie standen ursprünglich im romanischen Chor und wurden mehrfach, zuletzt im 19. Jahrhundert, restauriert. Glücklicherweise ist der Quintana-Platz so groß, dass er am 25. Juli, dem Tag des heiligen Jakob,

Gegenüber: Diese bemerkenswerte Plastik zeigt Gott, wie er Adam erschafft, und gehört zu den ältesten Originalskulpturen an den Türen des Nordportals.

Rechts: Der Portico de las Platerías grenzt an die Plaza de las Platerías, wo die Gold- und Silberschmiede einst ihre Verkaufsstände aufstellten und den Pilgern ihre Waren feilboten. Einige der Skulpturen an den beiden 1103 fertiggestellten Portalen stammen aus späterer Zeit, so auch von dem im Jahr 1117 durch einen Brand zerstörten Nordportal.

die vielen Tausenden von Gläubigen fassen kann, die in endlosen Warteschlangen geduldig dem Zeitpunkt entgegensehen, an dem sie Einlass in die Kathedrale finden.

Über mehrere Treppen, die fast so breit sind wie der ganze Platz, gelangt man in die Rúa da Acibechería mit der Nordfassade der Kathedrale zur Linken und dem Kloster S. Martiño Pinario zur Rechten. Angesichts der überreich gestalteten Barockfassade fällt es schwer, dabei an einen Sakralbau zu denken, dessen Anfänge bis in die Frühzeit von Santiago de Compostela zurückreichen. Bereits 912 errichtete der Prälat Sisnando hier einen Betsaal, der unter Diego Gelmírez, dem Bischof von Santiago, zwischen 1100 und 1140 erweitert wurde. Gelmírez war die treibende Kraft hinter dem Ausbau sowohl der Kathedrale als auch des Klosters. Letzteres gewann zunehmend an Bedeutung, und in seiner Blütezeit waren ihm 32 weitere Klöster unterstellt. Der jetzige Gebäudekomplex stammt überwiegend aus dem 17. Jahrhundert, erstreckt sich über rund 20 000 Quadratmeter und besitzt drei Kreuzgänge und mehrere monumentale Freitreppen. Der kunstvolle Brunnen im größten Kreuzgang stammt von dem berühmten Baumeister Fernando de Casas y Novoa. Er vermag optisch mehr zu vermitteln als der prächtige Aufsatz des Hauptaltars, den Casas y Novoa gemeinsam mit Miguel de Romay gestaltete. Die angebaute Kirche mit Freitreppe beeindruckt durch die dreigeteilte Fassade mit 15 Plastiken zwischen Säulen in Nischen. Insgesamt präsentiert sich das Kloster als herausragendes Beispiel des spanischen Barock, der für seine üppige ornamentale Ausgestaltung berühmt ist.

Eine Wallfahrt nach Santiago de Compostela war und ist bis heute eine zutiefst persönliche Reise, die jeder aus unterschiedlichsten Beweggründen antritt. Im Mittelalter unternahm die große Mehrheit der Pilger, die weder lesen noch schreiben konnten, die Pilgerreise sicherlich, weil sie den Warnungen ob ihrer Sünden Glauben schenkten und die drakonischen Strafen fürchteten, wie sie zum Beispiel in den bunten Glasfenstern der Kirchen oder in Plastiken dargestellt wurden. Die aufgeklärten Pilger des 21. Jahrhunderts haben wahrscheinlich eine andere Anschauung vom Jenseits, aber ungeachtet der Gründe, weshalb die Pilger seit Jahrhunderten auf dem Jakobsweg nach Santiago de Compostela aufgebrochen sind, stets war

Links: Souvenirs werden in Santiago de Compostela auf Schritt und Tritt angeboten. So können auch all jene, die nicht weiter gegangen sind als von der Flugzeug-Gangway bis zur Gepäckausgabe, mit Jakobsmuscheln, Pilgerstäben und Kürbisflaschen den Heimweg antreten – wenn auch ohne wunde Füße.

Gegenüber: Das Kloster S. Martiño Pinario liegt direkt gegenüber der Nordfassade der Kathedrale und entwickelte sich von einem bescheidenen, im 10. Jahrhundert erbauten Oratorium zu einer mächtigen Klosteranlage, die zu den einflussreichsten ihrer Art in Galicien zählte.

ihre Reise vom Ethos der Gastfreundschaft und Nächstenliebe abhängig. Von den Pilgerhospizen in der Anfangszeit bis zu den Herbergen unserer Tage, die nationale und regionale Bruderschaften, lokale Behörden und Privatleute verwalten, wurden die Wallfahrer unterstützt, indem sie Verpflegung und Unterkunft zu äußerst niedrigen Preisen oder gar kostenlos erhielten. Viele, die auf diese Weise den Pilgern beistanden, taten dies aus Nächstenliebe, etliche sahen darin aber auch eine Tat, die dereinst beim Jüngsten Gericht zu ihren Gunsten sprechen würde.

Die katholischen Könige Ferdinand und Isabella besuchten Santiago de Compostela im Jahr 1486. Als man sie angesichts des desolaten Zustands der Pilgerherberge um Unterstützung bat, befahlen sie die Errichtung eines Neubaus. Die herrliche platereske Fassade der einstigen Pilgerherberge Hostal de los Reyes Católicos schmückt immer noch die Nordseite der Plaza de Obradoiro. Pilger, die heute hier übernachten möchten, müssen allerdings tief in die Tasche greifen. Die Herberge ist ein luxuriöser Parador und wirbt um zahlungskräftige internationale Kunden. Allerdings kommt sie zum Teil ihrer traditionellen Verpflichtung nach, Pilgern bis zu drei Tage lang kostenlos Verpflegung und Unterkunft zu bieten. Jeden Tag werden die ersten zehn Pilger, die ihre offizielle Compostela-Urkunde vorweisen können, aufgenommen und erhalten dreimal täglich kostenlose Mahlzeiten. Leider bietet der Service keine gestärkten Servietten und Silberbesteck, vielmehr werden die Pilger im Untergeschoss zusammen mit dem Hotelpersonal verköstigt.

Wie schon während ihrer Hochblüte, ist die Pilgerreise nach Santiago de Compostela auch in unseren Tagen ein einträglicher Geschäftszweig, und zwar in der Stadt selbst wie auch in allen größeren historischen Orte entlang dem Jakobsweg. Die Pilger des Mittelalters, die durch Frankreich und Spanien reisten, hatten sich zwar aus Glaubensgründen auf den Weg begeben, dennoch waren sie Touristen, und ihr Geld trug wesentlich zur Gründung jener Fülle von sakralen Bauwerken bei, die dem Wallfahrer von heute auf dem Camino begegnen.

All jene, die aus Glaubens- oder anderen persönlichen Gründen eine Pilgerreise nach Santiago zu Fuß unternehmen, könnten es vielleicht als störend empfinden, dass sie ihre Erfahrung gewissermaßen mit den »gewöhnlichen« Touristen teilen müssen. So unterschiedlich die Beweggründe für eine Reise nach Santiago und das Transportmittel hierfür auch sein mögen, man darf nicht vergessen, dass in der Gesellschaft von heute andere Wertvorstellungen als im Mittelalter gelten. Und beide Arten von Reisenden – Touristen wie Pilger – sollten das Recht des anderen respektieren, Santiago de Compostela zu besuchen. Ungeachtet der Gründe, die jemanden veranlasst haben, die Kathedrale von Santiago zu betreten, bin ich mir sicher, dass alle, die unter dem Portico de la Gloria stehen, in stiller Ehrfurcht verharren werden.

Jakobus-Gesellschaften

Deutschland:
Deutsche St.-Jakobus-Gesellschaft e.V. (Sternenweg)
Tempelhofer Str. 21, 52068 Aachen

VLTREIA - Gemeinnütziger Verein zur Förderung der mittelalterlichen Jakobswege in Europa e.V.
Löwenstr. 61, 70597 Stuttgart

www.jakobus-gesellschaften.de
www.jakobus-info.de

Österreich:
Sankt Jakobsbruderschaft zur Förderung der Pilgerbewegung
Stangaustraße 7, 2392 Sulz im Wienerwald,

www.jakobspilger.at

Schweiz:
Les Amis du chemin de Saint-Jacques – Die Freunde des Jakobswegs (Ultreïa), Route de Cugy 53, 1052 Le-Mont (franz.);
Sonnengartenstr. 24, 8630 Rüti ZH (dt.)

www.pilgern.ch

Rechts: Das Hostal de los Reyes Católicos erhebt sich an der Nordseite der Plaza del Obradoiro. Von den katholischen Königen Ferdinand und Isabella im späten 15. Jahrhundert begonnen, aber erst im 17. Jahrhundert fertiggestellt, diente es stets als Pilgerherberge, bis es zum Luxushotel wurde. Das herrliche, mit reichem Skulpturenschmuck ausgestaltete Portal im plateresken Stil ist ein Werk der französischen Künstler Martin de Blas und Guillén Colás aus dem späten 17. Jahrhundert.

NACHWORT: DIE PILGERREISE HEUTE

Neuzeitliches Schild an der Pilgerherberge in St-Paul-les-Dax.

Unten rechts: Der Pilgerausweis muss täglich entlang des Pilgerwegs abgestempelt werden. Dieser Stempel stammt von der Herberge Sta. Maria de Eunate unweit von Puenta la Reina in der Provinz Navarra.

Gegenüber: Eine moderne Statue markiert den Eingang zur Dauerausstellung an der Raststätte Hastingues neben der Autobahn A 64.

Den Jakobsweg bevölkern erneut Scharen von Pilgern. Obwohl sich die wieder erwachte Begeisterung für eine Wallfahrt nach Santiago wohl häufig nicht mit der Inbrunst der Gläubigen während der Blütezeit des Pilgerwesens im 12. Jahrhundert vergleichen lässt, nimmt die Zahl der Pilger von Jahr zu Jahr zu. Die vier Routen durch Frankreich und der Camino Francés in Spanien waren zwar nie menschenleer, aber wer in den 1970er Jahren auf dem Jakobsweg unterwegs war, dem bot sich sicherlich ein völlig anderes Bild als heute. In den letzten drei Jahrzehnten vollzog sich ein tiefgehender Wandel. Der Europarat erhob 1987 den Camino zum ersten »europäischen Kulturweg«, 1993 nahm ihn die UNESCO in die Liste des Weltkulturerbes auf und 1997 kamen auch die Routen in Frankreich hinzu.

Dass sich die Wahrnehmung der Pilgerreise nach 1987 so nachhaltig änderte, verdanken wir in entscheidendem Maße auch dem Heiligen Jahr 1993. In jenem Jahr erhielten fast 100 000 Menschen ihre Compostela-Urkunde, die sie offiziell als Pilger auswies. In den nächsten Heiligen Jahren, 1999 und 2004, stieg deren Zahl auf 154 000 bzw. 180 000. Dazwischen ging die Pilgerzahl stets leicht zurück, erreichte aber beispielsweise 2006 dennoch die 100000-Marke.

Wer zur Wallfahrt aufbricht und hofft, bei der Ankunft in Santiago in den Besitz der offiziellen, lateinisch verfassten Compostela-Urkunde zu kommen, muss bestimmte Vorschriften einhalten. Ist er zu Fuß oder zu Pferde unterwegs, muss er nachweislich 100 Kilometer zurückgelegt haben, für Radfahrer gilt die doppelte Strecke. Dabei spielt der Ausgangspunkt keine Rolle. Niemand ist verpflichtet, die Wallfahrt in Frankreich oder in den spanischen Pyrenäen zu beginnen. Als hilfreich erweist sich jedenfalls eine *credencial*, ein Pilgerpass, der mindestens einmal täglich an den offiziell anerkannten Punkten, wie etwa Herbergen, Kirchen oder Rathäusern, abgestempelt werden muss. Die Stempel bescheinigen, dass der Inhaber des Papiers auf eine der drei genehmigten Arten – laufend, reitend oder radelnd – und aus eigener Kraft und ohne fremde Hilfe unterwegs ist. Auch müssen die Personen die zuständigen Behörden überzeugen, dass sie die Wallfahrt aus religiösen Gründen unternehmen, denn abenteuerlustige Rucksacktouristen, die auf billige Weise ihren Urlaub finanzieren wollen, werden sicherlich nicht in den Besitz der Pilgerurkunde kommen, wenngleich

ihnen eine Teilnahmebestätigung ausgestellt werden wird.

So wie im Mittelalter die Mönchsorden entlang der Pilgerstraße Herbergen für die Wallfahrer errichteten, so kümmern sich auch heute diverse Organisationen um das Wohl der Pilger. In Deutschland sind es die 16 Jakobus-Gesellschaften, entsprechende Organisationen gibt es auch in Österreich und der Schweiz. Sie stellen allen Interessierten Informationsmaterial und Pilgerausweise zur Verfügung, beraten die Pilger und stellen Kontakte zu Pilgerorganisationen aus Frankreich oder Spanien her.

Da die Betreiber von Pilgerherbergen sich weiterhin dem christlichen Prinzip der Gastfreundschaft verpflichtet fühlen, erheben viele keine Gebühren. Daher sind freiwillige Spenden höchst willkommen. Dennoch erfüllt es sie mit einer gewissen Sorge, dass das, was einst eine im Zeichen des Glaubens stehende Reise war, heute zu einer Form von alternativem Massentourismus verkommen könnte, was sie dem nächsten Heiligen Jahr 2010 mit gemischten Gefühlen entgegensehen lässt.

Zu einer historisch so bedeutenden Wallfahrt wie dieser aufzubrechen, dürfte für viele weitaus tiefer greifende Auswirkungen haben, als sie vielleicht erwartet hätten. Mobiltelefone oder MP3-Player mögen helfen, die Zeit bei etwas öderen Landstrichen zu überbrücken, dennoch müssen die Pilger täglich ein Stück Weg zurücklegen. Ganz gleich, ob man in der Gruppe oder allein wandert, der Jakobsweg ist nicht nur eine Gelegenheit, sich selbst besser kennen zu lernen, sondern auch die Schönheit der Landschaft zu genießen. Die denkwürdigsten Momente sind dabei mit den zahllosen Kirchen und Kathedralen entlang dem Jakobsweg verbunden, die uns seine Geschichte und die inbrünstige Frömmigkeit derer vermitteln, die lange vor uns unterwegs waren. Die Wallfahrt nach Santiago de Compostela kann in der Tat zu einer einzigartigen persönlichen Erfahrung werden. Ein Versuch lohnt sich allemal!

Unten: Im Ausstellungssaal der Raststätte Hastingues machen alte Fotos, computergesteuerte 3D-Darstellungen sowie Audio-Video-Installationen mit dem Leben entlang dem Jakobsweg im Mittelalter vertraut.

Gegenüber: Pilger mit frischem Proviant wandern an der Kirche Sta. Maria de la Asunción in Los Arcos vorbei.

Folgende Doppelseiten:
Ein Hirte zieht mit seiner Schafherde unweit von Sansol, Logroño, weiter.
Zypressen am Camino Francés in der Nähe von Belorado.

Letzte Seite: Storchennester auf dem Glockenturm von Valverde del Camino.

REGISTER

Kursiv gedruckte Seitenzahlen verweisen auf Abbildungen